LES CONFESSIONS DE MADAME CENT-KILOS

9 décembre 1906, qui consacre sa « une » polychrome à l'affaire.

Cesbron, sous le nom de Guérin, a acheté cette propriété un mois plus tôt ; voyant son portrait dans *Le Petit Journal*, M. Règnier, gardien de Glatigny, alerte le juge d'instruction, qui ordonne une perquisition. « Dans l'ancienne orangerie proprement dite, au rez-de-chaussée, en dehors de la table et des chaises achetées par Guérin, les magistrats découvrirent cachés au fond d'un vieux poêle de faïence, un lourd marteau, des tenailles et des pinces. Sous l'escalier qui menait à la grande salle du premier étage, un râteau, une bêche et une pioche solide furent trouvés sous un amas de paille.

Une cachette analogue, sous l'escalier qui mène du premier au colombier qui surmonte le bâtiment, réservait au juge d'instruction une découverte plus importante ; une scie de boucher, à main, de grande taille ; un rouleau de toile goudronnée de 1 m 50 de largeur et d'une longueur de 8 mètres ; puis dans des journaux des 27 septembre, 20 et 22 octobre, un veston de molleton belge, un pantalon gris foncé et une paire de chaussures en bon état. Enfin, dans la cave, la hache, toute neuve comme la scie, le marteau, les tenailles en acier anglais.

En résumé, les différentes cachettes renfermaient tout ce qu'il fallait pour tuer un homme, le dépecer, l'empaqueter et, ensuite, pour pouvoir changer de vêtements.

Le docteur Hébert pourra se vanter de l'avoir échappé belle. »

Marie-Justine et son amant avaient-ils vraiment le dessein de transporter le corps du docteur Hébert de Bois-le-Roi à Glatigny, sur soixante-cinq kilomètres, pour l'y dépecer tranquillement ? Cela reste à prouver et cette putative malle sanglante qui fait tourner les rotatives ne semble guère inquiéter la suspecte, bientôt traduite en justice. Si son excellent naturel ne l'aide guère à faire repentance, il plaît beaucoup aux journalistes.

« La joyeuse commère est appelée à rendre compte de ses escroqueries au mariage. Le docteur Hébert se porte partie civile. On a beaucoup ri hier à l'audience du Tribunal de Versailles », commente *Le Petit Parisien.*

« Ce n'était, on le sait, qu'un lever de rideau », avant les assises, « la célèbre aventurière devant ultérieurement répondre de la tentative de meurtre », rappelle le chroniqueur judiciaire, vite touché par cette accusée qui a du chien.

« C'est le visage presque souriant que Justine Pesnel prit place au banc des accusés que, malgré sa grosseur, elle enjamba prestement. [...] C'est, nos lecteurs le savent, une personne exubérante, au visage coloré. La physionomie est assez agréable. Justine Pesnel a quelque chose de plaisant dans le visage. Elle paraît être, à en juger par son regard, très malicieuse. »

Même les arguments de son défenseur, Me Albert Crémieux, semblent l'amuser. Pendant tous ces incidents de procédure, « Mme Cent-Kilos s'entretient avec beaucoup de vivacité avec son avocat. Sa bonne humeur ne se dément pas. Elle cause et rit tout

Car Marie-Justine Pesnel ne tient pas un journal intime : elle écrit pour être lue, comme l'indiquent plusieurs apostrophes au lecteur, qu'elle interpelle et houspille. Que de fois, nuitamment, tandis que je déchiffrais ses pattes de mouche, ai-je eu le bonheur d'entendre Madame Cent-Kilos me prendre à témoin de ses avanies, à plus d'un siècle d'écart, par la magie de cet extraordinaire manuscrit, plein de malice et de vitalité.

Des marques de prote, au crayon, dans les coins, indiquent que ces feuillets ont eu les honneurs de la presse. Recherche faite, il apparaît que le quotidien *Le Journal*, à partir du 16 juillet 1907, a publié en feuilleton les Mémoires de Madame Cent-Kilos, sans grand respect pour celle-ci ni pour son travail. Réécrit de manière ampoulée, le récit publié est en outre censuré, amputé de tout ce que la prisonnière livre d'inconvenant et d'intime. Sa première nuit de noces et la déception qui s'ensuit tiennent en quelques lignes quand Marie-Justine leur consacre un chapitre entier ; ses observations sur les prisons de femmes, son passage en maison close ont été purement et simplement coupés. Les lecteurs du *Journal*, attirés par le goût du scandale, furent quelque peu volés. Heureusement, le manuscrit original fut sauvegardé, relié par un bibliophile anonyme, avant d'arriver dans les collections de Pierre Berès, grand découvreur de manuscrits précieux.

Avait-il l'intention de publier Madame Cent-Kilos, comme il l'avait fait pour des inédits de Colette ? S'est-il réservé le plaisir de lire l'immorale mémorialiste dans le texte ? Il s'éteint en 2008 et le manuscrit passe en salle des ventes. L'acheteur le cède treize ans plus tard et me voici en sa possession, avec la volonté de le publier *in extenso.*

Merci à Clara Dupont-Monod de sa confiance : dès les premiers extraits dont j'ai pu lui faire part, elle a pensé comme moi qu'un tel texte avait sa place en librairie, et aussi dans toutes les bonnes bibliothèques historiques et criminologiques. Car, avec faconde et sincérité, Marie-Justine Pesnel nous dévoile les dessous de la Belle Époque.

Les écrits sur cette période sont nombreux, y compris les témoignages de malfrats, mais dans leur quasi-totalité ce sont des textes d'homme. Même les Mémoires de Casque d'Or, signés de la belle blonde qui régnait sur les cœurs des « apaches » en 1903, ont été rédigés par un plumitif qui ne s'exprime pas exactement comme une reine du pavé. Particulièrement précieux est donc le manuscrit de Madame Cent-Kilos, qui nous donne à entendre le récit véridique et gouailleur d'une véritable criminelle 1900.

Clin d'œil du destin : dans mes boîtes de vieilles photos anthropométriques, comme dans un bon fichier de police, se cachait depuis des années un portrait de Marie Coppin, l'un des alias de la future Madame Cent-Kilos, arrêtée pour vol en 1892. Elle a trente ans à l'époque, et les mentions portées au verso du cliché permettent de savoir qu'elle était blonde, avait la pigmentation claire et des yeux gris-bleu de nuance « ardoise », mesurait 1 m 57 et était tatouée. La mention « Fille soumise » indique qu'elle se livrait à la prostitution, tout en observant les règlements de la Préfecture de police et les visites médicales.

Elle n'était pas anarchiste, elle qui travaillait à l'occasion pour la police, infiltrant avec brio un groupe de nihilistes russes sous couvert de fiançailles… « Je ne suis pas féministe », assure-t-elle également, avant de se moquer des travers masculins. Libre et pleine de vie, n'ayant plus rien à perdre, elle dépeint depuis sa cellule la société qui l'a enfermée, privée de ses biens et de ses enfants. Sans aigreur, sans prétentions idéologiques, elle témoigne et entraîne son lecteur dans son monde joyeusement cynique de noceurs, rastas, bambocheurs et autres copurchics qui appartient désormais à l'histoire. Il était temps de lire Marie-Justine Pesnel dite « Madame Cent-Kilos », sorte d'Arsène Lupin à chignon qui donne enfin un féminin au mot « escroc ».

B. F.

PREMIÈRE PARTIE

I

LE DRAME DE BOIS-LE-ROI

— Ah ! docteur Hébert, je vous assure que votre lettre est absurde. Cependant, envoyez-la à miss Mary, si bon vous semble et, pour Dieu, allons nous coucher. Acceptez ce grog.

— Merci.

— À votre aise. Tu veux bien un grog, toi ? dis-je à Cesbron[1].

— Volontiers, répondit-il, souriant, tandis que le docteur me tournait le dos, avec humeur.

Ceci se passait dans la salle à manger de la villa Montceau, à Bois-le-Roi, dans la nuit du 19 au 20 novembre 1906.

On entendait ronfler le poêle, soigneusement entretenu par Cesbron. Sur la table se voyait une belle lampe à alcool, achetée le jour même, qui avait servi à la préparation du grog dédaigné par le docteur Hébert. Mobilier confortable, en noyer ciré.

---

1. Auguste René Cesbron, dit Guérin, né le 6 septembre 1866 à Chanzeaux (Maine-et-Loire), disparu au lendemain de l'affaire de Bois-le-Roi : condamné à mort par contumace et sans doute enfui à l'étranger, il décédera à une date et en un lieu inconnus.

Bref, un intérieur flamand.

— Puisqu'il paraît bien certain que miss Mary ne viendra pas, dis-je au docteur Hébert, remettez-moi, je vous prie, la clef de la grille ; je vais tout fermer, et nous irons nous reposer, car il est minuit.

D'assez mauvaise grâce, le docteur me tendit la clef et se retourna vers le feu. Son air rébarbatif m'amusait. Je déposai un baiser sur la joue de Cesbron et quittai la salle.

Il faisait froid ; aussi je fermai avec soin les trois portes derrière moi, je montai dans ma chambre, avant de sortir[1].

Enlevant bottines, corset et lingerie, je ne conservai sur moi qu'une jupe et un paletot de drap nécessités par la température refroidie. Je laissai le tout négligemment traîner de-ci, de-là. Sur la cheminée de marbre, gisait un sac de cuir de Russie, contenant ma petite bourse personnelle, quatre-vingts francs environ. Ennemie des soucis d'argent, je laissai la caisse à Cesbron. J'arrangeai notre lit pour la nuit, puis, passant dans la pièce voisine, je fis le même travail pour celui du docteur.

Cet original n'avait pas voulu de feu dans sa chambre[2].

---

1. Les deux premières pages du manuscrit original manquant, la seule version disponible du début de ce récit est celle parue dans *Le Journal*. À partir de la phrase suivante, nous suivons le texte de Marie-Justine Pesnel, sans les retouches, ajouts et coupes introduits par la rédaction. Seules l'orthographe et la ponctuation ont été rectifiées ; les mots manquants sont indiqués entre crochets.

2. Marie-Justine Pesnel tente ici d'expliquer un détail suspect : l'absence de feu laisse plutôt penser qu'il n'était pas prévu que le docteur Hébert passe la nuit dans la villa…

Apercevant ses bottines humides, je les apportai dans ma chambre au voisinage du feu, puis descendant le spacieux escalier de la villa, je sortis dans le jardin. C'était une belle et froide nuit d'automne. C'était novembre.

Après avoir soigneusement fermé la grille, je m'arrêtai et contemplai la splendeur du ciel ; d'innombrables étoiles scintillaient dans le bleu noir. Pas de lune ; seules la lumière diffuse éparse dans l'atmosphère et la pâle lueur des étoiles donnaient une clarté suffisante pour se diriger.

Je pensais... Que de belles nuits déjà contemplées dans ma vie ! Nuits d'Afrique, nuits radieuses de l'Italie, nuits plus belles que nos jours !

À quoi bon les regrets ? N'étais-je pas heureuse, d'un bonheur paisible, en rapport avec mon caractère, assagi par les dures leçons de la vie ?

J'aimais Cesbron, deux beaux enfants[1] nous étaient nés : je les adorais, retrouvant dans ma fille une seconde existence.

N'avais-je pas argent, considération ? Demain serait comme hier et aujourd'hui...

Certes, j'avais bien quelques soucis, du fait de Lalère[2] ; bah ! j'en avais bien vu d'autres !

Ah ! oui, j'étais heureuse à minuit dans la nuit du 19 au 20 novembre 1906. Dans un quart d'heure,

1. Henri et Henriette, deux jumeaux nés en 1905 sous le nom du premier mari, Demortier. Henri, décédé jeune, semble avoir intégré l'école militaire de Saint-Cyr ; Henriette sera placée à l'Orphelinat Crozatier de Villepreux (Seine-et-Oise, aujourd'hui Yvelines).

2. Client mécontent de son agence matrimoniale.

j'allais m'endormir dans les bras de Cesbron, sous ses caresses.

Je pensais… Je revivais mille épisodes de ma vie passée. C'est ainsi dit-on pour ceux qui vont mourir.

Là-bas, dans le lointain, un train s'approchait, image de l'implacable Destin venant briser ma vie !

Il arrivait à pas de géant.

Que ne peut-on savoir ce que sera la minute d'après !

Il était temps encore de me jeter entre ces deux hommes, d'apaiser leur aveugle colère.

Mais je ne savais pas, mon Dieu je ne savais pas !

Le bruit du roulement du train se rapprochait, il allait passer devant la villa, ébranlant tout sous son choc irrésistible.

Le voilà !… Il arrive, formidable bruit effrayant, rapidité terrible, fumée et pluie d'étincelles. Le monstre hideux et splendide jette avec rage des flots de vapeur rouge, on croit voir tourner la grande roue fulgurante du char de la tempête.

Il passe… écrasant tout, broyant ma vie, détruisant tout ce que j'aime. Il s'arrête en gare de Bois-le-Roi. Un grand calme s'est fait.

Je frissonne, j'ai froid au cœur, il faut rentrer.

Soudain, là-bas, dans la villa, j'entends des cris, un bruit de lutte, des portes battent avec violence.

Mon Dieu, qu'est-ce donc ?

La porte de la villa s'ouvre avec fracas et le docteur Hébert apparaît sur le seuil. Il demeure une seconde immobile, aveuglé par l'obscurité, puis, se ployant en deux, se rasant au sol à la manière des sauvages et des fauves, il avance droit sur moi.

Jusque-là clouée au sol par l'étonnement, je fais deux pas vers lui.

— Qu'y a-t-il ? Êtes-vous fou ? dis-je.

Il est à quatre mètres de moi. Il se redresse de toute sa grande taille et étend le bras ; je vois un éclair, j'entends deux détonations simultanées, puis un sifflement aigu près de l'oreille gauche m'apprend que je viens d'échapper à la griffe de la mort.

D'un bond, je tourne le bosquet et me trouve en présence de Cesbron, le revolver au poing, droit et calme comme à la salle de tir.

— Riri, ne me tue pas. C'est moi ! Je t'aime !

— Sauve-toi, il veut te tuer, dit Cesbron à mi-voix.

S'écartant, il me livre passage. Je me sauve affolée, on court derrière moi, puis une détonation retentit : le docteur Hébert pousse un rauquement d'animal qu'on tue et vocifère des imprécations en anglais.

J'entends une autre détonation et cette fois Cesbron crie : « Assassin ! » Il faut fuir ; je cours éperdue loin de ce champ de carnage.

Personne n'est derrière moi. Je traverse tout le parc, je franchis difficilement la haie de clôture, je tombe toute pantelante dans le profond fossé, à demi rempli d'eau, qui longe la voie ferrée. Là, j'ose respirer.

Hélas le combat n'est point terminé. Ils s'injurient, poussent des clameurs. Ils vont ameuter tout le pays.

Puis le silence se fait, lugubre, profond. Quel parti prendre ? La mort est là dans l'ombre.

Il faut fuir, coûte que coûte, rejoindre mes enfants à Versailles, les tenir sur mon cœur brisé, et mourir après !

Péniblement, en m'aidant des pieds et des mains, je gravis le fossé, puis je traverse la voie ferrée. Là je me trouve devant une haie d'épines, touffue, impénétrable, doublée d'une palissade, obstacle maudit entre moi et le salut.

J'approche et veux me frayer passage ; comme une bête animée et malfaisante, la haie me griffe et me repousse.

Je reviens à la charge ; vains efforts ! Mille aiguillons douloureux lardent ma chair. L'ennemi semble se multiplier. Ils sont cent, ils sont mille à me rejeter.

Oh ! je passerai… Cette fois, un choc se produit, je me suis heurtée à une grosse branche et la force du coup est telle que je suis tombée. Je me relève.

Comme les tentacules d'une pieuvre monstrueuse, les milliers d'épines dardées contre moi ont saisi mes vêtements : je suis prise, enchevêtrée dans ce cercle de nuit et d'horreur.

Mais qu'est-ce encore ?

Un coup de feu là-bas ! C'est Cesbron qui pousse un cri désespéré, misérable : il est égorgé, il va mourir ! Oh ! Désespoir !

Toutes les fibres de mon être sont tendues dans le suprême espoir de découvrir quelque chose de ce qui se passe dans les ténèbres. Rien. Une folle terreur me prend. Fonçant sur la haie, je la traverse enfin et gagne les bords de la Seine.

La route qui longe la Seine est en assez bon état dans Bois-le-Roi, mais plus loin, ce n'est plus qu'un chemin de halage, défoncé par les pieds des chevaux et par les lourds chariots qui transportent les bois de la forêt au fleuve. Par cette nuit d'hiver, détrempé après plusieurs jours de pluie, ce n'est plus qu'un marécage quasi impraticable.

Il faut passer par là pourtant. Là est la vie, mes enfants, vers le salut.

Les jupes retroussées aux reins, je fais des enjambées énormes en fonçant intrépidement dans les flaques boueuses et profondes. C'est fondrières sur marécages. Parfois je marche si près du fond de l'eau qu'il y a miracle à n'y point tomber.

Je ne songe pas au suicide, mais dans mon état de désespoir je ne fais nulle attention à me préserver d'une chute mortelle.

Mon instinct est tout physique, c'est la bête qui gouverne et dirige : l'âme absente est près d'eux, là-bas, dans le jardin de Bois-le-Roi.

Que la délicatesse est donc un vain mot ! Ce corps énergique et vibrant est le même qui, si douillet, s'étalait avec mollesse sur les soieries de ma bergère Louis XIV dans mon salon versaillais.

Il est heureux de n'être pas poltron et de ne point croire aux revenants. Rien n'est à craindre, il n'y a ni brigands ni apaches par là.

Pas de maisons : la forêt sur ma gauche, l'eau de l'autre côté.

Je vais ainsi longtemps, j'arrive sous un pont qui traverse la Seine à une grande hauteur. Là, une route étroite tourne à gauche et suit la voie ferrée.

Je m'y engage mais bientôt elle est en si mauvais état que revenant sur mes pas je reprends mon chemin de halage.

Hélas il devient impraticable. Il y a commencement d'inondation. Les prés sur ma gauche sont recouverts d'eau ; je tombe en poussant un cri dans une excavation vaseuse.

Je n'ai plus le courage de me tirer de là, c'est trop d'épreuves. Je ferme les yeux, à demi étourdie, puis les rouvrant aussitôt, je vois au-dessus de ma tête ce beau ciel étoilé que je contemplais naguère dans le jardin de ma villa de Bois-le-Roi ; très distinctement j'aperçois deux têtes d'anges qui m'appellent :

— Maman ! Maman !

A-t-on le droit de mourir et de s'abandonner au désespoir, quand on a deux enfants au berceau ?

D'un suprême effort, je sors de cette fosse fangeuse et revenant sur mes pas, je reprends le chemin étroit côtoyant le chemin de fer. Soit œuvre de la Providence, soit que le mauvais sort cesse de me poursuivre, le chemin s'améliore ; il devient dur et résistant sous mes pas. Ô bienfaits de la Civilisation, comme on vous apprécie dans ces cas-là !

Voici des maisons, la banlieue de Melun. Deux chiens aboyant avec rage ont passé par une brèche. Je n'ai plus peur de rien. Je cours après en criant, je les mets en fuite avec mes cris, et c'est eux qui se sauvent effrayés.

Tout s'est passé réellement tel que je l'ai raconté ; si je devais revivre une telle nuit, je demanderais à mourir auparavant.

II

LA VOIE DOULOUREUSE

Me voici décidément dans Melun. Si je trouve un poste de police, j'y entrerai. Je raconterai tout et demanderai l'hospitalité.

Mais Melun est une ville honnête qui n'a que faire de police nocturne. Les rues sont magnifiquement éclairées, mais complètement désertes.

Tout dort.

Sentant l'impossibilité de me faire ouvrir un hôtel dans l'état où je suis, sans argent, sans bijoux, je traverse la ville, me dirigeant au hasard. Au coin d'une rue, je lis : « Route de Dannemarie ». Autant aller par là que par ailleurs.

Je passe devant une manufacture en activité. C'est clair, c'est gai. Cela me fait du bien de penser que là sont des hommes très bons, très humains, qui à mon premier appel viendraient à mon secours, mais je me sens forte et n'ai besoin de personne. Il est trois heures, je marcherai jusqu'au jour, et alors je trouverai bien un moyen pour gagner Paris et, de là, Versailles. C'est mon idée fixe. Revoir mes deux chérubins, pour moi, en ce moment, tout finit là.

Je passe sous le pont du chemin de fer. Une route large, superbe, longe la voie. À mon avis, ce doit être la route de Paris et je crois me diriger vers Brunoy. Je marche avec courage et confiance. Tout est devenu désert, c'est la plaine immense, sans limite semble-t-il.

Mais la route est bonne, je vais longtemps d'un pas rapide et régulier.

Je traverse une bourgade endormie.

À ma droite, une pâle lueur annonce le lever du jour.

Enfin ! elle va donc finir, cette horrible nuit d'angoisse.

De nouveau, me voici dans un village.

Un bruit de roues, un tintamarre de ferraille me font savoir qu'une voiture de laitier va passer.

Me plaçant sur le bas-côté de la route, je hèle au passage.

Me prenant sans doute pour le diable, l'homme pousse un cri, tape à tour de bras sur son cheval et file au galop.

Je pense alors au lamentable état où je me trouve. C'est indescriptible. Je dois avoir l'air d'une sorcière. Je ne puis apparaître ainsi devant qui que ce soit. Poursuivant mon chemin, je trouve un profond fossé rempli d'eau. Je suis seule. Le jour va poindre ; sans hésiter je retire tous mes vêtements et je me jette dans l'onde glacée. Je lave, pièce à pièce, toutes les parties de mon costume, et je remets tout cela dégouttant sur moi, et n'attrape seulement pas un rhume de cerveau. Peignée avec élégance grâce à mon peigne de chignon. Mes vêtements sèchent vite par cette âpre brise.

Je cours sur la route pour me réchauffer, et c'est dans un état propre et convenable que je fais mon entrée dans le bourg de Ponthierry.

J'ai marché depuis une heure jusqu'à six, et je viens de parcourir vingt kilomètres.

*

* *

Une femme matinale était sur sa porte.

— Où suis-je, Madame ? demandai-je.

— À Ponthierry, à dix kilomètres de Melun, me répondit-elle.

— Je viens d'être victime d'un accident d'automobile. Où pourrai-je trouver un cheval et une voiture ?

— Allez à l'auberge du Cheval Blanc, me répondit-elle avec complaisance. C'est à un grand quart d'heure d'ici.

Elle me fit du bien, par sa politesse et sa douce voix.

Sentant toute ma fatigue, mes pieds n'étant que plaies et ampoules, je me traînai péniblement vers le but indiqué.

Les cultivateurs se rendaient aux champs avec leurs attelages. Un homme passa.

Je lui demandai de m'indiquer l'hôtel du Cheval Blanc. Il voulut m'y conduire ; arrivé à la porte, il me salua et parut attendre un pourboire. Hélas ! ma poche était vide.

Un palefrenier attelait un cheval. Je lui demandai s'il était possible de me conduire à Paris.

Il me regarda effaré et courut réveiller le patron.

— Y pensez-vous ? me dit cet important personnage. À Paris ? Mais il y a cinquante kilomètres ! Il faut un relais.

Alors, je le priai d'envoyer un télégramme, que je rédigeai à l'instant, à l'adresse d'Edmond Sudre[1].

En attendant la réponse, je me fis donner une chambre, qui ressemblait passablement à la cellule que j'occupe à la prison de Versailles.

J'ôtai tous mes vêtements et étalai le tout, me mettant au lit pour me réchauffer.

Il me fut impossible de dormir. Ma tête était en ébullition. Oh ! l'argent, quel levier ! Si j'avais eu un misérable billet de cent francs, j'aurais pu envoyer un messager secret s'informer *d'eux* à Bois-le-Roi.

J'attendais Edmond Sudre, comme le Messie.

Il vint, d'ailleurs, mais le lendemain seulement et il trouva les gendarmes qui, le croyant de bonne prise, le firent prisonnier.

Comme il était attaché au cabinet de M. le ministre des Beaux-Arts[2] et qu'il n'avait commis aucun méfait, il fut relâché.

S'il avait été un pauvre diable, quelle prévention il eût endurée !

Vers deux heures après midi, la servante frappa à ma porte et me dit que ses maîtres, ne recevant

1. L'un des clients de Marie-Justine Pesnel.

2. Étienne Dujardin-Beaumetz (1852-1913), député de l'Aude de 1889 à sa mort, sous-secrétaire d'État aux Beaux-Arts de 1905 à 1912.

pas de réponse à mon télégramme, désiraient que je commandasse mon déjeuner. Ce fut cette simple attention qui me fit couler en abondance mes larmes, rétives jusque-là à s'échapper de mes yeux.

— Qu'avez-vous donc, pauvre Madame ?

Absolument incapable de retenir mon secret, je racontai toute ma nuit d'angoisse à cette fille d'auberge.

Elle courut prévenir ses maîtres. La patronne arriva bientôt et je recommençai mon récit, toujours importunée par l'idée des deux coups de feu tirés sur moi[1].

— Mais pourquoi a-t-on tiré sur vous à minuit ? interrogea l'hôtelière.

Pourquoi ? C'est l'angoissant mystère que les juges cherchent vainement à éclaircir depuis cinq mois.

Je ne pouvais vraiment renseigner la bonne femme !

Il fallait pourtant expliquer la chose puisque j'avais déjà trop parlé !

— Parce que, dis-je, mon mari m'a surprise avec un ami.

Tant pis pour ma réputation !

L'hôtesse fit la moue et ne me ménagea pas les reproches.

— Et avec des enfants ! répétait-elle.

---

1. Gros mensonge de Marie-Justine Pesnel, qui n'est pas encore passée en jugement lorsqu'elle rédige ses *Confessions* et cherche à passer pour innocente. C'est bien sur le docteur Hébert que deux coups de feu ont été tirés, sans doute par Cesbron dit Guérin.

C'était bien mal, ce que j'avais fait là.

La tête m'était tout à fait revenue. Je changeai la conversation.

N'ayant pas d'argent, voulait-elle me donner le nécessaire pour rejoindre Paris ?

Elle y consentit, moyennant que je laisserais ma fourrure en gage.

C'était un large collet d'astrakan, garni d'une haute bande de renard gris de Sibérie.

Elle me donna dix francs.

Ma modeste dépense n'atteignit pas cinq francs.

Après m'être revêtue, et avoir réparé de mon mieux les déchirures de mon paletot, il fallut renoncer à rentrer dans mes souliers, hier élégants « baby » en cuir jaune, aujourd'hui dignes de la hotte du chiffonnier. Mes pieds, enflés, étaient énormes ; on ne trouva pour me chausser qu'une vieille paire de savates ayant appartenu à l'hôtelier en personne.

Pas de chapeau, bien entendu.

On s'était attardé à écouter mon histoire romanesque à la cuisine de l'auberge. Je faillis manquer le train. Sans avoir le temps de prendre de billet, je me précipitai dans un compartiment de troisième. En cours de route, personne ne me demanda mon billet.

À Juvisy, je voulus changer de train, supposant que je devais être signalée à la gare de Lyon.

Je pensais en effet que le télégraphe avait marché et qu'on devait activement rechercher la disparue, seul témoin du drame de Bois-le-Roi.

Il ne me vint pas une seconde à l'idée que je pouvais être incriminée de complicité dans le meurtre. On devait à mon avis les trouver morts tous deux ou blessés grièvement avec chacun son revolver à la main. Je supposais que le survivant dirait que c'était un duel. Il était prudent, donc, de ne pas me laisser arrêter avant de savoir ce qui s'était passé après ma fuite de Bois-le-Roi.

À Juvisy, un express pour Paris gare d'Orléans-Orsay partait à l'instant. Je n'eus que le temps d'y prendre place.

Mes deux pièces de cinq francs arrivèrent intactes à la gare d'Orléans. Là, j'eus une émotion.

Un jeune homme me regarda longuement sur le quai d'arrivée, ce qui m'empêcha de descendre du train. Il monta dans le compartiment voisin du mien.

Me faufilant doucement, j'ouvris la portière à contre-voie et me laissai glisser à terre, pendant que mon train repartait pour la gare d'Orsay. Je ne songeai même pas à regarder s'il venait un train en sens inverse qui m'eût écrasée. Quand je me présentai à la sortie, les voyageurs étaient depuis longtemps disparus, et les employés avaient rejoint un autre poste. C'est donc seule et bien libre que je fis mon entrée à Paris. Je me précipitai vers le kiosque d'une marchande de journaux.

Je pris en main les journaux du soir, et lui tendis une pièce de cinq francs. Elle n'avait pas la monnaie. N'importe, j'avais eu le temps de voir que rien n'était ébruité. La marchande me fit observer que ce n'était pas la peine d'acheter les journaux puisque je les avais lus.

Lors d'un récent voyage, j'avais laissé à l'hôtel de la Marine et des Colonies, près de la gare Montparnasse, une « chapelière » contenant quatre chapeaux.

Le désir d'être coiffée comme à mon habitude me fit aller la réclamer.

La dame du bureau de l'hôtel eut l'air toute surprise.

— Un cocher est venu la réclamer à midi, dit-elle, avec ce mot.

Elle me montra quelques lignes écrites de la main de Cesbron.

Il était donc vivant, Dieu béni !

Dès lors, je me mis à réfléchir profondément sur ma situation.

L'affaire ferait du bruit, les juges sont des hommes comme les autres, sujets à l'erreur. Celui qui se sauve a tort à leurs yeux.

Il me sembla qu'il était de mon devoir de rester, et d'aller porter mon témoignage à la justice, la chose étant trop sérieuse pour la laisser dans l'obscurité.

J'ajoute que malgré mes cinq mois de dure captivité à Versailles et l'incertitude de l'avenir, si j'étais encore sur le boulevard Montparnasse le soir du 20 novembre, je ferais ce que j'ai fait.

Ma résolution une fois prise, rien ne peut me faire dévier. Je me mis donc en route pour la gare Saint-Lazare, et je m'arrêtai dans un modeste restaurant, où je dînai de pain et de quelque charcuterie.

J'arrivai à la gare Saint-Lazare et j'eus encore une demi-heure d'attente pour peser ma résolution. Je pris mon billet pour Versailles, rive droite.

À Viroflay, une vague idée me prit de descendre du train. De quoi avais-je peur ? J'entrevoyais alors ce qui m'est arrivé, une série de misères, d'instructions, l'évocation en grand du passé ! La ruine ! Et puis, je vis comme autrefois le phare de La Hève, une grande lueur illuminer le tout, c'était la Vérité qui me montrait la route que je devais suivre.

Je descendis du train à Versailles.

Je connaissais la plupart des employés de la station.

L'un d'eux s'approcha de moi :

— Oh ! Madame, me dit-il vivement, repartez, on va vous arrêter.

Il paraît qu'on avait donné des ordres aux gares.

Je remerciai le brave homme et rentrai en ville.

La rue Duplessis était déserte, mais, au tournant de la rue de la Paroisse, je vis deux ombres se dissimuler à l'angle de la rue Hoche.

À Dieu vat !

J'arrivai à ma porte et sonnai.

Un remue-ménage se fit à l'intérieur de la maison, il y avait souricière, ces messieurs faisaient tinter des chaînes. On aurait eu dix fois le temps de s'en aller.

Je sonnai une seconde fois inutilement.

Je m'impatientai.

Je fis un carillon à réveiller toute la rue.

On ouvrit enfin.

Je vis des ombres se mouvoir dans la cour de ma maison.

Était-ce mal combiné tout cela, pour des policiers ! Il est vrai qu'en province…

Je refermai bruyamment la porte cochère.

Une voix inconnue demanda :

— Qui est là ?

— Madame Guérin, répondis-je avec force.

Un frisson parcourut le rang des policiers.

— Vous dites madame Guérin ? répéta la voix.

— Oui, je suis madame Guérin.

La voix insista :

— Alors, c'est bien vous madame Guérin ?

— Oui, cent fois oui.

— Alors, au nom de la loi, je vous arrête.

L'homme me saisit rudement par le bras.

— Oh ! pas de brutalité ! Monsieur, lui dis-je, puisque je ne résiste pas, je vous défends de me toucher.

L'homme me lâcha.

— Où est monsieur Guérin ?

Ce mot me rappela l'atroce situation.

— Hélas ! dis-je douloureusement, je l'ignore.

— Il est avec vous ?

— Non.

— Vous êtes venue seule, à cette heure ?

— Oui.

— Par quelle gare ?

— Par la rive droite.

Ils ouvrirent la porte cochère et s'éparpillèrent aux environs, à la recherche de Cesbron.

Un seul me conduisit à la permanence de la mairie.

Dans un cachot obscur, cinq femmes haillonneuses et grelottantes étaient étendues, sans couvertures, sur des planches humides.

Un concert d'anathèmes et de malédictions accueillit mon entrée.

Mais je fis taire les pauvresses par ces mots :

— Si malheureuses que vous soyez, priez pour moi, encore plus à plaindre que vous.

On me fit place.

Je me couchai aux pieds des mendiantes et je m'endormis d'un sommeil de plomb.

Dans le principe, l'opinion publique fut sévère à mon égard. Le docteur Hébert, sans m'accuser précisément, avait jeté des doutes, que quelques bonnes âmes transformèrent en certitudes.

— Elle est coupable, c'est bien prouvé, je l'ai lu dans le journal ce matin, disait à mon oreille une jolie blonde le lendemain de mon arrestation.

Ceci me fit arriver en larmes devant le juge Mangin-Bocquet. Il me calma.

— Cette dame avance sur moi, me dit-il, car l'instruction n'est pas ouverte !

Peu à peu l'opinion changea. Mes enfants arrachés de mes bras, partant pour un long exil, quittant le doux nid, me concilièrent les cœurs généreux, et ils sont légion.

Le docteur Hébert subit une longue captivité, inexplicable pour une victime.

Puis un beau jour les portes de la prison s'ouvrirent devant lui, sans plus de raisons que lorsqu'elles s'étaient fermées. Et je suis toujours en prison, et l'on a vendu mes meubles pour partager mes dépouilles, je ne sais entre qui, car je n'ai point de dettes.

Il m'est venu l'idée de demander au public d'être mon juge. Au moins je suis sûre de l'impartialité de celui-là. Pour juger, il faut connaître. C'est pourquoi j'ai écrit ces confessions sincères et vraies.

Oserai-je rappeler la parole du Christ :

« Qu'il lui soit beaucoup pardonné parce qu'elle a beaucoup aimé. »

III

ÉTRANGE ÉDUCATION

Je suppose que chaque fois qu'un citoyen se propose de raconter sa vie à ses contemporains, il pense comme moi que pour faire les choses en conscience, il doit commencer par :

« Au premier jour Dieu créa le ciel et la terre. »

Mais l'idée salutaire lui vient que peut-être déjà ses lecteurs ont entendu parler de cela et que mieux vaut commencer par son grand-père quand on a la chance d'en savoir quelque chose.

Je vous dirai donc que je connais mes ancêtres depuis quatre cents ans !

C'est par pure générosité que j'épargne à mes lecteurs la généalogie fabuleuse des Pesnel. Cependant il est bon de citer le grand trisaïeul Pesnel-Hucheloup, fameux corsaire de Granville, qui fit grand dommage aux Anglais, entra au service du roi de Portugal et fit la campagne du Brésil, au temps héroïque de Duguay-Trouin ; son propre fils, rentré richard en Normandie, reçut le surnom de Pesnel-le-Duc. Je ne sais si de cette part j'ai du sang bleu dans les veines, n'en ayant jamais vu de cette couleur. Cependant j'aime à croire que l'âme de ces ancêtres est revenue sur la Terre en ma personne, et qu'il faut accuser l'aventureux Hucheloup et le glorieux Pesnel-le-Duc de mes débordements et de mon orgueil.

De père en fils j'arrive à mon véritable grand-père, Thomas Pesnel, qui était conseiller à la cour de Caen. Son fils, Basile-François, imbu avant l'heure du goût de la mécanique, renonça de bonne heure à la chicane et entreprit la carrière honorable et peu lucrative en général d'inventeur[1].

Ce qu'il trouva en sa vie d'écrous, de roues, d'engrenages inédits remplirait mon volume.

C'était un homme remarquable au physique, il pesait 238 livres, était avec cela beau, bien pris et mesurait 1 m 82 de haut.

Doux, bon, intelligent, il avait le don de la parole.

Il dépensait à la pelle en inventions infructueuses les sommes considérables qu'il savait gagner dans la construction. Il n'avait rien à lui. Républicain sous l'Empire, il grimpait sur une table et entretenait le peuple de ses droits et de ses destinées. Applaudi, idolâtré, il fût devenu cent fois député de Montmartre, s'il l'eût voulu[2]. Mais il manquait d'ambition, comme il manquait d'esprit d'ordre,

1. Les archives de l'Institut national de la propriété industrielle (INPI) conservent de lui deux brevets : une « machine qui, à l'aide de la vapeur, est destinée à remplacer les chevaux, pour la culture des terres et le service du roulage » (n° 000145 du 9 octobre 1844) et un « pont à chaîne multiple et à arc-boutant » (n° 002856 du 22 janvier 1846).

2. À la place de Georges Clemenceau, ministre de l'Intérieur et président du Conseil au moment où Marie-Justine Pesnel écrit ces lignes.

d'administration, et surtout d'intérêt. Son argent était à qui voulait le prendre.

Marié par amour à ma très jolie maman, descendante de la noble famille suisse des Valframbert, les commencements du ménage furent durs. Les enfants vinrent nombreux. Ils vivaient quelques années et succombaient dans les convulsions. Sur huit, il en réchappa trois : mon frère Victor, ingénieur de l'École centrale, et ma sœur Lucie de cinq années plus âgée que moi, dont je vous narrerai la triste histoire. Elle mourut à vingt-trois ans. Mon frère est mort. Je suis donc seule, sans famille.

J'ai hérité de tous les défauts de mon père, sans ses qualités. Insouciance, imprévoyance, désintéressement qui touche à la stupidité, c'est tout lui.

Son honnête métier de propriétaire valait mieux que celui de marieuse : voilà pourquoi il a toujours vécu honoré, tandis que je passe ma vie en prison.

Puis la vie est difficile aux femmes qui ne veulent céder à personne et ont la prétention de diriger leur existence à leur guise. L'homme est un être indépendant, la femme est une chose que tous veulent prendre si elle a quelque argent ou quelque beauté. Malheur à elle si, jolie, elle n'a pas pour la soutenir le bras du père, du frère ou du mari. Mon père tout en adorant ma mère était vert-galant.

Le diable me posséda sûrement de longues années, et je lui impute la vie abracadabrante que je vais vous conter.

Les hommes font les quatre cents coups, c'est naturel… Mais les femmes doivent rester tranquilles et sages à filer leur quenouille, comme chacune de mes jolies lectrices ne manque pas de le faire de l'aube matinale au coucher du soleil.

Ma mère, bonne et nonchalante, ignorait la vie et ne pouvait dompter une nature telle que la mienne.

Quand vous saurez que j'avais une tante Victorine qui s'était sauvée à Buenos Ayres avec son amoureux, ouvrier cordonnier, qui revint riche, mariée et considérée de là-bas, je vous assure que tout ce qui est intéressant de ma famille vous le connaîtrez.

Mon père était donc grand propriétaire à Montmartre, quand je vins au monde, le 22 mars 1862, dans une de ses maisons boulevard Rochechouart, n° 66[1].

La fenêtre au-dessus du boulanger éclaira mes premiers instants. Vous voyez ça d'ici !

Suivant l'usage normand, on me fit avaler quelques gouttes d'eau-de-vie de cidre pour voir si je vivrais.

Il paraît que j'en redemandai.

Un repas de soixante-dix couverts fut servi dans une boutique vacante, réunissant le ban et l'arrière-ban de nos amis.

Il y eut un service de trente-deux plats, le dîner dura quatorze heures et pour clôturer la fête on apporta un joli agneau enrubanné, né à la même heure que moi. Cet agneau qui était une agnelle devint ma sœur de lait. Elle s'appelait Marguerite, elle vécut sept ans et mourut d'avoir léché de la peinture fraîche !

---

1. Selon l'acte de naissance, c'est au n° 30 et non au n° 66 qu'est née Marie-Justine Pesnel.

Ma bonne grand-mère maternelle se chargea de mon éducation. Elle m'emporta à Saint-Germain-du-Corbéis, dans une belle propriété appartenant à mon frère. Là je poussai comme la mauvaise herbe en société de ma brebis.

D'école il ne fut point question, on avait toujours le temps.

En 1868, je fus marraine d'une cloche[1], mon compère avait quarante ans !

La marraine ne sut pas signer son nom. On me fit honte. Alors j'exigeai superbement d'aller à l'école.

On me mena à la ville, dans une école laïque, et je rentrai chaque jour à la maison.

Mais l'effort était trop considérable, je tombai malade, de privation d'amour, de mouvement et surtout de ma grand-mère que j'adorais, alors on me reprit à la maison et il ne fut plus question d'école cette année-là.

L'hiver nous ramenait à Paris.

En 1869, on essaya de m'envoyer à une école, avalée depuis par Dufayel[2]. Je restai des heures sans remuer tapie dans un coin, et je tombai malade, ne voulant ni manger ni jouer.

De guerre lasse, ma mère prit une institutrice à la maison. Elle était bonne et répondait au nom

1. Dans la tradition catholique, les cloches sont baptisées, comme si elles avaient une âme.

2. Les Grands Magasins Dufayel, dont l'entrée principale se situait au 26, rue de Clignancourt, furent en constante expansion de 1874 à 1913, puis fermèrent en 1930. Ils étaient voisins du boulevard Rochechouart, où résidait la famille Pesnel à Paris.

de mademoiselle Lecamus. Elle était de Courteille, faubourg d'Alençon.

Celle-ci sut se faire aimer et fit des miracles. En trois années qu'elle resta chez nous, j'appris à lire et écrire aussi bien que je le sais faire à présent.

Dès lors que j'étais si savante, il n'y avait plus de raison pour m'instruire davantage !

Malheureusement, nous possédions une bibliothèque fort bien pourvue qui devint mon partage. Je lus tout à tort et à travers. À douze ans, je savais par cœur les *Confessions* de Jean-Jacques Rousseau et *L'Arithmétique à l'usage des aspirants à l'École polytechnique*, livres laissés là par mon frère, ingénieur de l'École centrale. Voilà l'excellente méthode qui a fait de moi un puits de science !

Je sus tout et rien, même pas les noms de tant de sciences inconnues de moi. Très férue [de] géographie, qui eut mes préférences, j'ignorais l'Afrique parce que les rats l'avaient mangée !

À vingt-deux ans, dans toute ma splendeur, je me trouvais un soir dans un salon où l'on recevait monsieur Brauheimer, Hollandais qui venait de faire un voyage d'exploration au centre de l'Afrique. Il arrivait de la Côte d'Ivoire.

— Avez-vous vu le Nil ? dis-je ingénument à l'homme célèbre.

On se regarda ! Incapable de me troubler, je me suis mise à rire, devinant que j'avais fait une forte bévue. On fit chorus et on trouva la plaisanterie exquise !

Le lendemain, l'Afrique couchait sous mon traversin. Quelles lacunes j'ai dû combler ! Je suis toujours en peine de dissiper mon ignorance et je transforme en professeurs, de gré ou de force, tous les gens instruits qui ont le malheur de m'être intimes. Que de fois j'ai agacé le docteur Hébert avec mes « pourquoi ». Vous connaissez maintenant l'excellent pensionnat qui m'a faite ce que je suis. C'est monsieur Tout-le-monde.

Si je fais une analyse approfondie de mon moi moral, je suis bien forcée de convenir que j'ai une langue affilée, toujours prête à marcher au service d'un esprit moqueur et caustique. On se fait plus d'ennemis avec ce défaut-là qu'avec tous les péchés capitaux réunis. Témoin Marie Stuart.

Est-il sage, je vous le demande, de s'informer si le remède du docteur Hébert destiné à faire repousser les cheveux a eu des résultats efficaces sur la tête du très honorable Salmon, avocat et défenseur dudit docteur Hébert, lequel est déjà tout bouillant d'indignation contre moi ?

Est-il séant d'écrire ici que le sieur Salmon possède un skating à mouches incomparable pour l'esbattement de cette gent ailée ?

Bah, il faut toujours espérer que les autres ont plus d'esprit que nous.

D'ailleurs, la calvitie donne un air noble et imposant.

Donc l'éducation première laissa fort à désirer et sauf les bons principes, d'ordre social, inculqués par l'exemple, il y eut bien de l'ivraie dans le bon grain. Ajoutez à cela que ma grand-mère illettrée aimait les romans et que de dix ans à quinze, tous les soirs en sa compagnie, j'absorbais une forte dose de Ponson du Terrail, Dumas père, Eugène Sue, Paul Féval et tutti quanti. Ce n'est point ainsi que j'ai l'intention d'élever Henriette.

IV

CE QUE J'AI VU DE LA GUERRE DE 1870

Mais il est temps que je raconte ce que j'ai vu de la guerre de 1870.

Mes parents étaient renfermés dans Paris assiégé.

J'étais dans notre propriété près d'Alençon, en compagnie de ma sœur Lucie, de ma cousine Marie, sous la surveillance de ma grand-mère.

Mademoiselle Lecamus officiait pour nous apprendre les beautés de la langue française et je faisais grand honneur à mon institutrice. On commençait par le latin.

Tout le monde était à la messe du village le dimanche 15 janvier 1871.

Seules ma cousine et moi, presque du même âge, nous tenions compagnie à Fanchette, notre fermière.

Vers dix heures et demie, un bruit sourd qui se répétait puissamment vint jeter l'épouvante dans le cœur de cette pauvre femme.

— Jésus Dieu, fit-elle en se signant, y vont tout brésiller.

C'était le canon, c'était la bataille d'Alençon, l'attaque de la butte de La Feuillère.

Le vieux curé de Saint-Germain, alors âgé de plus de quatre-vingts ans, se retourna vers ses ouailles et dit :

— Mes enfants, voici l'ennemi. Dieu ordonne de veiller à vos biens et à vos existences. Allez à votre devoir ; seul je resterai ici à prier pour notre chère Patrie, et pour vous. Faites de tout votre cœur un acte de contrition, je vais vous donner l'absolution *in extremis.*

Tout ce peuple de paysans se prosterna et le vieux prêtre remit leurs fautes au nom du Dieu dont il était le mandataire.

Puis la foule se dispersa.

Tout notre monde revint en hâte.

Ma bonne grand-mère qui avait vu les alliés et leurs atrocités en 1815 était très pâle.

Courageuse, elle donna des ordres.

En prévision de l'invasion, des fosses avaient été creusées. On y enfouit tout ce qui pouvait se cacher, blé, avoine, orge, vin en pièces, fûts et eau-de-vie, argenterie et meubles précieux.

L'argent monnayé, dix mille francs, était caché dans une boîte en fer accrochée à un coude de la cheminée.

On nous avait jugés dignes de connaître tous ces secrets. Chacun dut jurer que rien, même la torture, ne ferait dénoncer le lieu des cachettes. Je suppose que la torture eût tôt fait de me délier la langue, mais grâce au Ciel, il y eut plus de peur que de mal dans nos parages et je n'eus point à endurer le martyre.

Dès le premier coup de canon, Julien, le domestique, un Beauceron, était parti se couper les moustaches dans la crainte que son air martial ne le fît fusiller par les Prussiens.

Jacques, notre vieux fermier, un partisan vendéen de 1830, le reçut d'un coup de pied au bon endroit, l'envoya rejoindre la Garde nationale, rassemblée sur la place du village.

Tout ce qui était en état de servir était parti dans l'armée régulière ou aux francs-tireurs.

Le paysan normand est brave.

Ils étaient nombreux ceux qui harcelaient l'ennemi, fusillés sans pitié quand ils étaient pris, mais ils ne l'étaient pas souvent, cachés derrière les haies épaisses et les [*Illisible*] ; combien d'actes héroïques hélas inconnus. Goupil revint avec un doigt de moins.

Cependant, il fallait une milice au village et elle fut composée d'enfants et de vieillards, tous allaient armés de faux, de fléaux, de fourches… Par prudence en cas d'irruption subite…

— C'est nos outils, y peuvent rien dire…

Mais les fusils en bon état étaient cachés sous la main dans les fossés.

Des bons fusils, des chassepots jetés par les fuyards.

Le vieux Jacques fourbissait sans trêve tout ce dimanche de janvier. Le canon faisait rage. Vers midi, n'y tenant plus, mademoiselle Lecamus monta au grenier pour voir où en était la bataille.

Naturellement, ma cousine et moi nous nous glissions auprès d'elle.

Armée d'une longue-vue elle inspectait l'horizon.

— Les vois-tu, là-bas, ce qui brille c'est les uhlans[1], les nôtres reculent, oh les lâches, les lâches.

Des sifflements aigus me faisaient regarder, c'étaient des obus qui venaient nous rendre visite.

Mademoiselle avait un cœur d'Amazone et n'y prenait point garde.

Nous ignorions le péril, je déplorais de ne pouvoir apercevoir les obus qui filaient trop vite à mon gré.

Je ne distinguai pas grand-chose là-bas.

On voyait briller quelque chose, puis des hommes en grand nombre se démenaient dans la fumée. On entendait des airs de musique comme le dimanche aux promenades ; les balles continuaient à siffler de tous côtés.

On apercevait des tas de soldats en débandade qui se sauvaient, enjambant les haies et les fossés, et jetant tous ces fusils dont Jacques ramassa un si grand nombre.

C'étaient paraît-il des mobiles de la Mayenne.

La situation que nous occupions était périlleuse et il y parut quand un bruit sourd ébranla la maison.

Un obus venait de s'incruster dans le mur à trois mètres en dessous de nous.

Il n'éclata pas.

Il resta là toute une saison, et ce n'est qu'après la Commune que mon frère ingénieur, trouvant ce voisin dangereux, le désincrusta, le vida et m'en fit

1. Cavaliers légers.

présent pour me servir de vase et y mettre des fleurs. Ce n'était pas un objet bien curieux à l'époque, tout le monde en avait autant à faire voir.

Le devoir d'institutrice fit comprendre à Mademoiselle qu'il n'était pas séant de garder ses élèves à une place si risquée. Elle nous renvoya donc, mais j'affirme qu'elle y resta.

À la nuit le canon devint plus rare et nous remontâmes pour voir les incendies qui dévoraient tout le côté Est d'Alençon. La banlieue de Montsort fut fort éprouvée. Saint-Paterne flamba comme un fagot.

Quel merveilleux et horrible spectacle dans la nuit que cette formidable fournaise des magasins du marchand de bois et de la filature d'Osay. Je n'oublierai jamais ce que j'ai vu ce jour-là.

Ma cousine Marie, devenue l'honnête épouse de monsieur Petitjean de la rue des Halles, s'en rappelle sûrement aussi bien que moi.

Les balles sifflaient bien encore mais on ne peut pas toujours s'occuper de bêtises pareilles. Ici je fais cette réflexion. Tant de peur, tant de bruit pour deux méchantes balles qui se promenaient dans le jardin de Bois-le-Roi à minuit le 19 novembre dernier et tant d'indifférence pour les centaines de kilos de plomb qui ont tournoyé autour de moi en 1871 ! Elles n'étaient pourtant pas en liège, les balles prussiennes. En ai-je ramassé, le lendemain, dans les champs.

Quand on eut bien contemplé l'incendie, on alla dîner. La chandelle était inutile, on y voyait comme en plein jour, et les incendies étaient à quatre kilomètres à vol d'oiseau !

Seuls les enfants se couchèrent cette nuit-là.

Je m'endormis comme à l'ordinaire dans mon joli lit blanc.

Le lendemain à l'heure habituelle Mademoiselle nous fit l'école. Il y avait armistice, les Prussiens avaient gagné la bataille.

Ce ne fut pas la faute du jeune et fougueux préfet de l'Orne, un certain monsieur Antonin Dubost, frère de l'avoué de mon père, qui a fait un petit bout de chemin dans le monde depuis lors[1].

Il écumait et voulait faire sauter les ponts, s'ensevelir sous les ruines d'Alençon, nouveau Châteaudun[2]. Il se heurta à la sagesse des gros bonnets de l'endroit qui préférèrent payer de beaux deniers aux Prussiens, et garder leur vie et leurs biens.

Le libérateur du territoire fut monsieur Le Cointre, maire d'Alençon, qui avec sa finesse normande roula un brin les Prussiens et en débarrassa le pays moyennant quelque argent comptant.

Monsieur Antonin Dubost, désolé, pleurant, furieux, quitta à l'instant ses administrés. Il y avait

1. Antonin Dubost (1842-1921), maire de La Tour-du-Pin pendant quarante-trois ans, député radical de l'Isère de 1880 à 1897, garde des Sceaux de 1893 à 1894, sénateur de 1897 à 1921 et président du Sénat de 1906 à 1920, candidat malheureux à la présidence de la République en 1913. Officiellement décédé à son domicile, il est mort de plaisir dans la maison de massage de miss Ariane, rue des Martyrs, à Montmartre...

2. Allusion à l'héroïque bataille de Châteaudun, le 18 octobre 1870, qui se solda par la destruction du centre-ville.

certainement incompatibilité d'humeur entre les Alençonnais et lui.

Vers midi, l'école cessa. On retourna au grenier voir défiler l'armée prussienne.

En passa-t-il des hommes et des canons ! Ah ! non, ils n'étaient pas tous tués.

Mademoiselle Lecamus était certes une femme polie, de manières dignes et surannées, aussi fus-je étonnée de l'entendre gratifier les Prussiens d'épithètes qui n'avaient plus rien d'académique. Les « tas de saligauds, gredins, chenapans » sortaient d'abondance de sa bouche irritée.

Elle s'aperçut tout à coup de sa distraction, en m'entendant répéter : « Tas de saligauds ! » et elle nous expliqua très digne que cela pouvait se penser des Allemands, mais ne pas se répéter à haute voix.

La leçon profita.

Je ne puis voir entrer un Choucrouteman dans un lieu quelconque sans répéter *in petto* « les gros mots » que mon institutrice m'a appris par mégarde.

Le défilé de l'armée du prince Frédéric-Charles dura tout le jour. Les canons furent campés sur la butte de Saint-Barthélemy, la gueule tournée vers la ville.

À table j'entendis que mon institutrice constatait qu'une femme audacieuse pourrait parvenir jusque-là et enclouer[1] quelques pièces.

1. Méthode classique de neutralisation de l'artillerie ennemie, consistant à introduire des clous dans le « jour », c'est-à-dire le dispositif de mise à feu des canons.

J'opinai aussitôt que les enfants pourraient en être. Cela me valut un large bon point et une superbe image de Marie consolatrice des affligés. Mais on alla se coucher sans rien enclouer.

Le lendemain, ma sœur Lucie resta au lit. On lui enveloppa la figure et les mains de bandes et de charpie, et il fut décrété qu'elle avait la variole.

Comme je me désolais, on me confia que c'était une frime pour faire sauver les Prussiens.

La vérité c'est que ma sœur, grande et très belle, âgée de treize ans, courait quelque risque au milieu de la soldatesque allemande. La ruse réussit.

Le mardi 17 janvier vers neuf heures du matin, un gros personnage tout doré vint voir nos immeubles pour nous gratifier d'un nombre de soldats à loger en rapport avec notre importance.

Il avança la tête dans la chambre où ma sœur gisait étendue sur son lit et, prévenu qu'il y avait là un cas de variole, il fit une laide grimace, et déclara que les soldats coucheraient à la ferme, que seul un capitaine occuperait notre belle chambre bleue, mais que personne ne monterait au second, où se trouvait la malade.

Avec des pleurs de rage on apprêta le repas des ennemis. Des poules furent massacrées. Dame, on n'avait pu les loger en terre avec les choses inanimées.

Les sept vaches évacuèrent leur chaude étable et vinrent pousser leurs mugissements lamentables dans la neige. Pauline, notre Pauline, la jument blanche, ma monture chérie faillit subir le même sort.

Mais Jacques, si bonasse jusque-là, devint de roc :

« Si vous voulez met' le ch'va dans la neige j'vas quérir vos chefs ! »

Et Pauline resta à son écurie où elle se battit avec un cheval luxembourgeois. On affirma que la bête était patriote.

On logea onze Prussiens, vingt-deux chevaux et le capitaine.

Il était poli et bien élevé. Rien au monde n'aurait pu donner un air gracieux à la figure rébarbative de mademoiselle Lecamus. Quant à ma grand-mère, elle paraissait prête à mourir. Il me gratifia d'une caresse sur la joue, que je lui rendis aussitôt par un coup de pied dans les jambes.

Il était pourtant bien joli, si blond, si mince, si rose, mais voilà c'était un Prussien.

Voyant cet accueil plutôt frais, en homme d'esprit, il alla manger au bourg avec ses collègues et rentra juste pour se coucher.

Les hommes, des Bavarois, se comportèrent honnêtement. Jacques en paysan madré tint la palabre ; sa femme Fanchette, plus morte que vive, ignorante du droit des gens, se figurant qu'on pouvait l'immoler sur ses casseroles, fit un repas homérique... Accueil charmant où le bon cœur n'entrait pour rien.

Les Prussiens mangèrent chacun comme quatre, burent comme six et l'eau-de-vie de cidre aidant, roulèrent à demi morts sur les lits qu'on leur avait préparés. Jacques vint nous avertir de la chose.

Mademoiselle insinua que l'heure était favorable pour leur couper la tête à tous les onze. C'était mon avis.

Jacques souleva sa casquette, se gratta le front puis frotta son long nez en disant : « Minute, minute », et opina que, comme il y en avait trop dans le pays, cela ne servirait à rien, qu'à se faire tuer.

Vers sept heures du matin, le mercredi, ils déguerpirent tous avec leurs chevaux et leur capitaine qui nous fit le salut militaire allemand. Pour l'embêter, je lui fis le salut militaire français, ce qui le fit rire.

Mademoiselle ne daigna pas le voir et ma grand-mère ferma la porte derrière lui avec fracas.

On ne les revit plus.

Ils n'avaient rien volé, sauf un couteau, que Jacques regretta le restant de sa vie, et une paire de bottes appartenant à Julien.

Que ne l'avait-il mise à ses pieds avant d'aller se cacher dans un grenier lointain, tapi sous une montagne de foin, tremblant à l'idée que les Prussiens pouvaient incendier la ferme !

Il y perdit sa place et ses bottes.

V

LA MISÈRE SUIT LA GUERRE

Pendant les trois mois que dura le siège de Paris, on reçut par ballon un bon nombre de lettres et de coupures de journaux qu'on allait aussitôt communiquer à la préfecture.

Mes parents renfermés à Paris ne reçurent que deux fois des nouvelles par pigeon voyageur, aussi ce fut une grande joie quand, Paris ouvert, ma mère nous apparut tout à coup au bras de mon père. Il y eut embrassade frénétique. On avait tremblé pour eux, ils avaient tremblé pour nous.

Ils étaient pâles et amaigris. Mon père avait tout donné, linge et provisions. Il avait fait nourrir une quantité de gens par son boulanger, puis la farine avait manqué et ils avaient mangé le pain du siège. Lui gros propriétaire, il fit une pétition qui fut affichée sur les murs de Paris, pour remettre une année de loyer à tous les locataires.

Tout cela n'arrangea pas ses affaires.

Il devait sur ses immeubles et ses créanciers n'imitèrent pas sa folle générosité. Il emprunta pour payer les rentes dues. On réduisit notre personnel et notre train de vie. Mademoiselle rentra dans sa famille en 1872.

J'avais dix ans ; elle était restée deux ans à la maison. Mon instruction fut terminée. Je l'achevai toute seule de la manière que vous savez.

Il est certain que je dois à la guerre de 1870 la ruine de mes parents, la vie errante et aventureuse qui s'en est suivie, les prisons qui en ont découlé. Bref, j'attribue tous mes maux aux Prussiens. Inutile de me dire le contraire, c'est mon idée fixe.

Cependant, il y eut encore de bons jours.

Ma tante revint d'Amérique en 1873. Elle avait épousé son cordonnier et dans son métier, ils avaient fait fortune à Buenos Ayres, où une paire de bottes valait deux cents francs. J'ignore si c'est toujours le prix !

On reçut ma tante et son mari à bras ouverts. Ah ! les beaux perroquets, les jolis singes du Brésil, les riches fourrures qu'ils rapportaient ! Ma tante avait un amoncellement de robes claires, clinquantes et décolletées, qui firent mon admiration et fixèrent mon goût pour l'avenir.

Elle m'initia aux mystères de la poudre de riz.

Ma mère, indignée, supprima la poudre. Je me rattrapai sur la soupière à la farine ; si je pouvais être seule un moment, je mettais les robes de soie de maman, pour que cela traînât. Le diable arrivait bon train.

En 1872, je fis ma première communion. Comme, sauf ma grand-mère, personne chez nous n'était dévot, ce fut pour moi une belle fête et voilà tout.

En Normandie ces occasions servent de prétextes à de véritables noces. J'étais déjà si grande à dix ans et demi que j'entendis sur mon passage : « On dirait une mariée », ce qui me combla de joie et d'orgueil.

À onze ans, je devins femme. Ignorante, prise au dépourvu, je pris froid : une grande fluxion de poitrine en fut la suite.

Je faillis mourir.

On me traita énergiquement : sangsues, vésicatoires, rien ne me fut épargné.

Une fois guérie, ma mère me fit le sermon d'usage et m'annonça que tous les mois j'en verrai autant.

Absolument convaincue que tous les mois on me ferait le même traitement barbare avec sangsues et le reste, je tombai dans un désespoir qui se calma aux éclats de rire de toute la famille.

Mais moi j'étais mortifiée et point honorée par cet état anormal et incongru qui m'humiliait fort.

On maria mon frère à la fille de monsieur Pierquin, riche démolisseur en bâtiments, naguère administrateur de la banque de la rue de Louvois.

Mon frère travaillait déjà à cette époque, en 1874, à un projet de métropolitain. Il est mort avant de voir le métro actuel. Que tout cela est loin, maintenant !

Les premières bicyclettes, avec une énorme roue devant et une toute petite à l'arrière, c'était très mal porté d'aller là-dessus. Les femmes, à cette époque, n'allaient pas sur les impériales des omnibus. Quels lazzis, quels éclats de rire, lorsque la première voiture à trois chevaux permit au sexe faible de grimper là-haut.

J'ai vu faire l'avenue de l'Opéra. Dans les boutiques non louées on voyait des camelots présenter à l'admiration du public un embryon de téléphone, nouvelle découverte de monsieur Edison. Cela prit très vite, le téléphone.

Les affaires de mon père allaient de mal en pis. Monsieur Pierre Dubost, aujourd'hui important magistrat, à cette époque avoué rue d'Alger, pourrait mieux que moi nous expliquer comment les millions de mon père fondirent comme le beurre sur le feu.

Prévoyant la débâcle finale on maria ma sœur âgée de seize ans. Elle était bonne, peu débrouillarde, fort jolie et très grande pour son âge. Couvée tendrement sous l'aile de ma mère, elle était incapable de lutter pour la vie.

Elle n'avait connu que les sourires de la fortune.

Mon père, que Dieu lui pardonne, nous présenta un futur pour elle, c'était un blond marchand de vin en gros, âgé de vingt-sept ans, qui paraissait bien dans ses affaires.

Il prétendait se marier par amour et ne demandait qu'une très petite dot.

Le mariage eut lieu à notre belle propriété d'Alençon. Ce fut le chant du cygne pour les fêtes et les agapes plantureuses, et la ruine étant décidément survenue, sans doute par délicatesse et pour ne pas nous humilier, nos nombreux amis restèrent chez eux.

Quinze jours après ses noces, mon beau-frère fit connaître à mon père que ses affaires allaient très mal et qu'il était au seuil de la faillite.

Mon père acheva de consommer sa ruine en se saignant, ce qui n'empêcha pas mon beau-frère de faire faillite moins de six mois après son mariage. Il battait ma sœur et la rendait très malheureuse.

Élevée dans des principes rigides et étroits, elle refusa de quitter son mari.

Que de fois ai-je été témoin indignée de la brutalité de ce goujat envers cette douce fleur qu'était ma sœur Lucie. C'est le premier coureur de dot que j'aie vu à l'œuvre. Je crois qu'il faut attribuer à mon beau-frère Thréard la dureté que j'ai déployée pour les autres.

Quand un homme veut me conduire, je pense à ma sœur, malgré moi, et je deviens irréductible. Les impressions de la jeunesse sont ineffaçables.

Tout fut vendu. Nos beaux immeubles des 58, 60, 66 boulevard Rochechouart. Toutes nos maisons d'Alençon. On se réfugia dans notre propriété de Normandie. Hélas, cette dernière retraite, chère maison familiale, où chaque buisson, chaque pas me rappelait un doux souvenir, il fallut s'en séparer aussi.

Le désespoir de ma vieille grand-mère était navrant. Son propre bien fut englouti.

Nos beaux meubles furent vendus. Pauline, déjà vieille, devint cheval de labour chez d'autres maîtres.

On échoua à Paris, avec quelques meubles échappés au naufrage dans une boutique de Plaisance, avec ma grand-mère, qui garda le lit depuis ce jour jusqu'à sa mort.

Mon frère, alors occupé à construire les forts de l'Est, ne nous voyait point, car sa femme nous en voulait de notre ruine.

Ma mère, courageuse, fit la cuisine et le ménage.

On avait eu l'idée de prendre un étal au marché Saint-Germain et avec quelques centaines de francs arrachés au naufrage on acheta des fruits, des œufs. Ma mère y vint une fois, puis resta à la maison à soigner ma grand-mère.

Dès lors, ce fut moi seule qui dus pourvoir à la besogne : j'avais alors quatorze ans. Hélas il faut tout apprendre. Quelle pitoyable vendeuse je fis ! Timide, fière, réservée, je ne savais ni faire l'étalage, ni appeler la pratique.

J'étais si demoiselle que je repoussais le peuple de bonnes et de commerçantes, qui auraient été mes clientes, mais qui n'aiment pas la pose.

J'avais des châtaignes, il poussa des tas de petits arbres dans mes bacs.

À peine si le soir je rapportais trente ou quarante sous que ma mère attendait pour faire la cuisine à tous.

Un jour je fis un coup de ma tête. Prenant des œufs que j'avais en certaine quantité, je les mis dans un petit panier et j'allai les vendre dans des boutiques au-dessous du cours.

Le soir, triomphante, je rapportai dix francs. Le lendemain, je recommençai, mais une fruitière me menaça du commissaire, tout en achetant mes œufs, elle me dit que je devais les avoir volés. Ils étaient pourtant bien à nous. Je n'osai plus faire ce singulier commerce.

Alors je vendis en secret mes menus bijoux de petite fille riche, ma belle croix d'or et de turquoises, ma montre et ma châtelaine ; pour maman, c'était le commerce qui reprenait.

Il fallut renoncer à l'étal. Mon père, alors âgé de soixante-dix ans, se débattait au milieu des huissiers et des gens de loi, cherchant dans la chicane à retrouver quelques bribes de sa fortune évanouie. Quelle misère chez nous le jour de l'ouverture de l'exposition de 1878 ! Je ne voulus rien voir de la fête.

Ma tête en éveil cherchait le moyen de venir en aide aux êtres adorés qui souffraient sans se plaindre à mes côtés.

Oh ! si j'avais su que mon jeune corps avait une valeur, je l'eusse bien sûr vendu. Mais je l'ignorais.

J'ignorais le pourquoi des œillades des passants. Quelquefois dans un bureau de placement on me parlait à double entente, mais ma naïveté était si réelle, j'étais si jeune, que cela effrayait les matrones initiatrices.

Je fis plusieurs métiers.

Je fis des fleurs. Je collai des échantillons pour les prospectus des grands magasins ; enfin, j'entrai pour faire la place chez un marchand de bouchons. Il me confia un petit sac, avec des échantillons et j'allais offrir cela aux pharmaciens.

Je ne faisais guère d'affaires. Mon patron était célibataire, il demanda ma main et fut repoussé à cause du souvenir de Thréard, mon odieux beau-frère.

— On veut encore me prendre celle-là, gémit ma mère.

Un jour, il me fit monter dans sa chambre sous un prétexte et tenta de me faire violence.

Mais je me débattis si bien qu'il n'y eut que mes habits de déchirés. Cependant, il fallut quitter ce maigre emploi, sans dire le motif à ma mère. Elle me sermonna d'être si ingrate envers ce bon monsieur Coutron, qui avait voulu m'épouser.

Alors je me mis à la recherche d'une autre place et devins caissière au café des Tours Notre-Dame, sur le parvis. La clientèle se composait d'étrangers le matin qui visitaient la Basilique et le soir d'étudiants qui passaient l'eau. Je fus poursuivie avec tant de véhémence par ces messieurs qu'il me fallut déguerpir pour avoir la paix ; quelle vie que celle d'une fille pauvre et honnête !

Ma grand-mère s'éteignit : ma douleur fut immense. Que de malheurs à la fois !

Ma sœur, ma jolie sœur, à bout de forces pour souffrir, mourut de misère et de chagrin à vingt-trois ans.

C'est moi qui ai reçu son dernier soupir à l'hôpital Lariboisière. Sa pauvre tête n'était pas plus grosse que le poing. La martyre avait expiré en pardonnant à son bourreau.

Il sortit de l'hôpital très satisfait d'être débarrassé de cette femme bonne à rien et toujours malade. Ma mère faillit mourir de désespoir. Elle contracta à ce moment une maladie de cœur dont elle souffrit jusqu'à la fin de sa vie.

Le bon docteur Bigot, si connu à Montmartre, nous vint en aide par ses soins et par sa bourse.

Quand ma mère, triste à jamais, eut repris quelque force, je cherchai de nouveau une situation.

Oh ! les longues courses à pied dans les rues de Paris, dans le froid et la neige !

Les refus insultants, le désespoir de savoir la maison vide de feu et de pain.

Ma consolation c'était mon pèlerinage au cimetière d'Ivry pour ma grand-mère, à Saint-Ouen pour ma sœur. Sur la tombe de ma bonne-maman, j'exhalais mes soupirs et mes chagrins... Parfois prise d'une confiance subite en l'intercession mystérieuse de celle qui m'a tant aimée, il m'arrive de lui conter mes peines de prisonnière avec la même enfantine confiance que j'avais en elle autrefois. Ô Protectrice de mon enfance, bienfaitrice des jeunes ans, transforme ma plume inhabile en une lyre d'or ; fais jaillir de mon cœur égaré mais non flétri une source de sympathie, qui comme une onde pure coulera jusqu'aux cœurs généreux de mes lecteurs, et rejaillira en un flot d'indulgente pitié sur la mère malheureuse d'Henri et d'Henriette.

VI

COMMENT JE DEVINS MARIEUSE

Dans ma vie tout est extraordinaire et différent de tout le monde. Ce matin-là, la Destinée me guettait dormir : ma mère assise auprès de moi me vit ouvrir un œil.

— Tiens, me dit-elle, voilà ce qu'il te faut, tu vas aller voir si ce n'est pas pris.

Elle me montrait un journal et une annonce demandant une demoiselle aux écritures. J'avais déjà tant couru après des occasions semblables que je fis la paresseuse.

Enfin, je partis dans l'omnibus Vaugirard-Gare-Saint-Lazare. Je venais de faire le premier pas dans la voie des aventures et des prisons.

J'arrivai 16 rue de Provence, au lieu indiqué par le journal. La concierge m'envoya à l'entresol où un monsieur petit, mince, paraissant trente-six ans environ, me reçut.

Il me dit qu'il était agent matrimonial et qu'il lui fallait une personne sachant bien tourner une lettre.

Il me fit écrire séance tenante une missive qu'il trouva sans doute à son gré car il m'engagea sur-le-champ aux appointements fabuleux de cent francs par mois. L'opulence ! Ivre de joie, je rapportai la bonne nouvelle chez nous.

J'installai de suite une femme de ménage auprès de maman et me mis à l'œuvre chez mon nouveau maître.

Il se faisait appeler Roy dans les affaires mais en réalité il se nommait Henri Demortier.

Je venais à neuf heures du matin et m'en retournais à six heures du soir. Toute la journée, j'écrivais des lettres pour tous les pays. Il mettait trois mots sur le coin d'une feuille et il fallait fabriquer une longue lettre avec cela. Pour moi c'était un enfantillage autrement facile que de vendre des œufs ou des bouchons. Je fis merveille. Au bout de huit jours, il m'annonça qu'il me donnerait cinq pour cent sur les affaires dans lesquelles j'aurais écrit. Dès le premier mois, je reçus deux cent cinquante francs. Le mois suivant, quatre cents francs, auxquels mon patron ajouta une paire de boucles d'oreilles en corail rose.

Trois ans de la vie de Paris m'avaient un peu dégourdie. Vierge de corps, je ne l'étais plus d'esprit. Il me fut facile de voir que mon patron me trouvait à son gré. J'étudiai sans en avoir l'air sa manière de procéder dans ses affaires, il me venait un plan à l'idée : j'avais seize ans et demi, et trouvant ce commerce fort à mon gré, je voulais m'établir et faire ce qu'il faisait. Il fallait un appartement au centre et des meubles élégants. Dès lors ma résolution fut prise. Avec une maladresse d'Agnès, doublée de toute la malice prise dans mes romans, j'entrepris la conquête d'un roué de quarante ans !

Ce fut long, tout un hiver se passa en escarmouches où il attaquait furieusement et où il trouvait une résistance d'acier.

Le jour vint, où, vaincu, il s'agenouilla à mes pieds et m'offrit son nom et tout ce qu'il possédait.

Je ne voulais certes ni amant ni mari.

Je me contentai de dix mille francs qu'il plaça sous mes pieds suivant mon caprice. Après quoi, lui faisant les plus belles promesses, je quittai ma place comme j'y étais rentrée, sans le moindre accroc à ma robe d'innocence.

Je demandai à mon père de me faire émanciper ; ce qui eut lieu à la mairie du XVe arrondissement. Après quoi, je me mis en quête de l'appartement rêvé.

Je trouvai mon affaire pour dix-huit cents francs l'an, chez monsieur Mellerio, joaillier 217, rue Saint-Honoré.

Le fisc m'honora d'une patente d'agent d'affaires de troisième classe, moyennant la bagatelle de trois cents francs par an, et je n'eus plus qu'à acheter mes meubles.

C'est alors que je pus en liberté imiter ma tante de Buenos Ayres.

Les emplettes les plus hétéroclites ornèrent ma demeure. Des oiseaux empaillés, des larges rubans jaunes comme embrasses sur des rideaux de calicot blanc, et un affreux dieu hindou à six têtes, qui me coûta quatre cents francs ! J'avais toujours désiré posséder l'image de la Trimourti, qui faisait partie de mes connaissances. Des chromos[1] enfantins complétaient ce superbe décor. On y voyait un petit enfant mangeant sa soupe et un gros chien se battant avec un chat.

Demortier vint un jour et fit la grimace, pourtant c'était bien plus joli que chez lui ! Il parut douter du bon emploi de ses dix mille francs.

Mes premiers clients furent plutôt étonnés que ravis à l'aperçu de mon mobilier.

On me disait :

— Cela vous vient de famille ?

Je commençais à m'apercevoir que je n'avais pas fait un chef-d'œuvre de bon goût.

Un jour, je reçus la visite d'un monsieur parfaitement inconnu de moi.

On me passa sa carte :

— Fernand Xau, de *L'Événement*. Je fais, me dit-il, une étude sur les agences matrimoniales et je viens vous interviewer, mais quel étrange mobilier ! On se croirait chez une sage-femme du XXe arrondissement !

Je devins cramoisie.

— Quel âge avez-vous ? me dit-il effrontément.

J'avouai vingt-cinq ans.

Je portais une superbe perruque à bandeaux qui me donnait le droit de me parer de cet âge.

1. Œuvres de médiocre qualité, aux couleurs vives, reproduites par le procédé bon marché de chromolithographie.

On était dans une certaine pénombre. Fernand Xau fit craquer une allumette et prenant une bougie sur mon bureau, il l'enflamma.

Alors, me regardant, il éclata de rire.

— Voulez-vous m'expliquer ce mystère d'une jeune et charmante fille déguisée en sorcière !

C'était peu honnête. Les larmes me vinrent aux yeux.

— C'est pour avoir l'air plus sérieuse, dis-je en pinçant les lèvres.

Puis, gagnée par l'air bon enfant de ce journaliste si effronté et si gai, je lui contai à peu près mon histoire.

Il revint me voir, guida mon goût. Tout mon mobilier fut changé pièce à pièce. Le Bon Marché[1] reprit l'affreuse idole hindoue et me rendit les quatre cents francs, et encore je lui avais cassé une patte ! Honnête Bon Marché ! La perruque flamba dans l'âtre et une Parisienne élégante sortit de l'immense robe à queue couleur héliotrope foncé, où j'engonçais mes sveltes formes de dix-huit ans.

Satisfait de son œuvre, Fernand Xau écrivit une flamboyante chronique sur ma personne et mon agence. Les curieux pourront la retrouver dans *L'Événement* de 1881.

Mais il n'eut pas la persuasion de porter une main iconoclaste sur ma chambre à coucher en acajou tout neuf, à toilette chemin de fer, avec rideaux blancs et larges rubans roses, tels que ceux d'une nourrice où

1. Premier des grands magasins parisiens, fondé en 1852 par Marguerite et Aristide Boucicaut, et qui inspira *Au Bonheur des dames* à Émile Zola en 1883.

sur le parquet nu et ciré se pavanait une belle peau de mouton, réminiscence de Marguerite.

Ma bibliothèque se remplit des œuvres de Paul de Kock, alors en faveur auprès de moi. Bientôt lui succéda monsieur Jules Simon dans ses œuvres. Libre d'acheter et de lire ce qui me convenait le mieux j'en abusai.

Fernand Xau ne sut jamais que tout au fond de ma bibliothèque, dans une grande boîte, une chose exquise se prélassait.

C'était Dorine, gigantesque poupée, marchant seule et disant papa et maman. Elle avait de riches habits, je lui prodiguais les soins d'une bonne mère, pour cela, m'enfermant à clef comme pour faire un crime.

Je reprenais la vie d'enfance, trop vite remplacée par la maturité de l'infortune.

Tous mes clients me faisaient la cour, bien inutilement, tout mon cœur était à ma famille et Dorine.

Je faisais des affaires d'or, gagnant deux à trois mille francs par mois. Tous les soirs, je rentrais chez mes parents et ma belle chambre aux rubans roses ne servait à rien.

Vers dix-huit ans, Dorine commença à m'ennuyer, je voulus un enfant.

Si ce désir vous prenait je ne vous demande pas ce que vous feriez, moi j'en adoptai un de huit ans qui avait perdu sa mère de la variole et dont le père était phtisique à l'hôpital. Il fallut aller le réclamer chez le commissaire, celui-ci me regarda de travers :

— Voulez-vous vous charger de cet enfant ?

— Oui, Monsieur.
— Quel âge avez-vous ?
— Dix-huit ans. Je suis émancipée.
— Vos moyens d'existence ?
— Voici ma patente et mon bail.

Et j'emmenai mon fils, un beau garçon, fin et distingué, à l'air doux, un peu triste. Il fallut l'habiller de pied en cap, lui faire voir Guignol, et lui acheter un bateau, pour le faire naviguer sur le bassin des Tuileries.

VII

MON AMI PRIEUR, AGENT DE LA SÛRETÉ

Souvent favorisée par la fortune, elle ne m'est pas constante.

J'allais en faire l'épreuve. Un jour, je reçus la visite d'un homme de quarante ans environ, type du vieux marcheur, chic. Il était étranger et se faisait appeler le docteur Keller.

Il voulait marier un sien ami, le prince de Gonzague.

Comme je possédais une demoiselle Penabres, affligée de trois millions, créole de La Havane, on pensa que l'affaire pourrait s'arranger.

Pour la première entrevue, le docteur proposa le théâtre. Jamais je n'avais mis les pieds dans un théâtre. Je choisis le Français, parce qu'on y donnait *Œdipe-Roi*.

Le docteur Keller vint me chercher dans son coupé de maître et ce fut grâce à Fernand Xau une très élégante demoiselle qu'il emmena en ma personne.

On ne parla pas dix minutes dans la loge. Il m'emmena au foyer[1].

— Vous venez souvent au Français ? me demanda-t-il.

— Hmm ! dis-je, pas très souvent.

— Vous connaissez la pièce ?

— Bien sûr. Je la savais par cœur, à Alençon.

Il parut émerveillé de ma science. On restait toujours au foyer. Je faisais mon apprentissage. Les pauvres marieuses ne vont pas au théâtre pour s'amuser. Son prince arriva.

On alla le présenter à la demoiselle, après quoi, j'espérais pouvoir écouter quelque chose de la pièce.

— Vous ne préférez pas causer ? me demanda Keller après dix minutes.

Avec un soupir, je le suivis, au foyer. Il me regardait avec attention.

— Êtes-vous mariée ? me demanda-t-il.

— Oh ! pas encore.

— Vous êtes fort jeune.

— Oh ! non !

— Je suis physionomiste : vous n'avez pas vingt ans.

— J'avoue, dis-je en riant.

— Une marieuse évoque l'idée d'une vieille femme. Comment, si jeune, en êtes-vous venue à faire ce métier ?

Ah ! ça, il était ennuyeux, ce monsieur. Je lui rappelai *Œdipe-Roi*. Le prince vint nous saluer. Il s'en allait et trouvait la demoiselle à son goût.

---

1. Salle pourvue d'un bar, où le public se presse durant les entractes et où aiment à se réunir les habitués, y compris durant le spectacle.

Keller le laissa partir et resta. Alors je voulus rentrer dans ma loge. Impossible ! Je n'en verrai donc rien de ma première représentation théâtrale !

Résignée à mon triste sort, je dus subir la conversation du docteur Keller, mais il ne sut rien de ma vie, ni de mes secrets. Maudit bavard ! moi qui me faisais depuis huit jours une fête de cette soirée. Pressant ma main, il me dit :

— Acceptez à souper ?

— Ah ! merci Monsieur, je suis seule et il est tard.

Ma sauvagerie l'étonnait. Il me reconduisit chez moi, rue Saint-Honoré.

— Je veux le savoir. Chez votre amant ?

Ce mot me fit bondir.

— Insolent ! sortez, dis-je.

Je restai plus d'un mois sans le revoir. Le mariage du prince resta en souffrance.

Un jour, je reçus une lettre signée de simples initiales, me demandant si, parmi mes demoiselles à marier, je n'avais pas un parti pour un officier. On me disait de répondre poste restante.

Je répondis de venir me voir.

Mon mystérieux correspondant m'expliqua que par discrétion, il désirait garder l'incognito mais que je veuille bien aller lui parler chez une dame de sa connaissance. J'ignore quelle voix secrète me dit de n'en rien faire. Des phrases déjà entendues me firent penser au docteur Keller. Quoique d'une écriture inconnue, peut-être cette correspondance était-elle de lui.

Mon parti fut vite pris. Habillée de couleur sombre, je m'acheminai vers le quai des Orfèvres et demandai à parler au chef de la Sûreté.

Je lui contai mon affaire en deux mots :

— Je voudrais savoir, lui dis-je, quel est ce ténébreux personnage. Puis-je, en payant, le faire surveiller ?

On me confia à un agent nommé Prieur.

Il se tiendrait dans l'intérieur du bureau de poste où j'adresserais mes lettres et suivrait la personne qui viendrait les retirer.

Le premier jour il ne vint personne, mais le lendemain, j'appris qu'une femme était venue réclamer ma lettre et que cette femme était la concierge de Keller. J'avais deviné juste.

L'agent Prieur me donna son opinion :

— Il veut vous attirer chez quelque proxénète et de gré ou de force, se passer sa fantaisie ; il serait bon de le pincer sur le fait.

— Je vais lui écrire de venir. Vous vous cacherez ici.

C'était un cabinet noir, voisin de mon bureau.

À ma première requête, le docteur arriva ; l'agent était à son poste :

— Le mariage du prince de Gonzague n'a pas l'air d'avancer, lui dis-je. Voulez-vous échanger notre correspondance ?

— C'est pour me dire cela que vous m'avez fait venir ? me répondit-il avec amertume.

— C'est aussi pour demander au docteur Keller s'il est bien de jouer un tel rôle avec moi.

Et je lui mis sous les yeux toute sa correspondance anonyme.

— J'ai deviné au stylo que c'était vous, dis-je.

Il ne nia point.

— Je vous veux.

Puis me prenant dans ses bras, il m'écrasa contre lui.

Je parvins à me dégager.

— Jamais ! Vous me faites horreur. Sortez !

Il me reprit avec violence.

Je poussai un faible cri :

— Au secours !

Soudain, derrière la cloison, un bruit formidable de vaisselle cassée, de pas nombreux et gigantesques se fit entendre, tandis qu'une voix de stentor s'écriait :

— Veux-tu f... le camp, c... ?

Me lâchant aussitôt, prompt comme l'éclair, Keller gagna la porte et disparut. La bonne tête de l'agent Prieur se montra par l'entrebâillement.

— Faites excuse, Mademoiselle. Je vous ai cassé six assiettes. Mais il fallait faire croire à ce c... qu'on était dix.

Prieur, bien payé, rentra content à la préfecture. Ses chefs se pâmèrent au récit de l'affaire, et je reçus avis de passer, un matin, au bureau de monsieur Gauthier de Noyelles, bâtiment de la Cité, pour affaire urgente.

Ce fonctionnaire, éminemment distingué et très aimable, me dit ceci à peu près :

— Vous avez entrepris une carrière épineuse, où il vous faudra bien des protections. Voulez-vous rendre quelques services à l'administration, et on vous soutiendra ?

Cela ne m'allait guère.

Moucharde, pouah !

L'agent Prieur, devenu mon ami, me donna le conseil d'accepter.

— Vous êtes une honnête fille et un brave cœur, soutien de votre famille. Acceptez, sinon vous serez en butte aux tracasseries de sales types comme ce Keller.

Et j'acceptai.

Je ne revis point Keller, j'appris qu'il avait quitté Paris. Mademoiselle de Penabres ne se maria pas par mes soins et j'ignore ce que tout ce monde est devenu.

Mon zèle ne fut pas grand pour le service de la préfecture. Je suppose que Prieur, qui avait été deuxième prix de Conservatoire avant d'être agent de la Sûreté et qui m'enseigna le chant en échange de quelques déjeuners pris entre nous en garçon[1], dut me servir près de son chef car j'y trouvais toujours très bienveillant accueil.

Je n'avais point de plaintes d'ailleurs. J'étais fine et prudente.

Calme et raisonnable, la tête à mes affaires, j'avais le flair pour distinguer l'honnête homme du fripon, le véritable épouseur du coureur de dot.

L'agence matrimoniale est un kaléidoscope mouvant, tout y passe : princes authentiques et rastas, honnêtes jeunes gens sans relations à la recherche

1. En célibataire et sans façon.

de la femme rêvée et effrontés pirates qui écument le monde civilisé.

Viennent aussi des escrocs pour clients. C'est-à-dire qui donnent cinquante francs à une agence et s'en font rendre cinq cents sous peine de plaintes et sous prétexte de frais, de débours, etc. Certains individus ne vivent que de cela. Ils arrivent à être connus et démasqués. On se les signale d'une agence à l'autre. Ceux-là cherchent à se faire présenter dans une honnête famille et à faire accepter, sous prétexte de fête ou d'anniversaire, une bague. Un bijoutier complice en majore le prix. Et alors on réclame cinq mille francs pour cinq cents. Cela réussit neuf fois sur dix.

La clientèle féminine des agences matrimoniales est curieuse. Depuis l'orpheline, Agnès naïve, qui cherche l'honnête employé, jusqu'à la cocotte sur le retour, tout y vient.

Souvent des cocottes y cherchent l'amant généreux. Je les évinçais. L'aventurière est rare dans les agences, elle s'arrange seule, car les renseignements pris par les agences l'ont vite démasquée.

Tout ce qui peut arriver de pire aux clients d'une agence, c'est de débourser quelques frais en pure perte, mais les grosses escroqueries y sont inconnues.

Chose remarquable, jamais les femmes ne manquent la première entrevue acceptée ; les hommes la manquent neuf fois sur dix, même quand ils ont payé pour cela. On ne fait pas payer les femmes d'avance.

J'ai pris l'habitude de me faire verser la commission matrimoniale par celui des deux conjoints qui a le plus d'intérêt à se marier.

La plupart des mariages riches se font par intermédiaires, on partage la commission en plusieurs parts. Un grand mariage a quelquefois douze ou quinze partageants et certes la fiancée et sa famille ignorent à qui ils doivent leur bonheur. Les prêtres et les notaires font beaucoup de mariages.

Une directrice de pensionnat qui tient une riche clientèle gagne cent mille francs par an à marier ses élèves bien dotées. J'ai fait le mariage du genre opposé, c'est-à-dire que recherchant des jeunes filles d'une beauté absolument remarquable, je les fais épouser par amour à des hommes riches et bien placés. Alors c'est la femme qui me paye sur la dot que lui reconnaît son mari. Presque toujours ces amours sont fort heureuses.

D'ailleurs ceux qu'on marie ne se plaignent point. Les plaintes sont si rares qu'on peut les estimer une sur deux mille. Des agences existent depuis trente ans et plus qui ont peut-être reçu deux ou trois plaintes en tout dans leur longue carrière.

J'estime que l'agence matrimoniale est un besoin social et qu'il serait juste de l'admettre et de reconnaître la légalité de la commission matrimoniale, ce qui couperait court à la provision. Les agences de mariages ne font point de proxénétisme.

Mépriser ceux qui s'adressent à une agence, c'est mépriser tout le monde, car tous les rangs de la société y sont représentés, surtout l'armée et la magistrature, et à ce propos, que mes clients se rassurent : sauf ceux qui ont joué un rôle dans ma vie, personne ne souffrira de mes indiscrétions, même pas ceux qui exerçaient l'honorable état de journalistes !

L'agent Prieur connaissait bien les dessous de Paris et m'initiait : je savais ce que c'était qu'une maison de rendez-vous et de jeu clandestin.

— Voulez-vous faire du service politique ? Il y a une affaire pour vous là-bas, me dit Prieur un jour.

J'acceptai ; je prenais goût au métier.

Il s'agissait de monsieur La Vieille[1], député de Cherbourg.

On le soupçonnait de mœurs illicites.

J'en avais fait du chemin, depuis que je connaissais l'agent Prieur.

Mauvaises mœurs, aimant trop les petits jeunes gens. J'étais, dans ma candeur, suspendue aux lèvres de mon professeur, répétant les choses les plus horribles pour bien me pénétrer de ma mission.

Bien stylée, je me présentai chez monsieur Gauthier de Noyelles, en lui affirmant que j'étais bien capable de discerner ce qui serait bien ou mal dans les mœurs du monsieur.

Monsieur Gauthier me regarda bien en face.

— On m'assure que vous êtes parfaitement honnête, me dit-il, comment connaissez-vous cela ?

Prieur me jeta un regard éperdu. Consciente qu'il serait blâmé pour ses bonnes leçons, je répondis :

— Oh ! la vie m'a été dure, on ne se gêne guère pour une fille pauvre, on parle devant elle sans grandes précautions.

Prieur était aux anges.

1. François-Sébastien La Vieille (1829-1886), ancien commissaire-adjoint de la Marine, député républicain opportuniste de la Manche de 1877 à 1885, puis consul de France à Panamá, où il mourut.

La Vieille était célibataire. Il arriva à mon deuxième appel. Il faut croire que les accusations portées contre lui étaient mal fondées, puisque ses concitoyens lui ont élevé une statue et donné son nom à la plus belle rue de Cherbourg.

Je ne puis passer dans la rue François La Vieille à Cherbourg sans sourire et sans revoir par la pensée la grosse tête réjouie de l'agent Prieur.

VIII

UN CONSEIL DE L'AMI PRIEUR

Mon frère, étant devenu veuf avec deux fils en bas âge, supplia mes parents d'aller demeurer avec lui pour élever ses enfants. Mes parents y consentirent et là s'opéra la séparation fatale. Je gardai mon fils d'adoption Henri Lebrat et louai une villa à Chaville pour y passer l'été de 1882.

J'avais une jolie jument alezane et Henri possédait un poney. Ma jument s'appelait Bella et le poney, Cri-cri.

Un grand chien de montagne répondait au nom de Roland.

Je logeais mes bêtes à Paris dans les écuries de l'hôtel Meurice aux bons soins du cocher Pierre, mais à la campagne ce fut bien mieux.

J'avais vingt ans. Je ne me vieillissais plus. Je m'habillais au goût du jour. La taille très fine, les hanches épanouies, j'étais d'une fraîcheur remarquable.

Certes les élégances chez moi étaient superficielles, les dessous laissant à désirer. J'avais le plus profond mépris pour les fanfreluches.

De beaux jupons blancs bien empesés, raides comme la justice, suffisaient à mon bonheur.

Mes parents, bien installés à Vincennes dans une jolie villa, étaient heureux ; on me faisait fête quand j'y allais.

Je passais ma matinée à courir les bois avec Henri ; à midi, je gagnais Paris et lui l'école de Chaville.

On se retrouvait à huit heures pour dîner.

Jamais je n'ai si peu travaillé pour gagner autant.

Je faisais une quinzaine de lettres par jour, je recevais de trois à six heures ; après quoi, posant vivement un chapeau sur mes cheveux châtains, je m'enfuyais à la campagne.

Mes dimanches étaient à moi, et c'était ce jour-là de délicieuses parties avec mon fils adoptif. Sa jeunesse provoquait la mienne. C'est bien sûr pour lui que j'allais sur les chevaux de bois, du moins j'aimais à me le persuader.

Douée d'une belle voix, mise en train par Prieur, je prenais des leçons de chant d'artistes en renom.

Pourquoi le bonheur ne peut-il durer toujours ? Le méchant Destin allait encore tout détruire.

L'été tirait à sa fin, je projetais d'installer un appartement plus gai et plus confortable pour y séjourner que n'était mon local de la rue Saint-Honoré.

Je choisis un appartement pour deux mille huit cents francs[1] carrefour de la Croix-Rouge, n° 2,

1. Loyer annuel.

au premier. Il y avait deux salons, une magnifique chambre et une autre plus petite pour Henri.

Mon appartement fut meublé avec un raffinement de luxe et d'élégance.

Monsieur de La Villetueux, peintre et homme du monde, guida mon goût et j'eus de bons tableaux. Où étaient mes chromos d'antan ?

Un jour, je reçus la visite d'un homme inconnu. Son nom me fit tressaillir : Lebrat, menuisier. C'était le père d'Henri, qui, guéri, venait me redemander son fils.

Il allait se remarier et sa nouvelle femme voulait l'enfant.

J'avais trop le respect de la famille pour résister : le pauvre petit me quitta en pleurant et la maison me parut bien vide.

Pour combler ce vide, je pris ma cousine Marie avec moi.

Les ennuis allaient m'arriver.

Un Grec de bonne famille, venu d'Allemagne à Paris, me fut présenté. Il m'était fort recommandé. Un curé le présenta à la mère de la baronne Sabatier. Il demanda au jeune homme cinq cents francs de provision. Il ne lui donna rien et porta plainte.

C'était la première. Elle me causa de l'émoi.

Je me rendis au commissariat de la rue des Saints-Pères.

Georges Vartanis, le Grec, était là avec une femme louche qui lui servait d'interprète.

En France, on aime à protéger les étrangers influents.

Le commissaire fut rude pour moi. Cependant, le Grec convenait n'avoir rien donné, mais il voulait mille francs d'indemnités pour son dérangement.

Le curé fut appelé.

Le lendemain, j'allai seule chez le commissaire.

Il paraissait en colère.

— Qu'est-ce que c'est que cette fille de vingt ans, qui vit seule avec deux domestiques, dont un nègre ? Allez-vous me faire croire que vous pouvez vous payer un tel luxe avec vos mariages ? Qui est votre amant ?

Humiliée, je pleurai.

Alors, il se fâcha tout rouge.

— Avouez tout ! me criait-il, ou je vous fais emballer !...

Je pensais que j'avais assez pleuré et qu'il fallait agir.

Je m'en allai trouver monsieur Gauthier de Noyelles et lui contai toute ma mésaventure. Il écrivit quatre lignes sur une feuille officielle.

C'était simple comme tout. L'affaire fut retirée au commissaire zélé et envoyée aux Délégations judiciaires. Je n'en entendis plus parler et le Grec n'eut point ses mille francs d'indemnité.

Un mois après, j'eus une nouvelle plainte. Une dame m'avait envoyé cinquante francs, dont je ne lui avais même pas donné reçu.

En déménageant un an après, on retrouva sa lettre intacte sous un meuble.

En attendant, il fallut retourner chez le commissaire.

Du coup, vexé de l'affaire du Grec, il voulait me faire un mauvais parti. Nouveau pèlerinage chez monsieur Gauthier de Noyelles.

Il me confia sa carte avec mention spéciale pour mon commissaire.

L'effet fut comique.

Il devint furieux.

— Il fallait le dire plus tôt, vous m'avez desservi à la préfecture.

La vie devenait intolérable avec ce bouledogue.

Mon ami Prieur, appelé en consultation, me donna l'avis de me marier et de déménager pour fuir mon ennemi.

Déménager devait me coûter gros, car j'avais un bail, et me marier… ? Avec qui mon Dieu, pas avec un client, bien sûr ! Je n'aimais personne.

Demortier venait me voir de temps à autre, nous avions fait quelques affaires ensemble. Je lui exposai la situation. Son parti fut pris à l'instant. Il se jeta à mes genoux et me demanda ma main.

Il avait vingt ans de plus que moi et n'était pas joli, joli, ni bien riche, mais il était rangé, sobre, d'une famille honnête, au courant des affaires. Enfin il ne ressemblait pas à mon beau-frère Thréard et ne parlait pas d'argent, comme tous mes clients.

J'acceptai, sauf avis de mes parents.

Consultés, ils voulurent bien, sauf mon frère qui ne voulait pas d'un agent matrimonial comme beau-frère.

Il avait bien le droit de parler, lui qui nous avait amené Thréard. Je me passerais de sa permission, voilà tout. Il refusa d'assister à mon mariage. Je crus que jamais mon commissaire ne se déciderait à légaliser mes papiers. Deux, au lieu d'un agent matrimonial dans son aristocratique quartier ! J'étais connue, il fallut un service d'ordre à ma porte et à Saint-Thomas d'Aquin. Mes témoins furent monsieur Berryer, avocat, neveu du grand homme, et l'ami Prieur, qui ayant été à la peine méritait d'être à l'honneur.

Bénie de mes bons parents, j'étais belle et admirée de la foule. Ce jour-là, je crus bien avoir conquis la Toison d'or.

L'avenir vous dira si je n'aurais pas mieux fait de rester fille et si l'ami Prieur donnait toujours de bons conseils !

*

* *

En rentrant du bal de noces, mon mari dut attendre que les dames, ma mère en tête, se fussent retirées de ma chambre.

Suivant la coutume normande, les dames mûres de la parente venaient coucher la mariée. Je refusai d'ailleurs obstinément de me laisser déshabiller.

Ma mère secoua la tête :

— Elle ne veut jamais faire comme tout le monde. Laissons-la ! Elle veut que ce soit son mari qui la déshabille.

Après les embrassades des dames mûres, ma mère resta seule auprès de moi. Maman, très rouge, avait l'air fort embarrassé.

— Ma fille, me dit-elle en se retournant sur sa chaise, comme si elle eût été assise sur une bourrée d'épines, tu sais que tu dois obéissance en tout à ton mari.

Un léger sourire passa sur mes lèvres. Obéissance absolue, hum ! hum !

Ma sainte mère, entortillée dans ses phrases, ne me fit rien comprendre que je ne sus par ouï-dire infiniment mieux qu'elle.

Oh ! si elle avait reçu les leçons de Prieur pour l'affaire La Vieille ! Cette idée me fit pouffer. Maman fut scandalisée.

— Enfin, me dit-elle, tu as toujours voulu faire à ta tête, tâche de ne pas t'en repentir.

Je me jetai à son cou, et dans un tendre baiser où je fis passer tout mon cœur, je lui demandai pardon de la peine que j'avais pu lui faire jusqu'alors. Elle me bénit, puis étouffant sous ses larmes elle rentra à Vincennes.

C'était drôle, n'est-ce pas, d'avoir un mari là, dans le salon à côté. J'aime à analyser les sentiments qui m'agitent, je détachai ma fleur d'oranger et je quittai les odieux souliers blancs, martyre de ma journée de noces.

On frappa bien doucement à ma porte, c'était mon mari.

Encore toute vêtue de ma riche toilette nuptiale, j'avais l'air imposant dans la glace en face.

Il referma la porte. Il paraissait ému, moi pas du tout ; je bâillais, j'avais sommeil, et certain cercle de bistre autour des yeux m'annonçait que je serais laide le lendemain si je prolongeais l'entretien.

Il fallait brusquer les choses. Habitué à me complaire, il irait dans la chambre d'Henri à côté se reposer ; le pauvre Henri avait été de la fête, il avait dû repartir avec son père malgré ses cris et sa résistance.

À moins que mon mari ne veuille retourner chez lui rue de Provence…

De ce premier soir date le malentendu qui a régné entre nous, il fut maladroit et moi stupide. Ce fut d'abord une scène de supplications, il pleura, et je lui trouvai l'air godiche ; enfin il fit le maître et exigea.

Mon caractère batailleur, fortifié par tant d'années de lutte pour la vie, se fit jour.

— Si vous ne me laissez pas seule à l'instant, dis-je nettement à mon mari, je vous quitte dès demain.

Il s'en alla en tapant la porte de manière fort grossière. D'un saut j'allai tourner la clef et pousser le verrou.

Il se promenait à grands pas dans la chambre à côté, cela me fit rire. Il obéirait toujours ainsi ou gare ! Je ne voulais pas d'un Thréard moi, je n'étais pas ma niaise de sœur de seize ans !

Comme on voit, cela commençait bien.

Ce qu'il fit cette nuit de nos noces, je l'ignore, car je m'endormis et passai une excellente nuit sans rêver.

IX

MON PREMIER MARI

Au matin, madame Léon, ma camériste en chef, m'apporta mon petit-déjeuner au lit et parut fort étonnée que Monsieur fût déjà sorti sans rien prendre.

Vers dix heures, je m'habillai dans la robe de voyage que je devais porter ce jour-là ; fraîche, rose, reposée, je passai dans la chambre à côté.

Elle était vide, le lit n'avait pas été défait.

Je donnai mes ordres pour finir ma malle aux trois quarts prête, puis mon père arriva pour déjeuner avec nous. Il était là quand monsieur mon mari rentra.

Il avait mauvaise mine, monsieur Demortier, et l'air pas content. Son grand défaut, c'était d'être boudeur.

Très satisfaite de mon teint reposé, je lui fis un accueil charmant. Un moment seuls, je lui affirmai que je déplorais de lui avoir déplu et le priai de me pardonner. Il reprit sa bonne humeur, et c'est la main dans la main que, reconduits à la gare Saint-Lazare par mon vieux père, nous partîmes pour Trouville. Notre absence devait être de courte durée car nos deux maisons ne pouvaient rester seules longtemps.

On prit un train d'après-midi lent et peu agréable. La campagne était belle et ensoleillée par ces premiers jours de mai.

Je n'avais jamais vu la mer, et cette perspective m'enchantait.

Mon mari avait l'air fatigué. Il n'était pas beau et la mauvaise humeur n'embellit personne.

Tout à coup, je reçus un choc. C'était une grosse botte d'asperges qu'un de nos compagnons de route emportait dans sa villégiature ; quittant le filet, elle m'était tombée sur la tête. On rit.

Demortier, lui, se fâcha. C'était absurde, le pauvre jeune monsieur confus ne savait trop comment s'excuser.

Ennuyée, je regardais par la portière, trouvant ce mari maussade et sans esprit.

Le monsieur à la botte d'asperges, un joli garçon, me regardait à la dérobée en frisottant sa moustache.

Demortier avait l'air d'enrager, d'être au supplice.

Était-il jaloux, par hasard ? Je ne lui connaissais pas ce défaut. Ah ! bien, dans notre métier il aurait fort à faire.

Je lui parlai de bonne grâce, il me répondit à peine. Le fossé qui nous séparait s'élargissait à vue d'œil !

Je ne m'étais pas mariée pour prendre un maître moi, je voulais un ami, un associé qui remplacerait tout ce que j'avais perdu, grand-mère gâteau et le reste, et ce vilain bougon paraissait si fâché ! Pourquoi ?

Pour une nuit solitaire, pour une botte d'asperges !

Voyant la mine renfrognée de Demortier, le joli garçon souriait en dessous. Il s'amusait. Moi pas, puis le remords s'empara de mon âme.

J'étais sa femme après tout, je devais l'aimer, l'apaiser. Je fis des avances à mon mari. Il les reçut fort mal. Je l'ai dit, il était boudeur, alors je lus le journal et c'est ainsi que commença notre lune de miel.

On descendit à Trouville. Le joli garçon nous fit un profond salut, Demortier lui tourna le dos.

Le jeune homme monta en omnibus, Demortier éprouva le besoin de marcher.

— Nous irons à pied, dit-il, c'est tout près.

Il y a loin au contraire de la station à l'hôtel de la Mer. Un homme nous précédait, portant ma lourde malle. Il paraissait en avoir sa charge, il me faisait souffrir. Le quai était désert.

La Touques vidée ressemblait à la douve d'Alençon au mois d'août, moins les herbes vertes qui sont plus jolies !

Les bateaux mélancoliquement couchés sur le flanc attendaient la marée qui les redresserait. Tout cela avait un aspect triste et désolé.

Dans mon ignorance, je croyais trouver le Trouville du mois d'août au 6 mai. Les hôtels étaient fermés pour la plupart.

Alors je ne mettrai pas ces belles robes contenues dans la malle ? Quelle déception !

Demortier, plus expert, savait qu'il trouverait le désert à Trouville.

Il avait fait incliner mon choix pour cette plage alors qu'on pouvait aller à Londres, dans le but de se ménager un perpétuel tête-à-tête.

Je proposai de retourner à Paris.

Il me serra le bras tendrement.

— Comme cela nous serons tous deux l'un à l'autre.

Cela m'attendrit ; puisqu'il paraissait heureux de cette solitude, pourquoi lui déplaire ?

La première personne qui nous reçut à l'hôtel de la Mer fut le joli garçon : c'était le fils de la maison qui venait prendre son poste pour la saison prochaine. Il s'excusa de nouveau en bons termes pour l'incident du train. C'est lui-même en personne qui nous conduisit au premier où il mit deux vastes chambres à notre disposition.

Demortier n'en voulait qu'une.

— Oh ! dans cette saison, monsieur, cela n'a pas d'importance, c'est le même prix !

Je me trouvais gênée, c'était la première fois de ma vie que j'entrais dans un hôtel. Il avait un regard si vif ce jeune homme et un air si moqueur !

Il y avait une gaffe à faire, Demortier ne la rata pas.

— Nous ne sommes mariés que d'hier, dit-il, vous nous ferez servir ici pour être plus tranquilles.

Le jeune homme sourit et je suis bien sûre qu'il avait l'air encore plus moqueur !

Les couleurs du soleil couchant au cap Nord ne sont rien à côté de la pourpre de mes joues à ce moment.

Le jeune homme s'attarda en menus soins, fit ranger la malle et sortit enfin.

J'éclatai en sanglots.

Incapable d'y rien comprendre, Demortier prit mal la chose.

— Tu t'ennuies, tu regrettes Paris, tu ne m'aimes pas.

Les reproches pleuvaient dru comme grêle. Sentant toute l'injure de mon attitude, je lui demandai pardon et [dis] que je l'aimais, ce qui était vrai ; je l'aimais comme un ami, un compagnon instruit au commerce agréable.

Il s'y trompa, et heureux de mon aveu, il m'enlaça et me couvrit de baisers.

On frappa à la porte : c'était la fille de service avec la lingère. Elle apportait deux paires de draps et fit les deux lits.

Je m'approchai de la glace. Les larmes et les baisers fougueux avaient marbré mes joues, mes cheveux déplacés, j'étais laide à faire peur.

Je réparai ce désordre et mis mon chapeau.

— Tu veux donc sortir ? demanda Demortier.

— Et la mer ! Au moins que je voie quelque chose ici !

On sortit. Le vent du soir s'était levé. C'était une bise aiguë et piquante. La marée montait, et à Trouville une forte barre accompagne le retour des eaux.

C'était beau. Plus beau que je n'aurais cru. Le spectacle de la mer me rend grave.

Embrassant le vaste horizon, ma vue découvrait les innombrables barques de pêche de Honfleur et du Havre qui rentraient au port. Je ne pensais guère à l'amour conjugal, aussi est-ce avec humeur que je fus tirée de ma contemplation par Demortier. Il me montra un brin d'algue.

— Vois-tu, me disait-il, je te donnerai son nom tout à l'heure, je vais l'analyser.

J'aime les choses en grand, Demortier les aimait en petit. Le cœur ému à la vue de l'immensité, que m'importait de disséquer la nature.

Il constata qu'il pleuvrait dans la nuit et me renseigna sur l'heure des marées durant la semaine.

Le phare de La Hève venait de s'allumer, projetant un flot de lumière sur cette mer calme, déjà noyée dans une grisaille avant-coureuse de la nuit.

Demortier m'expliqua le fonctionnement du phare. L'heure était mal choisie pour une leçon de mécanique.

Peut-être ai-je vécu plus qu'une autre par les sensations.

La vue de la mer, encore à présent, malgré l'habitude, me jette dans une sorte d'extase. Il en est de même pour tout ce qui m'enthousiasme en me charmant. Poésie, musique, amour !

Alors toute ma vie semble concentrée en mon cœur. J'éprouve une sensation de jouissance physique d'une acuité infinie.

Mon cœur bat, mon sang circule librement, je ne vois rien, ne retiens rien, toute à ce qui me charme.

Une parole, un bruit, un son discordant et je reprends le fil de l'existence sous l'impression d'une souffrance aiguë.

C'était la première fois de ma vie que je me trouvais dans cet état bizarre et exquis.

Demortier m'en tira brusquement en m'embrassant, d'un gros baiser de nourrice.

À ce moment je le détestai. Mon mari ne ressentait point comme moi, rien ne vibrait à l'unisson.

Nous rentrâmes. On avait fait du feu.

Le dîner fut servi par le joli garçon en personne. Encore sous l'emprise de l'impression de tout à l'heure, j'étais alanguie, fatiguée.

En me regardant, le jeune homme avait l'air encore plus moqueur.

Tous ces gens-là s'entendaient pour me gâter la plus belle journée de ma vie.

Le dîner desservi, après un bonsoir, bonne nuit, Monsieur et Dame, qui m'agaça, le joli garçon disparut, ouf.

Je passai dans la seconde chambre et quittant ma robe de voyage je mis mon peignoir de mousseline blanche.

Je revins dans la première pièce et m'étendis sur le canapé car je me sentais brisée.

Demortier vint s'agenouiller à côté de moi.

Je le priai de m'épargner ses caresses, me trouvant fatiguée.

Il obéit et remonta sa montre qui fit cric, crac, puis tout s'effaça… J'étais endormie…

Une sensation étrange et douloureuse me réveilla. Mon époux, trouvant le moment propice, exerçait les droits que le maire lui avait donnés la veille.

Je crois qu'il n'est pas possible de recevoir une impression plus désagréable. Je voulus crier, mais l'idée que j'allais réveiller tout l'hôtel me fit taire et c'est passivement, quoiqu'avec une révolte suprême, que je subis le contact humiliant.

Des larmes de honte et de rage s'échappèrent de mes yeux.

Demortier me consola.

— Tu verras, tu t'y feras, c'est seulement la première fois qu'on pleure, après on rit !

Oh ! non, je ne m'y habituerais pas. Sur ma prière instante, il me laissa seule dans mon lit, mais il me rejoignit peu d'instants après et ne voulut plus me quitter.

Demortier, homme chaste et réservé, profondément épris pour la première fois de sa vie, ne m'épargna pas. Il rattrapa le temps perdu et sa continence habituelle.

Après quelques heures de tourment enfiévré, au matin, je me levai. Demortier dormait.

Je faisais peur à voir. Un cercle de bistre s'étendait sur la moitié de mes joues. J'étais brisée, courbaturée, anéantie.

Oh ! c'était cela le mariage !

Malgré les lectures et les on-dit, comme la réalité différait de ce que je m'imaginais.

Ce contact humiliant, brutal, douloureux, c'était cela qui, chanté dans les vers et dans la musique, célébré dans les romans, gouvernait le monde, poussant les uns au crime, les autres au suicide ou à la ruine, d'autres à la folie, courbant sur la glèbe, dans un travail acharné, l'humanité entière ; c'était cela !

Cet homme, la bouche ouverte, la poitrine hirsute, affalé sur ce lit dans l'état d'une bête repue, ne représentait rien de poétique ni de romantique.

Brusquement, je me mis à nu. Quel contraste entre les splendeurs de mon corps impeccable et ses membres secs, grêles, velus. Je compris alors la puissance de la beauté féminine.

Demortier s'éveilla et m'apercevant telle la statue de Vénus, devant la glace, il se précipita sur moi et m'entraîna vers sa couche. Ce fut tard dans la matinée qu'il me laissa m'habiller.

Sentant le danger de lui avouer mes secrètes pensées et l'inutilité ridicule de plaintes, je me tus, et reçus sur le cours des cheveux le baiser marital qu'il m'offrit quand il reparut de la chambre voisine, habillé, l'air matamore, la moustache retroussée en croc. Une tête à gifler !

On alla déjeuner à l'hôtellerie de Guillaume le Conquérant. Jamais je n'aurais osé ce matin-là affronter le regard du joli garçon.

X

INCOMPATIBILITÉ D'HUMEUR

C'est dans mon clair et bel appartement du carrefour de la Croix-Rouge qu'on demeurait en attendant une installation qui réunirait nos deux maisons et nos deux mobiliers.

Ce fut boulevard Saint-Germain, n° 20, qu'eut lieu cette jonction.

L'appartement était de cinq mille francs, très luxueux, très décoré, dans une maison nouvelle qui déjà réunissait tout le confort moderne.

Je devais me croire au comble de mes vœux.

Et chose étrange, je cessai d'être d'heureuse.

Décidément mon ami Prieur ne donnait pas que de bons conseils. C'est qu'à présent, j'avais un maître et le plus tyrannique, le plus absolu des maîtres.

Vous avez vu avec quelle indulgente liberté ma famille m'a élevée. Je n'avais eu d'autres freins que l'amour des miens, les principes et le respect des usages que mes éducateurs m'avaient donnés.

J'avais un maître.

La France est grande. Les mœurs du Périgord, patrie de monsieur Demortier, ne sont pas celles de la Basse-Normandie. Demortier était fils de fermier aisé et chez lui, sa mère, véritable servante, ne se mettait à table qu'au dessert et encore parce que je me fâchais. Là, la femme est considérée comme inférieure à l'homme. En Normandie, jusque dans les plus basses classes, les sexes sont égaux, et souvent la femme domine.

Cependant, je ne suis pas féministe et je doute fort que, quelle que soit son éducation, la femme puisse égaler l'homme. Que de fois ai-je contemplé le roi de l'Univers à travers ses peines.

Je demeure souvent confondue d'étonnement devant les chefs-d'œuvre dus à l'homme à travers les âges.

Ces monuments fabuleux et grandioses, ces conceptions prodigieuses de la pensée, ces machines vertigineuses qui nous transportent en peu d'heures au bout du monde, non, je ne crois point la femme capable de faire tout cela. Mais somme toute elle fait mieux. Elle fait l'homme ! Elle l'élève, le soutient, le console, l'encourage et devient le but suprême de son existence. Car pour moi le misogyne est un animal neutre, mi-chair mi-poisson, inutile sinon nuisible à l'humanité.

Avec ces principes, je peux m'entendre à merveille avec les quatre-vingt-dix-neuf centièmes de mes contemporains civilisés. J'avais pris mon mari dans le dernier cent. Avant de me connaître, il n'avait jamais aimé. Il ne connaissait la femme qu'à travers les faciles conquêtes, dues pour la plupart à son argent.

Il mit en pratique son système et voulut me dresser suivant son bon plaisir et les coutumes de son pays.

Il s'était dévolu le droit d'administrer la maison. Il indiquait la place où on devait empiler les draps et les serviettes, il donnait les ordres et l'argent à la cuisinière et là encore la divergence de goûts fut absolue.

Il aimait la cuisine à la graisse et moi au beurre. Il préférait le café et moi le vin. Il avait de l'appétit le matin et moi le soir.

Il me faisait mal au cœur à le voir avaler gloutonnement une énorme tasse de café avec une épaisse bouillie de pain dedans à sept heures du matin.

Et je l'horripilais en croquant des écrevisses à minuit !

Très savant, il était pédant et ne savait pas se mettre à la portée du vulgaire.

Un matin par un temps de glace, une bonne, d'ailleurs illettrée, s'escrimait en vain à faire prendre un feu de bois dans la cheminée.

— Chauffez la colonne d'air, lui ordonna Demortier.

La fille se mit à tourner autour de la pièce, cherchant où était la colonne qu'il fallait chauffer.

— Monsieur, je ne la vois pas, dit-elle !

Je fus prise d'un fou rire que la bonne imita sans savoir pourquoi. Demortier se fâcha et déclara que nous étions deux imbéciles.

Son avarice était extrême. Moi je suis dépensière. Il ramassait le produit de notre maison et ne daignait même pas me faire connaître l'emploi de nos économies, dues aussi bien à moi qu'à lui.

Vous conviendrez que c'était inadmissible pour une Normande descendant de Pesnel Hucheloup. L'amour, hélas, n'était pas dans mon cœur, pour rendre imperceptible le poids des chaînes conjugales.

Quelques scènes eurent lieu. Qui avait tort ou raison, je ne saurais vraiment le dire. J'étais alors ce que je suis, d'humeur complexe et fantasque. Monsieur Demortier était la raison même.

Je désirais vivement une chose de luxe qu'il me refusait. S'il se décidait au bout de quelques jours à me l'offrir, mon désir étant passé, je n'éprouvais aucun plaisir de son bon vouloir tardif.

Souvent prise du besoin de solitude, je m'enfermais des heures dans mon salon personnel. Il s'en montrait offusqué, m'accusant de rêver à la lune, ce qui est un danger chez les jeunes femmes trop heureuses.

L'agence matrimoniale avait pris un essor considérable. Mon commissaire bouledogue de la rue des Saints-Pères était remplacé par le très aimable monsieur Évrard de la rue [du] cardinal Lemoine.

Nos relations étaient étendues et le chiffre d'affaires devenait formidable.

Les mariages se faisaient nombreux, nous pouvions mener un train de princes, nous pouvions mettre de côté cent cinquante mille francs par an.

L'extension de nos relations m'obligea à aller beaucoup dans le monde pour les cultiver. J'y pris goût.

Fêtée et adulée, j'y eus du succès alors que mon mari bâillait à pleine bouche.

Ce fut une tranchée succédant à un fossé qui nous sépara.

J'avais une belle voix et j'avais pris de bonnes leçons. Mon mari ne voulait point me laisser chanter.

Quel jaloux, me disaient les belles madames.

Oh ! oui, jaloux, il l'était de mon frère, du petit Henri, de son ombre.

Il me fit lire le droit romain, pour soumettre mon esprit rebelle.

Je flanquai le droit romain au feu.

Vint mon premier bal chez la veuve d'un haut officier de marine, pour la circonstance je fis faire une délicieuse robe de tulle rose et dans les plis de la grosse ruche qui prenait le bas, je plaçai des roses thé naturelles, introduites dans un petit tube de métal de mon invention rempli d'eau, pour les tenir fraîches toute la nuit.

Il avait fallu batailler pour obtenir d'ouvrir la robe en cœur sur la poitrine.

Je devais chanter le duo de *L'Africaine* avec le ténor Herbert de l'Opéra-comique.

Mon mari ne décoléra pas de la semaine.

Vint le grand jour. Le ténor, joli blond élégant, me faisait des gros yeux blancs en roucoulant : « Oh ! ma Sélika, vous régnez sur mon âme. »

Demortier n'y put tenir, on rentra après le concert, avant le bal.

Ce jour-là, je me jurai bien de n'être pas jalouse, quel sot défaut qui attire juste ce qu'il veut empêcher.

J'étais jeune, mon mari d'un âge mûr avait les goûts d'un vieillard.

Vers cette époque, je reçus la visite d'une Anglaise de vingt-cinq ans, brune, parfaitement belle, qui, disait-elle, voulait se marier. Elle prétendait avoir quelque fortune.

Elle offrait des références.

C'était Evelyn Leal.

Son genre me plut. Elle aimait le monde et y était adulée. Elle devint mon amie. Les prétendants affluèrent. Elle ne se décidait pas.

Elle s'en alla en Angleterre, et, m'écrivant très souvent, elle me demandait d'aller la rejoindre à Londres pour visiter la ville en partie de plaisir.

Demander à Demortier un congé et deux mille francs pour aller m'amuser avec Evelyn, il ne fallait pas y songer.

J'embauchai en secret des clients. Ce fut délicieux, ce complot. Le marquis d'Osmond, alors âgé d'une trentaine d'années, grand seigneur s'il en fut, accepta d'être le cavalier d'Evelyn. Un de ses amis, jeune avocat à la cour de Paris, serait mon partenaire.

Ces messieurs payeraient tout. Le marquis donna deux mille francs de provision à Demortier, qui ne pouvait refuser que j'aille présenter ce galant seigneur à Londres.

Demortier resta à Paris, il fallait bien surveiller la maison. Les deux mille francs furent largement écornés pour me mettre sur un pied d'élégance en rapport avec la galante société qui m'accompagnerait.

Jamais Demortier n'a su qu'il y avait complicité à quatre.

Un beau matin de décembre, on se retrouva, le marquis et son ami que j'appellerai Pierre dans mon récit, à la gare du Nord.

Paul de Cassagnac[1], qui se rendait fortuitement à Londres, monta dans notre compartiment, et tint conversation avec le marquis, ce qui me laissa un tête-à-tête agréable avec le jeune avocat.

C'était un Méridional, de grande famille. Brun, distingué, il avait une tournure d'esprit qui me plut fort.

Mademoiselle Lecamus, autrefois, avait commencé à m'apprendre l'anglais. Je ne fis pas allusion à ce talent en herbe, car ces messieurs parlaient l'anglais et nous servaient d'interprètes. C'était la première fois que j'allais sur mer, je ne fus point malade. Arrivés à Londres, on s'empressa d'aller au-devant de miss Evelyn, à la gare d'Euston.

Elle était belle, correcte, et distinguée à son ordinaire dans sa robe-tailleur vert foncé.

Elle impressionna favorablement le marquis.

Quant à ce dernier, qui n'a connu le beau Raymond, marquis d'Osmond ? Miss Leal fut enchantée du partenaire que je lui avais amené.

Ce premier séjour à Londres m'a laissé un impérissable souvenir d'agrément et de plaisir. Jetant l'or à pleines mains, le marquis dépensa des sommes folles pour nous amuser.

1. Paul Granier de Cassagnac (1842-1904), journaliste et député bonapartiste du Gers de 1876 à 1902, personnalité mondaine connue pour ses polémiques de presse et ses duels.

On resta dix-sept jours, malgré les remontrances de Demortier. On revint parce qu'il nous menaça de venir me chercher.

On visita trente théâtres. On soupa dix-sept nuits de suite ; on fit les plus belles promenades de Londres et de ses environs. Le marquis, par ses relations, nous procura mille distractions hors de la portée des touristes ordinaires.

On visita les dessous de Londres, on s'en alla, déguisés dans des lieux suspects de White-Chapel.

Que devint la morale dans cette escapade ?

Point obligée de confesser les autres, je ne puis vous dire ce que firent le brillant marquis et la jolie miss Evelyn. Ils avaient, certes, l'air très fatigué le matin, mais aussi on menait une vie éreintante.

Quant à moi, le souvenir de Trouville me garda de tout faux pas. La cour platonique de Pierre n'eut d'autre résultat que de donner un grand charme au voyage. N'est-il pas plus agréable de visiter Saint Paul Church avec un joli garçon qui dit : « Vous êtes divine ce matin, vous savez que je vous adore ! » qu'avec un guide blond filasse ânonnant :

— *Ladies ce église il était dans le chrétchienne avant d'âtre dans le protestante !*

Conseils aux dames touristes : ne visitez les villes étrangères qu'en compagnie d'un beau cavalier qui vous fait la cour !

C'est certainement cette aimable compagnie qui m'a ensoleillé le paysage de la brumeuse Albion vu à la *Christmas* par des brouillards à couper au couteau. Quand je pense que j'avais cru retrouver en monsieur Lalère un marquis d'Osmond ! Cela grâce à une vague ressemblance physique et qu'il m'était si agréable de voir l'élégante silhouette de miss Northcliff appuyée au bras de monsieur Lalère au jardin zoologique de Londres parce que cela me rajeunissait de vingt-trois ans !

Le marquis dépensa peut-être dix mille francs dans son voyage et ne m'en a point gardé rancune. Tout finit, hélas.

On revint à quatre à Paris. Evelyn, dont l'attitude ordinaire était la langueur, ployait son cou de cygne sous le poids de l'amour ou du sentiment ; mais ce qu'elle se rattrapait à table ! Il lui arrivait après dîner de fumer une cigarette étalée tout de son long.

À cette époque, je détestais me blottir comme une chatte dans tous les coins. Bien gainée en mon corset, j'étais droite comme un I et flexible comme un jonc.

Evelyn m'accablait de preuves d'amitié et de tendres baisers. On se sépara à la gare du Nord. Le marquis se chargea de mettre miss Evelyn à sa porte et le jeune avocat Pierre me salua sur le boulevard Saint-Germain en me demandant mon jour[1].

1. Son jour de réception, selon l'usage de l'époque pour les dames tenant salon.

XI

LE CALME AVANT L'ORAGE

Mon mari ne fut point satisfait de ce voyage sans résultat.

Quand il fallut s'absenter de nouveau, il vint avec moi.

On visita ainsi Nice, au temps de carnaval, et grâce à la présence de mon mari, il ne me reste que le souvenir désagréable de m'être laissé voler ma bourse par un habile pickpocket.

De temps à autre, j'avais reçu le jeune avocat Pierre ou l'avais rencontré ici ou là, en soirée. Je le revis en automne à Évian et voici dans quelles conditions.

Le baron Pierre de Bonnemains, frère du général, avait une nièce, Annette Loyson, qui était mon amie et qui voulait se marier. Elle me décida à aller la voir au chalet Marguerite où ils passaient l'été, c'était à Thonon.

Je fis ce voyage avec Demortier, qui ne me quittait plus depuis mon escapade de Londres. On alla par Pontarlier et Vallorbe-frontière. C'était au moment du choléra. On fumigea tout le monde avec je ne sais quelle horreur chimique qui me fit pleurer pendant quatre heures. Une Anglaise rentrée en robe verte sortit en robe jaune. Elle s'était ainsi transformée sous l'emprise des fumigations.

Sa colère me fit rire d'un œil tandis que je pleurai chimiquement de l'autre.

On traversa le lac à Lausanne. On fit visite à la famille de Bonnemains.

Le baron était sur le lac, nous fûmes reçus par Annette Loyson et par la nièce du baron, Marguerite, devenue célèbre par le romanesque amour du général Boulanger[1].

Elle était blonde alors, svelte et fort jolie.

Je la vois encore sur la terrasse du chalet Marguerite, vêtue d'une robe noire fleurie de boutons de roses. Elle avait un air doux un peu triste. Elle venait d'être délaissée par son mari le fils du général et lui donnant raison à elle, toute la famille de Bonnemains l'entourait d'estime et de soins.

Le baron arriva sur son bateau à vapeur. Jamais je n'ai vu *sportman* si sale ! Un ramoneur en fonctions ne l'eût point désavoué pour son frère. Je lui ris au nez.

Pour me punir, il m'emmena dans son bateau et me fit une peur mortelle avec les prouesses audacieuses auxquelles il se livra. C'était un rude mécanicien.

— Embrassez-moi ou je vais vous noyer, me dit-il en riant.

J'obéis malgré la suie.

1. Marguerite Brouzet, veuve de Bonnemains (1855-1891), fut la maîtresse du général et leader nationaliste Georges Boulanger (1837-1891), qui se suicidera sur sa tombe, à Ixelles, en Belgique.

Le baron était un homme excellent, qui avait déjà la manie de collectionner des timbres-poste. Il devançait la mode et trouvait à s'approvisionner dans notre vaste correspondance.

Bientôt arriva l'autre Marguerite de Bonnemains, fille du baron et cousine de la précédente. Elles ne se ressemblaient en rien.

Le baron nous retint à dîner. Quel pays merveilleux, quelle belle journée !

On s'en retourna coucher au Grand Hôtel d'Évian.

Pierre, le jeune avocat, se promenait sur la terrasse au bord du lac. Il vint nous saluer et nous tint compagnie toute la soirée.

Un orchestre excellent se faisait entendre. L'onde pure du lac étincelait aux rayons de la lune. Je ne sais quel doux émoi faisait palpiter mon cœur.

En rentrant dans notre chambre, je constatai que j'avais le teint animé, les yeux brillants, et que Demortier me paraissait encore plus insupportable qu'à l'habitude.

Quand je me trouvais dans ces dispositions plutôt fraîches, Demortier ne manquait jamais d'user de ses privilèges de mari toujours épris. Le lendemain on se leva à quatre heures du matin pour profiter du premier bateau qui devait nous transporter à Lausanne. Pierre se trouvait sur le pont du bateau, par hasard.

Demortier m'assura que la matinée était trop froide pour ma délicatesse et m'expédia dans le salon des dames. Nous devions faire une excursion sur les rives du lac, pour aller voir un jeune médecin établi à Chexbres. Pierre demanda à en être.

Mon mari réfléchit, mettant en balance l'avarice et la jalousie. L'avarice l'emporta.

L'avocat payerait sa part de la voiture et des frais généraux. On partit donc après avoir déjeuné à l'hôtel Beaurivage. La journée était merveilleuse comme la veille, les hautes Alpes se dressaient nettes sur un ciel pur. Le lac Léman couvert de barques aux voiles blanches, bercées mollement par une brise légère, étincelait au soleil de cette matinée de septembre. Le beau jour pour aimer.

Pierre contrastait de toute sa jeunesse, de toute sa mâle beauté méridionale, avec Demortier assis auprès de lui en face de moi.

Pierre, la taille bien prise, très élégant, avait le regard brun et velouté. Sa voix vibrante était un charme.

Il faut deux heures de voiture pour aller de Lausanne à Chexbres. La route suit les bords du lac de Genève.

Le chemin me parut court. Le docteur de Chexbres nous reçut bien. Il avait voulu se marier et ne le voulait plus. Comme tant de propriétaires des bords du lac, il avait loué meublée une partie de sa villa et un vieillard accompagné d'une jeune fille était devenu son locataire. Il aimait la jeune fille et allait l'épouser !

Et Annette Loyson ? Mariage raté, Demortier ne fut pas tendre pour le pauvre amoureux.

On n'est pas girouette à ce point, on ne dérange pas les gens de Paris pour rien.

Le docteur emmena Demortier à part et lui compta cinq cents francs.

Vraiment Demortier avait la bosse des affaires matrimoniales.

Pendant ce temps, restée seule avec Pierre, nous allâmes nous promener aux bords du lac. Nous étions silencieux. Contre son habitude, il ne me conta point mille folies.

Je fredonnai le sonnet de Dupron – « Nous ne nous parlions pas, etc. » Pierre ne rit pas, décidément il était malade.

— Qu'avez-vous donc ? lui dis-je.

— Je suis amoureux aussi, moi !

— Pas de moi ?

— Si !

— Comme à Londres ?

— Pire, cent fois pire !

— Jetez-vous dans le lac !

— Ne m'en défiez pas.

— Vous venez de déjeuner, pas de bêtises.

Pierre me prit la main, puis :

— Aimez-moi, dit-il.

— Je vous adore !

Riant aux éclats, je me sauvai en courant pour rejoindre Demortier qui commençait à s'alarmer. Je l'embrassai. Pierre me vit. C'est lui qui fut de mauvaise humeur au retour. Demortier était radieux – des cinq cents francs je suppose !

Le lendemain on apprit par un mot poli que Pierre allait faire tout le tour de la Suisse.

On rentra à Paris. C'est moi qui fus grognon au retour. L'automne nous ramena notre clientèle. Les théâtres rouvrirent leurs portes.

Pierre ne donnait guère de nouvelles. Je ne vois vraiment pas pourquoi je pensais à ce monsieur. Cent autres, plus beaux, plus riches, me faisaient la cour.

Puis j'étais une honnête femme. L'adultère est mal vu en Normandie. Jamais la pensée ne pouvait me venir qu'un jour peu éloigné je quitterais mon mari.

Ma vie était fixée. On ferait fortune. On vivrait de bonne heure de nos rentes. Et c'était tout.

Un soir on alla à L'Éden. C'était derrière l'Opéra. Un superbe et vaste établissement alors en vogue, démoli depuis. À l'entracte pour s'amuser, on entra dans la loge d'une diseuse de bonne aventure. Elle regarda longuement ma main et me dit :

« Votre main est extraordinaire, vous êtes riche, vous deviendrez pauvre. Vous quitterez votre mari, des hommes feront votre fortune nouvelle, vous aurez des grandeurs et de la honte. Il y a de longues prisons dans votre main.

Vous mourrez riche et âgée, il y a l'étoile des grandeurs sur la fin de votre vie.

Vous allez partir pour de longs voyages. »

Cet étrange horoscope provoqua les rires de la société nombreuse qui m'entourait.

Chacun présenta sa main. Georges Courtois, blond de vingt-sept ans, vint à son tour offrir sa main gauche ouverte.

« Une femme blonde vous sera fatale, vous mourrez avant deux ans de mort violente. »

Georges pouffa.

— C'est dit, je n'ai plus que deux ans à vivre, alors courons boire du champagne.

En route il me dit :

— Heureusement que vous êtes bonne, car je vous aime trop pour vouloir mourir par votre faute.

On rit.

Que le diable emporte la sorcière, pensais-je le cœur serré. Ruinée et par qui ? Quitter mon mari, jamais ; et quelle apparence d'aller en prison quand on dîne chez le préfet de police et à l'Élysée ?

En effet, les personnes les plus considérables nous recevaient. On sollicitait notre concours de toutes parts.

Notre commissaire Évrard demandait mon concours pour être décoré pour sa belle conduite dans un incendie.

Ceux qui m'ont connue à cette époque ne me démentiront pas. J'ai promis de ne nommer personne. Je ferai une exception pour monsieur Demeny, homme de lettres[1].

J'avais à marier l'extraordinaire mademoiselle de Gasté, fille du député de Brest[2].

Elle se maria à un coureur de dot qui la ruina.

1. Paul Demeny (1844-1918), dramaturge et poète, co-fondateur de la revue *La Jeune France* en 1878. C'est à lui qu'Arthur Rimbaud adresse sa *Lettre du voyant*.

2. Joseph de Gasté (1811-1893), député républicain du Finistère de 1876 à 1881, connu pour ses opinions hardies en faveur du vote des femmes ou contre le cumul des mandats.

Elle avait connu intimement Victor Hugo et elle possédait bon nombre de lettres inédites du grand homme.

Cette circonstance me donna le désir de connaître le Maître qui savait écrire de si tendres épîtres. Il était alors aux derniers mois de son existence[1].

Le journaliste Demeny, bien dans la maison, après les formalités d'usage, nous y conduisit un soir.

À cause de la vue affaiblie de Victor Hugo, une lumière très voilée éclairait le salon du rez-de-chaussée où il se tenait d'un côté de la cheminée. Sa belle-fille occupait l'autre côté et faisait les honneurs. Les enfants célèbres, Georges et Jeanne[2], adolescents, couraient de-ci de-là.

Georges était beau et la jeune fille promettait d'être jolie.

On m'avait recommandé de ne point parler à haute voix. On eût dit être dans un temple et en effet, c'était le temple du génie : l'idole Victor Hugo.

Tout à coup le Maître se leva et d'un pas ferme vint s'asseoir auprès de moi. Il me parla de sa voix basse et profonde. Je n'ai jamais oublié cette soirée.

Catulle Mendès[3] y était.

Avec l'hiver recommencèrent les soirées et les bals.

Un bal de société eut lieu au Continental, je ne sais à propos de quelle vente de charité.

---

1. Il s'éteindra le 22 mai 1885.
2. Célébrés par Victor Hugo dans *L'Art d'être grand-père*, en 1877.
3. Catulle Mendès (1841-1909), romancier fin-de-siècle et poète parnassien, gendre de Théophile Gautier.

Tout à coup, je me trouvai en présence de Pierre.

Il vint à moi, me salua et à mon regard de reproche il répondit :

— J'oublie.

C'était très bien de lui, cela devait être. Je ne vois pourquoi je fus très mécontente de lui.

L'idée me vint tout à coup de ne pas me laisser oublier.

C'est agréable, d'inspirer de grandes passions et si on est vraiment sûre de soi on peut bien aviver une flamme qui ne vous brûlera jamais.

Lui prenant le bras :

— Promenons-nous, dis-je, et tenez, entretenez-moi du malheureux état de votre cœur, que je compatisse à vos maux.

— Je vous en prie, me dit-il, ne vous moquez plus, vous me tourmentez méchamment.

— Et vous ?

— Vous ne vous êtes pas seulement aperçue de mon absence.

— Oh ! si !

J'eus vite fait de me mordre la langue.

— Vrai, dit-il vivement, je vous ai manqué ?

Je voulais me rattraper et restais sans rien trouver à dire. Nous étions dans un cours désert, bien seuls au milieu de la foule. On s'assit à l'ombre d'un bosquet artificiel qui nous isolait complètement. Mais qu'avais-je donc ? Je restais niaise et décontenancée, moi l'aplomb personnifié.

J'étais gênée, une oppression au cœur. C'est drôle ces sensations, douloureux et agréable à la fois. N'avais-je pas flirté et en étais-je à m'émouvoir des galanteries d'un jeune avocat ?

Les yeux levés au plafond, les paroles ardentes, j'y savais répliquer dans le même style. Je pouvais dire : « Tournez la page, la réponse est au dos. »

Probablement étais-je trop serrée et la chaleur...

Décidément cela n'allait pas... Pierre non plus. Il fallait retourner auprès de mes amis. Pierre me retint au moment où je me levais, de sa main dégantée qu'il posa une seconde sur mon bras nu au-dessus du coude. La sensation qu'il me produisit fut si étrange que je retombai toute pâle sur le divan que j'allais quitter.

Alors bien bas :

— Marie, je vous aime.

Bouleversée, je me levai chancelante, puis retrouvant mon courage dans le danger de répondre à ces mots par le même aveu, je me jetai au bras de Demortier qui me cherchait dix pas plus loin.

— Partons, partons, lui dis-je, je suis malade.

Demortier trouva encore le temps de perdre un point, il chercha le vestiaire pendant deux heures et n'en finit pas d'endosser son pardessus, si bien que je vis Pierre quitter le bal en même temps que nous et me jeter en passant un long regard d'amour.

XII

ROUTE DE L'ADULTÈRE

Je l'aimais ! J'aimais pour la première fois.

Tant d'hommes m'avaient recherchée, sans que j'y fisse attention, et j'aimais celui-là. J'ignorais alors mon caractère passionné et à quel point je suis capable de faire une sottise quand mon cœur est en jeu.

La fille de ma mère ne pouvait être une femme parjure et infidèle. On est marié pour toute sa vie, disait ma mère. C'était bien là mon avis. Quel mépris avais-je alors pour ces héroïnes de tribunaux[1] qui font parler d'elles.

Donc cette passion me paraissait sans issue et le mieux était de ne point recevoir le jeune avocat s'il se présentait.

Il vint et je priai Demortier de m'excuser ; mais j'en fus malade.

Peu de jours après, j'étais dans ma loge à l'Opéra, vêtue, j'en suis certaine, d'une robe de

1. Jusqu'en 1975, l'adultère est un délit pénal. Au XIXe siècle, il était passible de trois mois à deux ans de prison. À Paris, l'épouse prise en flagrant délit d'adultère était conduite à la prison pour femmes de Saint-Lazare, avec les criminelles et les prostituées.

satin blanc. Mademoiselle de Reszke[1] chantait Ophélie. La reine-mère d'Espagne, Isabelle, occupait l'avant-scène d'entre-colonne, en face de la loge présidentielle. Coude à coude, avec elle, toute la salle avait les yeux tournés de ce côté. Comme le fantôme apparaissait et que je n'aime point les revenants, je me retournai et vis Pierre aux fauteuils. Il me regardait ; il salua.

Le même émoi qu'au bal du Continental me fit battre le cœur.

Tout le temps que dura l'acte, il regarda de mon côté. Bien décidée à le punir de cette insistance, je ne me retournai point, mais je le voyais très bien dans la glace de mon éventail.

À l'entracte, je me retirai au fond de la loge.

Les visites arrivèrent en grand nombre, c'était un va-et-vient incessant. Pierre vint me dire bonsoir.

— Vous avez été souffrante, me dit-il, on m'a refusé votre porte.

Je m'excusai.

— Demain j'irai vous voir, vous me recevrez n'est-ce pas ?

Que répondre devant tout ce monde ?

Je dis « oui » avec grâce.

Dès lors que je ne pouvais me dispenser de le recevoir, et que c'était le jour des amis et non des clients, il était naturel de ne pas faire peur. Je mis deux heures à ma toilette.

Je crois avoir dit que j'avais un salon particulier. Demortier occupait son bureau, voisin de mon

1. Joséphine de Reszke (1855-1891), soprano polonaise.

buen retiro, et une porte communiquait entre les deux pièces. Lui seul pouvait faire invasion de ce côté. Mais la grande porte du devant était gardée par mon robuste nègre Léon. D'épaisses portières étouffaient tout bruit, c'était un sanctuaire, où les secrets étaient en sûreté.

Seule avec Pierre, je fis bonne contenance.

— Ne croyez pas au moins que j'aie peur de vous, fis-je en riant.

— Je ne suis pas assez fat, Madame.

— Certes, vous m'êtes très sympathique. Nous serons camarades, voulez-vous ?

Le sceptique reprit le dessus, il rit.

Dans la camaraderie
Quand ma camarade rit
Tous les camarades rient
Du camarade qui rit.

À la bonne heure, comme cela il n'était pas dangereux !

J'étais très calme, en pleine possession de moi-même.

— Demain, c'est le bal à l'Opéra, me dit-il, connaissez-vous cela ?

— Ma foi non, si ce n'est par un roman de Paul Féval[1].

— Il faut voir cela.

— Impossible, c'est trop mal porté aujourd'hui.

1. Paul Féval (1816-1887), romancier populaire et feuilletoniste, auteur des *Habits noirs* et du *Bossu*.

— Sous le masque !

— Et mon mari ?

— Avec cela que vous n'allez pas seule où vous voulez !

— Emmenons-le, dis-je.

— Oh ! non ! Merci.

Puis il dit :

— C'était si gentil nos petites balades à Londres dans les assommoirs. À Paris, rien !

— Il y a mon mari, dis-je.

— Divorcez[1], épousez-moi !

— Vous n'êtes bon à rien !

— Avec cela, j'ai déjà défendu une bonne qui avait volé dix francs.

— La malheureuse ! Elle n'a pas été condamnée à mort ?

— Non, à huit mois. Dites, vous viendrez ?

— Impossible.

Un carillon se fit entendre. Une bonne frappa.

— Monsieur, dit-elle, est prié de passer dans le cabinet de monsieur Demortier avant de partir, pour communication sérieuse.

Mon sang ne fit qu'un tour.

Pierre, se levant aussitôt, me serra la main.

— J'y vais, dit-il.

— Je vous accompagne.

Et le précédant, je le menai chez Demortier. Celui-ci paraissait irrité.

— Je te prie, laisse-nous, me dit mon mari.

1. Autorisé sous la Révolution et interdit à la Restauration, le divorce vient d'être rétabli par la loi Naquet du 27 juillet 1884.

Intriguée et anxieuse, je rentrai dans mon salon et collai l'oreille à la porte de communication.

Je compris que Demortier disait à Pierre qu'il avait entendu notre conversation, trop légère à son gré, et qu'il le priait désormais de s'abstenir de me rendre visite.

Pierre, embarrassé, se défendait mal.

J'étais à un tournant de ma vie. Je pouvais prendre le bon ou le mauvais chemin. Ce fut celui-ci qui eut la préférence.

Je courus à mon bureau et j'écrivis en hâte ces mots :

Demain, à minuit, attendez-moi en voiture
au pied de l'obélisque.

Puis, passant dans la pièce où se tenaient nos dames secrétaires, je remis ce billet à ma cousine Marie en la priant de passer par l'escalier de service et de le donner au monsieur qui allait sortir.

En descendant très ennuyé de chez nous, Pierre rencontra ma messagère.

Il lut mon billet.

— Vous direz « oui », fit-il.

Quand j'ai pris l'énergique parti de faire une bêtise, rien ne saurait m'arrêter. Il s'agissait de tout prévoir et de préparer ce beau coup dans la crainte qu'il n'échouât.

Inutile de chercher un prétexte. Demortier en éveil ne me laisserait pas sortir seule, il fallait faire les choses en face audacieusement, on s'expliquerait après.

C'était délicieux cette excursion dangereuse au bras de l'homme aimé. Masquée, voilée, tout à fait le roman de Paul Féval.

Je songeai d'abord à ma toilette. J'avais le choix dans mes nombreuses robes de bal.

Demortier, la mauvaise langue, affirmait que j'en faisais faire une par semaine.

Une robe bleu ciel eut la préférence. Marie, cousine et confidente, fut expédiée en secret chez le fleuriste qui reçut l'ordre de confectionner une parure de dix mètres de long de fleurs de jacinthes roses enfilées en chapelet.

Cette fleur point fragile braverait la chaleur du bal.

Les guirlandes, introduites en grand mystère par l'escalier de service, furent disposées sur la robe bleue, à l'effet de lui donner un air pompadour. En 1885 on ne portait que des robes courtes, même au bal. On eut aussi un loup de velours noir et de la poudre et des mouches.

Ma femme de chambre, point discrète, fut écartée et seule Marie et moi coopérâmes à l'œuvre d'art en question, renfermées hermétiquement toutes deux sous prétexte de migraine collective.

Il y avait une telle affluence de visiteurs chaque jour que Demortier, surmené, n'avait pas une seconde à lui pour venir nous déranger.

Nous passâmes la soirée au Théâtre-Français.

Vers dix heures, je commençais à me trémousser sur ma chaise en faisant la grimace.

Au bout d'un moment, mon mari me demanda ce que j'avais.

— Ce n'est rien, c'est une colique !

Dans les mauvais moments, j'étais coutumière de la chose et allais me coucher, il ne fut donc pas très surpris quand, me levant, je lui dis de m'excuser près des dames qui, ce soir-là, nous tenaient compagnie, que j'allais me coucher, étant souffrante. Les dames se laissèrent facilement persuader de rester ; Demortier me reconduisit à ma voiture, me promettant de rentrer de bonne heure.

Je me fis conduire chez un coiffeur en renom et à prix d'or, on me confectionna rapidement une ravissante coiffure pompadour.

Puis je rentrai chez moi où Marie m'attendait. Tout le personnel couchait hors de l'appartement. Nous étions seules et libres.

Il fallut me dévêtir et me rhabiller de la tête aux pieds, mettre la poudre, placer les mouches. Les yeux fixés sur les aiguilles de la pendule, je frémissais d'impatience.

Pas une seconde je n'eus de remords en accomplissant cette canaillerie. Pierre, seul, occupait ma pensée. Pour cette nuit perdue dans la foule à son bras, que m'importait le lendemain ? Je ne savais ni ce que je dirais, ni ce qui en résulterait.

Enfin, à onze heures trois quarts, je mis mes gants, pendant que Marie courait me chercher un fiacre.

Debout devant la glace, je contemplais avec satisfaction ma gracieuse image, j'étais aussi vraiment élégante et jolie.

Un riche manteau de soie blanche enveloppa le tout et une mantille voila mon visage.

Puis, descendant d'un pied léger, je m'installai dans le fiacre.

Il s'ébranlait, quand un autre sapin[1] s'arrêta à ma porte. Demortier paya et rentra. Une minute avant, tout échouait.

Comment avais-je pu prendre une telle aversion pour mon mari, que je me mis à rire de la tête qu'il allait faire ? Mystère et incompatibilité d'humeur.

Bien des années ont passé sur cette folie. Bien d'autres leur ont succédé.

Je crois que si c'était à refaire, je recommencerais, tant j'ai éprouvé de jouissance exquise dans cette fantasque équipée. Je crains de mourir dans l'impénitence finale.

Hâtant de tous mes vœux la marche lente de mon fiacre, je mis la tête à la portière, dès le milieu du pont de la Concorde. Un coupé solitaire stationnait au pied de l'obélisque.

Mon fiacre s'arrêta à côté. Remettant précipitamment cinq francs à mon cocher[2], je m'engouffrai dans le coupé, ne laissant même pas le temps à Pierre, qui avait ouvert sa portière, de descendre au-devant de moi.

Je dois convenir que je serais peut-être moins leste à présent !

J'eus la satisfaction de voir à quel point Pierre prisait la faveur insigne que je lui faisais par les soins qu'il avait apportés à l'aménagement de son coupé de louage.

---

1. Surnom populaire donné aux fiacres parisiens, par métonymie, à cause de leur caisse en bois de médiocre qualité.

2. Somme exorbitante pour une course en fiacre en 1885 ; Marie-Justine indique qu'elle donne une pièce d'argent sans attendre la monnaie.

C'était un vrai coupé de marié, orné de lilas blancs et de jacinthes roses.

Il y avait de quoi asphyxier vingt personnes là-dedans.

— Me voilà !

Recevant ma précieuse personne comme le prêtre reçoit l'ostensoir, Pierre se fit petit pour ne pas froisser ma toilette qui, il faut en convenir, rattrapait en largeur ce qui lui manquait en longueur ; puis, quoique moins avantagée qu'à présent, mes charmes à eux seuls tenaient déjà de la place.

On se serra la main.

Il y avait une légère botte de lilas blancs pour tenir à la main et une boîte de fruits glacés ; infiniment plus de frais que je n'en demandais à Pierre, qui jouissait d'une humble rente de cinq cents francs par mois. Cette soirée-là lui coûta sûrement les deux tiers de son mois.

Il n'y regardait pas et moi je ne pense jamais à l'argent. Je n'avais même pas de bourse. Il paya trente francs nos entrées. Enfin nous y étions donc, dans ce lieu de délices !

La cohue était grande. La foule, dans l'enceinte du théâtre, était vulgaire et bariolée, mais au foyer et dans les loges, les habits noirs et les robes de bal abondaient.

Le domino, à cette époque, était fort abandonné.

Pierre avait retenu deux places dans une loge, le reste était occupé par des étrangers venus pour voir. Deux dames, des Anglaises, ne quittèrent point leur place de la soirée, et leurs maris, eux toujours dehors, ne firent que de rares apparitions dans la loge près de leurs femmes.

On ne s'amusa pas longtemps avec ces dames.

Pierre m'offrit de sortir. Prenant mon bras d'un geste câlin et autoritaire, il m'entraîna dans la foule bruyante. Amusée par ce spectacle nouveau, par l'étrangeté de l'aventure, je passai à son bras une nuit charmante.

On ne parla pas d'amour, on ne flirta pas. On regarda, on s'amusa des autres, on bavarda en amis. On causa même sagement.

Je ne voudrais pas d'enfants avant que ma femme eût trente ans, disait Pierre. Pourquoi déformer ce chef-d'œuvre de la nature ?

C'était mon avis.

Puis lui ne tenait pas à la dot. Charmant garçon va !

Son père avait eu une haute fonction. Pierre, bien recommandé à Paris, arriverait, il deviendrait fonctionnaire ou ambassadeur ; il apprenait le droit politique à cet effet.

Il avait ses raisons pour suivre l'échiquier politique. Il connaissait tout, et tout le monde.

Qui sait si un jour Pierre ne sera pas président de la République ? Car il a fait du chemin depuis lors. Grâce au ciel il vit toujours.

Il me parlait sur ce ton à la fois familier et respectueux qui lui était ordinaire. Il m'entretenait des plus importantes de ses pensées d'avenir et me ravissait par ses marques de respect.

Pierre n'était point hypocrite, son habileté était du naturel.

On soupa au buffet. Jamais il ne m'eût proposé un souper au cabaret.

Peu à peu, les plus élégantes toilettes avaient disparu, je faisais presque tache dans ce qui restait.

Un regard échangé suffit pour nous comprendre et Pierre alla chercher mon vestiaire.

Avec les attentions d'une nourrice enveloppant un poupon, il me revêtit de mon manteau et je repris, frissonnante, ma place dans le coupé fleuri. Hélas, les lilas battaient de l'aile ; seules les jacinthes orgueilleuses et fières se maintenaient.

Pierre manifesta quelques craintes pour moi. Qu'allait dire Demortier ?

— Après tout, dit-il railleur, il a trop de chance ce monsieur, c'est une huître qui a avalé une perle. Puis, quand et comment vous reverrai-je ?

— Hélas, impossible de nous revoir, je reprends le carcan.

Je ne devais pas avoir l'air gai en disant cela.

— Ne m'avez-vous pas dit que votre mari est fâché avec votre famille ? Demain, ou plutôt aujourd'hui, c'est dimanche. Allez voir vos parents, je me trouverai sur le chemin et au moins je vous verrai passer.

Je devins de bronze.

— Impossible, dis-je.

— Je resterai tout le jour chez moi, dit Pierre, les bureaux de poste sont fermés à midi, mais vous savez qu'un cocher porteur d'un mot de vous me trouvera.

C'était vraiment inutile de me dire cela.

Mon manteau avait glissé. Pierre déposa un baiser sur mon bras nu.

Je poussai un cri, il m'avait brûlée.

— Vous m'auriez refusé, je l'ai pris.

On se serra la main comme à l'arrivée. Je descendis devant chez moi, Pierre sortit de la voiture, alla sonner et attendit découvert que je fusse rentrée pour repartir. Ah ! on ne se gênait pas, mais aussi on avait été si sages !

Demortier debout à la porte de l'appartement m'attendait.

— D'où venez-vous ? me dit-il.

— Du bal de l'Opéra, répondis-je très calme.

Je rentrai dans mon cabinet de toilette.

Les yeux irrités, ses moustaches hérissées, donnaient à mon mari l'air d'un chat en colère.

— Avec qui étiez-vous ?

— Avec monsieur Pierre X…

— Je lui ai défendu de vous revoir.

— Aussi est-ce moi qui ai été le chercher.

— Nous verrons si vous vous moquerez ainsi de moi.

— Je suis lasse, dis-je. Laissez-moi en paix, je n'ai rien à me reprocher que la curiosité d'avoir voulu voir le bal de l'Opéra.

J'étais dévêtue, fort élégante dans mes dessous soyeux. Au poignet étincelaient deux bracelets de prix.

Demortier me saisit les bras et écrasa les bracelets sur mes poignets meurtris.

Ce n'était plus une tranchée, c'était un abîme entre nous. Sans me plaindre, sans lui répondre, je me levai de mon sofa et passai dans une pièce où j'avais fait dresser mon lit, abandonnant à mon mari la chambre conjugale.

— Venez ici, je le veux, m'ordonna-t-il brutalement.

Fermant ma porte au verrou, cinq lettres immortalisées par Cambronne furent ma réponse…

J'avais retenu cela de mes fréquentations avec la marchande de poulets au marché Saint-Germain.

XIII

MON PREMIER AMANT

Je me réveillai vers onze heures. Mes bracelets brisés, mes poignets meurtris ramenèrent mon inimitié pour mon mari.

Bien entendu, il avait tort dans mon esprit.

J'aimais Pierre et je lui résistais, pourquoi ? sinon par devoir envers mon mari. Il aurait dû se contenter de cela, et me laisser faire à ma fantaisie, puisqu'il me savait honnête.

À table, Demortier ne desserra pas les dents, pas un regard pour mes poignets, pas un regret pour sa brutalité.

Le diable avait trop beau jeu. Le temps était superbe, saison d'hiver, soleil de printemps.

Peu à peu, l'idée d'une promenade me vint.

— Voulez-vous sortir ? dis-je à Demortier.

Il ne daigna pas m'entendre.

J'avais l'habitude des longues veillées et ne me sentais pas lasse. À table, Marie ma cousine me fit un signe imperceptible. Tout de suite, mon cœur battit la chamade.

Tel Jupiter olympien, monsieur Demortier rentra majestueux dans son cabinet.

Alors Marie tira de sa poche une lettre, où Pierre me disait :

« Le ciel est bleu, l'oiseau chante, croyant le printemps revenu, seul mon cœur pleure ma bien-aimée. »

La réponse fut :

« Gare Saint-Lazare, salle des pas-perdus, trois heures. »

Le cocher que Pierre avait envoyé remporta ma réponse.

Je n'avais que le temps de m'apprêter. Le hasard sans doute me fit choisir celle de mes robes qui seyait le mieux à la circonstance et à ma taille.

Tout enveloppée de zibeline, délicieusement chapeautée, je m'échappai en laissant monsieur Demortier bouder à son aise, renfermé à clef dans son bureau, dans la crainte que j'eusse l'audace d'aller le troubler.

Pierre m'attendait ; on alla à Versailles, on visita le parc, on prit un bain d'air et de soleil, on fut jeunes, gais, heureux. On ne se dit pas seulement : « Je vous aime. »

On revint dîner à la table d'hôte du Grand Hôtel, on s'en alla au théâtre. Je rentrai à minuit et demi !

Quelques semaines s'écoulèrent de la sorte.

Le dénouement fatal approchait.

On ne joue pas impunément avec le feu.

J'avais irrité les passions chez ces deux hommes, poussé à bout l'amour de Pierre et la jalousie de Demortier.

Je le répète, je ne songeais nullement à quitter mon mari, ni même à le tromper.

Je croyais, encore naïve, que l'on peut vivre ainsi, d'amour platonique et romanesque.

J'avais embelli mon salon. Pierre, mis au courant des moindres détails de ma vie intime, s'était rendu au Bon Marché et m'avait envoyé une peau d'ours blanc ; envoi anonyme, bien entendu.

Demortier, supposant que cet achat avait été fait par moi, prit la peau et se rendit au Bon Marché pour la rendre et en retirer l'argent. Quinze cents francs qu'il mettrait dans sa poche en me taquinant ! Tout profit !

On ne voulut pas la reprendre sans la facture.

On chercha sur les livres.

On retrouva l'adresse de Pierre, qui se l'était fait envoyer pour l'emballer à son gré de papier de soie et de rubans bleus. Que n'avait-il songé à retirer l'adresse des grands magasins du Bon Marché !

Demortier laissa la peau et, il faut en convenir, il ne prit pas les quinze cents francs de Pierre.

Il rentra à la maison et se présenta devant moi sans frapper.

— Je viens, me dit-il, de reporter au Bon Marché la peau d'ours que votre amant vous a envoyée.

— Mon amant, il ne l'est pas, m'écriai-je, mais pour ce mot, il le sera.

Sur cette belle réponse, je reçus en plein visage une coupe de cristal à pied de bronze qui me coupa le sourcil droit.

L'abîme devenait sans fond entre mon mari et moi.

Dans l'antichambre, sur un guéridon, se trouvait une large jardinière de cuivre japonais, remplie de cendres pour y faire tenir des fleurs artificielles.

M'emparant de ce meuble décoratif, j'en coiffai mon époux qui, aveuglé, crachant, toussant, éternuant, ne put s'opposer à ma fuite.

Nous donnions un joli spectacle à nos domestiques !

D'un tour de main, je rajustai ma coiffure, je pris mon manteau, un chapeau et un billet de mille francs, toutes mes économies, et dans ma riche robe de velours noir, je quittai ma demeure. Pour faciliter mon départ, tout le personnel s'empressait autour de Demortier.

Il ne savait se faire aimer par personne, étant avare, mesquin et vétilleux à l'excès[1]. Aussi est-ce avec des exclamations ironiques qu'on le plaignait, tout en bassinant ses yeux remplis de cendres.

Marie, toujours là dans les grandes occasions, était déjà partie à la recherche d'un fiacre.

Elle y prit place avec moi. Il était environ cinq heures du soir, on était au mois d'avril.

Je me fis conduire chez un pharmacien, qui, avec du taffetas noir, pansa ma blessure, peu grave, puis

---

1. Sous le nom d'Henri Demortier, « membre de la Société d'économie sociale », il est l'auteur d'une brochure intitulée *Moyen d'avoir toujours de l'argent dans sa poche*, éditée chez Garnier Frères à Paris, dans laquelle on lit des préceptes tels que : « Dépensez un sou de moins par jour que votre bénéfice net. »

je jetai au cocher l'adresse de Pierre. J'attendis dans le fiacre, tandis que Marie montait chez lui.

Il était là.

Jamais ni moi ni ma compagne n'avions fait une telle démarche. Il pressentit un malheur.

D'un bond, il fut à mes côtés. Marie reprit le chemin de mon domicile conjugal et, restés seuls, on envoya la voiture n'importe où.

On pouvait causer.

En quatre mots, il fut au courant.

— Tu es toute à moi, maintenant, me dit-il en prenant mes deux mains, tu vas divorcer, je t'épouserai.

Le tutoiement me déplut ; puis, me remarier… merci, je venais d'en prendre.

— Non, lui dis-je, mon devoir est tout tracé : je vais me retirer chez les parents de Demortier, en Périgord, ils m'aiment beaucoup.

— Pourquoi pas plutôt chez les tiens ?

— Parce que c'est trop près de Paris et qu'il faut nous dire adieu.

Cela le ramena à la réalité.

Il déploya, pour me convaincre, cette fougueuse éloquence qui lui a fait tant d'honneur dans sa carrière d'avocat !

On ergota de la sorte tout le temps que la voiture mit à se rendre du boulevard Saint-Germain où il demeurait à la Trinité. Là, vaincu par mon obstination, il descendit seul pour consulter dans un café l'indicateur[1], au sujet du départ des trains

1. *L'Indicateur des chemins de fer*, recueil des horaires de train.

pour Périgueux. Il y en avait un à sept heures trente.

Ma robe de velours était ridicule pour voyager, mais passe encore. Il fallait cependant une valise, du linge...

On acheta tout cela du côté de la gare Saint-Lazare.

Il voulut me faire dîner. Je n'avais pas faim.

Tous deux tristes à mourir, la main dans la main, on remonta en fiacre pour la gare d'Orléans[1], au Jardin des plantes.

Le train partait dans dix minutes. Ce fut un adieu solennel...

Les larmes coulaient de nos yeux. Une épaisse voilette dissimulait mon visage et mon trouble.

— Laisse-moi te voir pour la dernière fois, me dit Pierre.

Et il écarta mon voile.

Ah ! Mademoiselle Lecamus, honnête bossue, vous l'aviez bien ancrée dans mon cœur la vertu, puisque Pierre m'enlaça, que nos lèvres s'unirent pour la première fois et croyions-nous pour la dernière, que j'éprouvai à son baiser une commotion qui révolutionna tout mon être... et que cependant, m'arrachant de ses bras, je sautai dans le train prêt à partir !

D'autres voyageurs étaient là, déjà installés.

L'employé vint fermer la portière. J'abaissai la glace pour donner une dernière fois la main à celui que je quittais pour toujours. Nos lèvres

1. Aujourd'hui gare d'Austerlitz.

murmurèrent adieu. Le sifflet retentit, annonçant le départ du train...

Prompte comme l'éclair, j'ouvris la portière fermée et je tombai dans les bras que Pierre me tendait.

Je ne sais ce que pensèrent les voyageurs de mon compartiment. La valise s'en alla seule vers Périgueux avec les précieuses choses achetées une heure auparavant.

On ne la revit jamais.

C'est ainsi que dans ma vie j'ai fait tant de bêtises sans savoir ni pourquoi, ni comment et que j'ai semé sur ma route assez de trousseaux et de mobiliers pour monter un magasin. J'ajoute que conséquente avec moi-même, je ne regrette rien.

Trop émus tous deux pour pouvoir partir, on se fit conduire chez Mignon, avenue de l'Opéra, établissement fameux alors, disparu aujourd'hui.

Pierre prit un salon particulier, on avait besoin de causer, d'être seuls.................................
....
....

Pierre commanda indifféremment ce que voulut le maître d'hôtel et une fois délivrés de la présence de ce fonctionnaire, il vint à moi, retira mon manteau, s'inquiéta de ma blessure qui allait bien. Puis s'asseyant à côté de moi, il prit ma main :

— Tu sais, Marie, que depuis six mois je t'aime, tu m'aimes aussi, dis ?

Il fallut bien en convenir ; c'est très gênant à dire, ces choses-là !

— Tu seras ma femme. Dès demain, tu iras chez un avoué, avec ton père, demander le divorce.

Il m'expliqua les beautés de la loi Naquet qui venait de s'établir dans le monde.

Avocat comme Me Crémieux mon illustre défenseur, tout à son affaire, Pierre n'était même plus amoureux. Il gesticulait, pérorait, avec sa verve méridionale et me donnait tous les conseils qu'un excellent avocat prodigue à sa cliente.

Ah ! Demortier aurait à qui parler ! J'écoutais ahurie, tout cela bourdonnait à mes oreilles.

Le maître d'hôtel, rentrant avec une soupière qu'il portait comme le saint sacrement, coupa court à la leçon de droit.

On se mit à table face à face. On n'avait pas faim.

Pierre compta nos richesses. Il ne voulait rien de moi, ni dot, ni quoi que ce fût.

Sa mère, déjà pressentie, lui donnerait tout son apanage d'un seul coup. Il ferait tous les frais du procès, me vêtirait, me nourrirait !

Hum ! et mon orgueil ?

— As-tu de l'argent ? me demanda Pierre.

J'avais intact mon billet de mille francs.

Pierre le prit et très gravement le brûla au bec de gaz.

— Maintenant, me dit-il, tu es bien à moi, puisqu'il ne te reste rien de l'autre.

Il m'était bien indifférent mon billet de mille francs !

Je trouvai la chose très crâne. Je n'avais de regret qu'un petit ours mécanique resté chez moi qui dansait au son du *Beau Danube bleu*.

Il fut convenu qu'on réclamerait l'ours avec mon linge et hardes, comme dit la loi.

— Demain tu t'installeras où tu voudras, je te donnerai dix mille francs.

— Tu es donc riche ?

— C'est l'héritage d'un oncle que ma mère m'a envoyé il y a deux mois.

L'héritage, cinquante mille francs, était déjà bien écorné en fleurs, promenades, bonbons, sans compter la peau d'ours.

Je la voulais ma peau d'ours, il irait la réclamer au Bon Marché !

Je pouvais me passer de bien des choses, pas de cela.

Le temps s'écoulait, on avait dîné au champagne par habitude, demain on ferait des économies.

Je ne parlais pas de m'en aller.

Enfin Pierre me dit :

— Il est trop tard pour aller chez tes parents, je vais au Grand Hôtel, demain tu iras à Vincennes.

Je sortis à son bras.

Une voiture nous conduisit au Grand Hôtel à cent mètres de là. Je restai dans la voiture tandis que Pierre disparaissait sous la voûte.

Au bout de cinq minutes, il vint me chercher.

La même honte me prit que lorsque j'étais rentrée à Trouville à l'hôtel de la Mer.

Pourtant, j'étais rentrée là, seule, plusieurs fois avec Pierre pour y dîner. Preuve que ma conscience n'était pas fort tranquille pour l'instant.

On nous conduisit à une très confortable pièce avec cabinet de toilette.

Quarante francs pour la nuit, une bagatelle, on économiserait demain !

Mes acquisitions envolées vers des régions inconnues, je n'avais point le moindre objet de toilette avec moi.

— Je t'achèterai tout cela demain à la première heure.

Sur cette consolante promesse, je défis mon manteau et mon chapeau, et m'assis gênée, troublée, regrettant de ne pas rouler à toute vapeur vers Périgueux.

Pierre ferma les doubles rideaux et s'approchant de moi :

— Tu sais si je t'aime Marie, assez pour partir tout à l'heure, mais laisse-moi te voir encore et t'aider à te déshabiller.

Ma robe était lacée dans le dos, il fallait bien, sous peine de coucher avec.

J'étais devenue très élégante mais comme beaucoup de femmes mariées, je gardais mes belles affaires pour le dehors, les gazes et les dentelles allaient au bal ; pour mon époux, les festons et les bigoudis.

Certes, ce jour-là, je ne doutais guère, en passant ma belle robe de velours, sur le plus inélégant dessous, que Pierre la retirerait. Oh ! sans cela…

Il fallait faire ce terrible aveu.

— Vous savez, ce matin, je me suis habillée à la diable.

Pierre n'en parut pas aussi fâché que je supposais.

D'un souffle puissant, il éteignit les deux bougies.

Combien je lui sus gré de cette ingénieuse délicatesse !

Il rouvrit les doubles rideaux et me délaça à la lueur incertaine des lumières du boulevard.

Comme cela c'était bien, on se voyait sans se voir, on eût dit le clair de lune. Avec une adresse bien étonnante chez un homme, il vint à bout des deux mètres cinquante de lacet qui clôturaient ma robe.

Des paroles gaies et tendres accompagnaient ses bons offices. Le corset aussi s'attachait dans le dos. Pas moyen de faire autrement que pour la robe.

Une dame qui a deux femmes de chambre s'habille autrement qu'une grisette.

Pour le corset, ce ne fut pas long. Je pouvais bien tirer mes bras de ma robe, Pierre m'avait assez vue en décolleté, cela ne lui apprendrait rien.

Comme je n'avais qu'un jupon et un pantalon en dessous, et que les cordons me coupaient la taille, il les dénoua.

Puis il s'agenouilla et défit mes bottines. Mes jarretières trop serrées au-dessus du genou tombèrent. Je ne sais comment il se fit que la tête de Pierre se trouva juste à la hauteur de mon visage... Pour la seconde fois de la journée, ses lèvres se posèrent sur les miennes. Baiser tendre mais encore chaste. L'émoi étrange qui m'avait saisie à Trouville à la vue de la mer immense s'empara de mes sens, mon cœur battit à se rompre et je tombai ivre dans les bras de Pierre, bien vaincue cette fois.

Je sentis qu'il soulevait mon corps inerte et le posait sur le lit.

Puis :

— Veux-tu que je parte ?

Je répondis :

— Reste !

....

XIV

QUE LES BEAUX JOURS SONT COURTS

Le lendemain vers midi, Pierre se leva, s'habilla rapidement et sans ouvrir les rideaux, il sortit en m'annonçant que j'allais recevoir les objets de toilette nécessaires, de me reposer en attendant.

Aussitôt que ses pas ne se firent [plus] entendre dans le couloir, je sautai hors du lit, et écartant les rideaux, je me précipitai vers la glace.

Hélas, trois fois hélas, celles de mes jolies lectrices qui ont contemplé un spectacle aussi lamentable seules me comprendront.

Qu'était-ce que les dégâts produits sur mon visage à Trouville à côté de ce que je voyais ?

Cela s'explique d'autant mieux que nous n'avions pas dormi cinq minutes cette nuit-là.

Les ablutions réitérées, un frottement énergique qui m'écorcha le nez, ramenèrent un peu de sang à mes joues décolorées.

La circulation se rétablit et mon visage reprit quelqu'attrait. Pourquoi faut-il que plus un homme aime une femme plus il la détériore ?

On frappa. Je courus me cacher au fond du lit.

C'était Pierre, seul son bras s'allongea dans la chambre pour poser à terre un gros paquet, puis la porte se referma, il m'annonça à travers qu'il reviendrait dans une demi-heure.

Ce me fut un soulagement, puis il m'avait dit *vous.*

Le paquet, défait, contenait tout ce qui pouvait m'être utile. Du linge élégant et de bon goût, poudre, crème, peignes, brosses, etc. J'aimais Pierre pour son esprit, pour sa beauté, je l'aimai à ce moment pour sa délicatesse et sa bonté. Il n'est pas difficile de conquérir un cœur de femme, il faut l'esprit d'à-propos, voilà tout.

Mes cheveux affreusement embroussaillés me donnèrent le plus de mal ; comme par magie, Pierre revint juste à ce moment et m'aida à me coiffer.

Point d'air vainqueur, point de mine sentimentale, point de caresses importunes, son air ordinaire de bon compagnon gai et de bon ton.

J'avais alors de fort beaux cheveux. Il se tira adroitement de la mission difficile qu'il avait entreprise, le tout accompagné des plus fines plaisanteries sur sa maladresse.

Puis avec une patience d'ange, il me réintégra dans ma gaine de velours noir.

J'avais l'air las, mais j'étais enfin reconnaissable. Il prit à sa boutonnière un menu bouquet de violettes puis ployant le genou, il le mit à mon corsage avec un inexprimable regard d'amour :

— Merci, me dit-il bien bas en baisant ma main.

Et ce fut tout.

On s'en alla déjeuner au même lieu que nous avions dîné la veille. Il recommença à me donner de très sérieux conseils.

Toute cette nuit ployée sous sa loi, je reprenais mon aplomb et ma liberté d'esprit coutumiers. Certes, je l'aimais !... mais quant à divorcer, on verrait.

Pierre, si je devenais sa femme, ne me laisserait pas exercer ce métier de marieuse qui pour moi a tant de charmes.

On penserait à cela plus tard. Je voulais jouir du présent et non me tourmenter de l'avenir.

Pierre me fit un programme écrit des démarches à faire pour le divorce, il m'aimait et me voulait toute à lui.

Comme Demortier alors, que les hommes sont donc accapareurs !

On prit rendez-vous à la gare de Lyon pour le dimanche suivant à neuf heures du matin.

C'était le jeudi. Il me reconduisit à la gare de Vincennes.

J'arrivai chez mes parents.

Depuis longtemps au courant de mes querelles avec Demortier, ils ne pouvaient s'étonner de ce dénouement.

Ils m'aimaient trop aveuglément pour ne pas me donner raison. Puis enfin, j'avais été frappée, blessée par Demortier. On fit constater par un médecin le nombre et la gravité de mes blessures.

Bien entendu, ils ne connaissaient pas Pierre.

On alla chez l'avoué de la famille et suivant mes conventions avec Pierre, je passai au Crédit lyonnais. Une somme de dix mille francs déposée à mon nom s'y trouvait. Habituée depuis de longues années au luxe et à l'opulence, cet argent me fit plaisir.

J'achetai de suite le nécessaire et un peu de superflu.

D'ailleurs, dès le samedi, une ordonnance du président du tribunal me fit rendre mes vêtements, auxquels on joignit l'ours à musique. Il me fut doux de retrouver mes élégances. Tout n'y était pas, mais enfin c'était suffisant pour une femme chez ses parents. Je pus faire une élégante toilette pour revoir Pierre ; et le dimanche, comme l'aiguille marquait neuf heures du matin, je passais mon bras sous le sien à la gare de Lyon.

On alla à Fontainebleau. On était à la fin d'avril. La journée, belle et ensoleillée, fut charmante. À chaque instant, Pierre trouvait quelqu'occasion pour se faire aimer davantage.

Son savoir était réel et sans prétention. À la visite du château, il me narra cent anecdotes au sujet des choses historiques que l'on voyait.

Récemment, j'ai visité le palais de Fontainebleau au bras du docteur Hébert. Après vingt ans, il me paraissait plein du souvenir de Pierre. Après une longue promenade en forêt, on rentra à Paris pour dîner.

On alla dîner au Café de Paris en public, on ne se gênait pas. Paris est si grand, on y est si libre. Je m'attendais à quelque réédition de la chambre du Grand Hôtel. Je me trompais.

Une voiture de remise nous mena à quelque music-hall interdit par la sévérité de Demortier. La voiture vint nous reprendre vers onze heures ; et traversant les ponts se dirigea vers la rive gauche.

Pierre souriait de mon étonnement. Où allions-nous ?

La voiture s'arrêta rue Bonaparte, en face le Luxembourg.

Pierre, tirant une clef de sa poche, m'introduisit dans un rez-de-chaussée. Charmant réduit, vrai nid d'amoureux. Le mobilier était dans ce goût clair et pâle qui a régné pendant vingt ans. C'était Trianon et Pompadour.

— Souvenir du bal de l'Opéra, me dit Pierre en riant. Puis :

— Tu es chez toi Marie, me dit Pierre gravement, tu ne retrouveras point le luxe du boulevard Saint-Germain, mais ici est un cœur dévoué qui t'aimera toujours quelles que soient les vicissitudes de la vie.

Oh ! les cinquante mille francs, où en étaient-ils ?!...

Pierre avait meublé ces trois pièces en quarante-huit heures, véritable tour de force.

Les tapissiers avaient terminé à neuf heures, il en était onze et demie alors.

Oh ! le charmant ami !

Rien n'était oublié. Dans la chambre à coucher, sur un guéridon, un plateau couvert de bonbons, de fruits, de gâteaux et de rafraîchissements.

Dans l'armoire, une variété de lingerie élégante.

— Comment te remercier ? dis-je.

— En m'aimant !

— C'est que je ne vais peut-être pas t'aimer assez, ni comme tu voudrais l'être ?

— Cela est vrai, mais je t'apprendrai, tu verras.

Tout était prévu, comme dans les contes de fées !

Comment ne pas l'adorer ?... Pierre avait un tempérament fougueux, il avait d'ailleurs vingt-cinq ans. Ma première timidité passée, les confidences vinrent. Il s'enquit de mes impressions.

Avec la sincérité d'une débutante et la bêtise d'une oie, je lui confiai que je l'adorais mais qu'il m'ennuyait fort au lit. Cette confession sincère provoqua une explosion.

Il voulait être aimé entièrement, complètement, et voulait voir toutes ses impressions partagées. Dès lors, il déploya une ténacité et une science infinie à faire vibrer mes sens. Il y parvint trop bien, pour son bonheur. Le diable avait trouvé un adjuvant.

Certes, Pierre était l'amant rêvé et il eût fait le meilleur des maris, si je n'avais gâché moi-même mon avenir et mon bonheur.

Qu'au moins il sache aujourd'hui tous mes regrets d'avoir méprisé la douce et honnête existence qu'il m'a si souvent offerte et qu'avec le pardon que je lui demande il me donne un souvenir, pâle reflet de l'amour d'autrefois.

Tout le monde sait que les hommes de loi bien payés font des miracles de vélocité pour les procès de leurs clients généreux. Deux mois après mon départ du domicile conjugal, je reçus avis de me rendre à la mairie du Ve arrondissement pour, en compagnie du juge de paix, aller apposer les scellés chez mon mari. On y alla à huit. Le commissaire Évrard, dûment requis, fut du nombre. Trente clients attendaient leur tour, l'effet fut désastreux.

Tout le monde s'éclipsa, répandit la nouvelle et je donnai moi-même un fameux coup de pioche dans mon édifice.

Quant à Demortier, il disparut.

On apprit par une bonne zélée qu'il était monté au sixième où il avait fait entasser les robes de Madame.

J'y grimpai accompagnée du commissaire. Pâle, les cheveux hérissés, mon mari déchirait mes robes de bal, piétinait avec rage sur mes chapeaux.

Cela exaspéra le commissaire. Il dit un mot au juge de paix qui apposa les scellés avec une vigueur extraordinaire, ne laissant à Demortier qu'une chaise pour s'asseoir et le lit pour se coucher.

Sur tout le reste, de larges bandes de calicot et d'énormes pâtés de cire rouge rappelaient au malheureux la fin de ses illusions. N'ayant pas le cœur haineux, cela m'ennuya plutôt.

Puis vint l'inventaire. Nous étions mariés sous le régime de la communauté absolue. On ne trouva point de capitaux, Demortier avait tout caché.

Bien entendu, je demeurais officiellement chez mes parents, mais le plus souvent je restais chez nous, rue Bonaparte, et je prenais les plus grandes précautions pour ne pas être suivie.

Mon mari me faisait filer.

Agacés tous deux, Pierre et moi résolûmes de nous absenter quelques jours, pour être enfin libres.

Connaissant mon caractère, vous ne serez pas surpris de mon choix : Trouville.

Je voulus descendre hôtel de la Mer.

Je ne donnai aucune explication à Pierre, c'était une petite satisfaction intime et personnelle.

On refit le même chemin qu'avec Demortier.

On était en juin. Les baigneurs ne tenaient pas encore grand-grande place, mais enfin la plage vivait.

Pierre voulut m'apprendre à nager. J'avais ouï dire que ceux qui se jettent à l'eau sans crainte nagent tout seuls.

Je piquai bravement une tête. L'effet fut ce que vous devinez. La tête en dessous, le reste flottant comme une bouée, j'avalais un affreux bouillon amer. Pierre me surveillait, il arriva à temps pour me tirer de là.

Cela me rendit craintive de l'eau et malgré toutes les leçons, je n'ai jamais été une fameuse nageuse. La reconnaissance pour Pierre, qui somme toute m'avait sauvé la vie, la satisfaction de me voir à Trouville, me donnèrent une ardeur passionnée et sans me préoccuper si le lendemain j'aurais les yeux ciselés de noir, je pris un plaisir infini dans la propre chambre où monsieur Demortier m'avait tant été désagréable deux ans auparavant.

On alla déjeuner à l'Hostellerie de Guillaume le Conquérant afin que tout fût bien identique. Nous avions une victoria[1] recouverte d'une tente, à la mode de ce pays-là. Le temps était splendide, on poussa jusqu'à Caen. L'idée me prit de conduire et on installa le cocher dans sa propre voiture, tandis que nous montions à sa place sur le siège. J'avais la main ferme, le coup d'œil sûr. Je fis miracle.

1. Voiture hippomobile à quatre roues, normalement découverte.

On coucha à l'hôtel Saint-Pierre à Caen.

Au matin on visita la ville. La chose curieuse à Caen est la maison centrale d'hommes de Beaulieu.

Pierre obtint l'autorisation nécessaire pour la visiter. Ma qualité de femme m'en interdisait l'entrée, mais je regardai par les trous de surveillance ces hommes tristes et silencieux occupés à faire des travaux de cordonnerie et d'ébénisterie. Qui m'eût dit alors que moi aussi je deviendrais une bête curieuse qu'on va voir au travers des grilles de sa cage ?

Le directeur de Beaulieu était un homme d'une rare amabilité qui paraissait plaindre ses prisonniers. On nous apporta le pain noir et la triste pitance de haricots rouges. Tout attristée par ce que je voyais, le directeur me cueillit un gros bouquet de lilas pour me consoler.

On revint à Trouville moins gais qu'à l'aller.

Pierre me donnait de longues explications sur le régime des prisons dans les pays civilisés.

Comme presque tous les avocats, juges et généralement gens de justice, j'ai remarqué qu'il ne savait en résumé rien de certain quand j'ai pu constater *de visu* le régime pénitentiaire.

Ah, si on savait, si on savait.

On resta huit jours à Trouville. On fit de belles excursions, on alla au Casino à la côte de Grâce. Je voulus aller en mer sur une barque de pêche.

On alla au Havre. Le voyage fut long, car on avait vent debout. On visita Le Havre : *la Touraine* était le plus beau steamer de la Cie Transatlantique. On alla au phare de La Hève et on passa devant la villa de Sarah Bernhardt à Sainte-Adresse.

On revint dîner sur la terrasse de Frascati. Le temps s'était rembruni.

Vers onze heures du soir on profita de la marée pour rentrer à Trouville. À peine étions-nous hors des jetées qu'un violent coup de vent se fit sentir. On commença à tanguer sérieusement.

Puis on embarqua d'énormes paquets de mer.

Les matelots, au nombre de trois, me couvrirent d'un suroît.

Le coup de vent tourna à l'ouragan. Pierre me tenait à pleins bras. La mer devint furieuse, des montagnes se formèrent, des abîmes se creusèrent. Notre coquille de noix bien nommée *la Vaillante* fit bonne contenance et se comporta admirablement. Pierre me cria au milieu des éléments déchaînés : « N'aie pas peur. » Je n'avais certes pas peur.

Pierre était calme mais plus conscient du danger, il regrettait notre imprudent départ.

En moins de vingt minutes, littéralement portés sur les ailes de l'ouragan, on fut à l'embouchure de la Touques.

La manœuvre fut difficile pour rentrer dans des eaux plus calmes. Pour prendre terre il fallut gravir une échelle de fer à pic. J'étais un chien de plomb. Pierre tirait par en haut tandis que le matelot poussait par en bas. Pierre fut vexé.

— Tu prendras des leçons de gymnastique.

Toujours prête à apprendre tout ce qu'on veut, je pris des leçons à mon retour à Paris et peut-être dois-je à cet enseignement lointain l'agilité qui m'a sauvé la vie dans le jardin de Bois-le Roi.

XV

QUAND ON PREND DU GALON

Cependant monsieur Demortier, laissé en tête-à-tête [avec le] gardien des scellés, s'ennuyait de ce voisinage.

Il ouvrit l'ère de la conciliation. Il ne voulait pas de divorce, mais acceptait la séparation de corps et biens à l'amiable.

Il me laissait la maison de mariage et le mobilier, se réservant l'argent liquide dont seul il connaissait l'importance.

C'était le rêve.

J'allais donc reprendre ma bonne vie de la Croix-Rouge.

J'allais redevenir maîtresse de mes actions avec Pierre comme délassement à la place du petit Henri.

L'affaire fut arrangée sur ces bases par nos avoués réciproques.

Demortier s'en alla, n'emportant que ses livres et quelques pièces de son mobilier personnel.

Les scellés furent levés et je réintégrai mon domicile.

J'aurais dû changer tout mon personnel. Je n'en fis rien, et Demortier conserva des intelligences dans la place.

Pierre fut très mécontent.

— J'aurais cent cinquante mille francs en me mariant, dit-il, je gagnerai bien assez dès le début pour vivre paisiblement, donc tu dois quitter ce métier qui ne me plaît pas.

Mais il me plaisait à moi !

Pour ne pas le froisser, je l'assurai que je le quitterais quand, le divorce prononcé, notre mariage deviendrait certain. Or, vous savez que trompant Pierre, je ne demandai pas le divorce.

Pierre se laissa berner pendant un an et vous verrez comment il apprit que je l'avais trompé.

Chaque matin, cinq à six cents lettres arrivaient de toutes les parties du monde.

Les mariages se faisaient par intermédiaires.

Mon travail consistait à lire les lettres personnelles et à recevoir, de deux à six heures, puis à fréquenter mes relations aux bals, théâtres ou soirées mondaines. Quelquefois je devais aller dans trois ou quatre fêtes différentes le même jour.

Exténuée, je me rendais au moins trois fois la semaine rue Bonaparte et ces jours-là je ne rentrais qu'à deux heures après midi le lendemain. Quelle santé il fallait pour mener de front l'amour et les affaires. Il me fallait aussi voyager de temps à autre.

La présence de Demortier fut vite regrettée, au moins comme associé. Mes clients, renseignés, me sachant séparée, n'avaient plus la même estime pour moi. L'année 1885 ne me donna que soixante-douze mille francs de bénéfices nets.

Si je travaillais comme un cheval, je dépensais comme un âne. Où ai-je englouti tout l'argent qui m'a passé par les mains ? Incapable de rien faire avec mesure, j'étourdissais Pierre d'un luxe de courtisane. Jeune comme il l'était, il avait le grand tort de se montrer sensible à mes inventions et je passais des heures qui eussent été mieux employées au travail à essayer des costumes inédits chez les grands faiseurs.

Monsieur Lalère disait l'été dernier à miss Northcliff : « N'écoutez pas madame Guérin, qui vous prêche l'économie, cette bonne bourgeoise n'a jamais su ce que c'est qu'une robe de grand couturier. »

Personne ne conteste la richesse de mon imagination, tout était employé au service de Pierre.

Longtemps avant l'Exposition de 1889, j'avais pris des leçons de danse orientale. La Belle Fatma, alors à la mode, me servit de professeur et certes j'ai vu d'elle des danses inconnues du public. Elle avait une tête plus belle que le visage mais nos deux corps se ressemblaient, sauf que j'étais un peu plus grande et plus forte. Je la payais fort cher, elle me remerciait câlinement avec la souplesse orientale.

J'aimais toutes ces chatteries et les servais à Pierre.

Le résultat ne se fit pas attendre, il y perdit sa santé.

Le savant docteur Blachez lui ordonna sous peine de mort par consomption la déportation dans sa famille. Je l'aimais et l'obligeai à partir malgré sa résistance.

À mon tour je le menai au train de Bordeaux et il partit tout de bon. De chaque station il me télégraphia.

Trois mois après, il revint rétabli. Je lui avais été scrupuleusement fidèle, je lui tins la bride haute pour éviter une rechute.

Je rendais des comptes au docteur Blachez.

— Parfait, me dit-il, avec ce régime, s'il évite la phtisie, il deviendra fou !

Que c'est donc fragile, un homme ! Pierre, un nerveux s'il en fut, avait une nature vibrante à l'excès, je le tuais lentement et sûrement.

Sa mère mourut et il fit encore une absence favorable à sa santé.

Je déployai à son retour des trésors de sentiments pour le consoler. Il devint exigeant et un peu jaloux.

D'où en était le divorce ? Il avait hérité et voulait se marier au plus tôt.

Impossible d'avouer que tout était resté en place dès le début.

— Assez de folies, me dit Pierre un jour, devenons raisonnables, je veux vivre pour t'aimer.

C'est ennuyeux de devenir raisonnable quand on s'amuse tant. Il accaparait beaucoup mon temps, exigeant d'interminables promenades qui plaisaient à son cœur attristé par la mort de sa mère.

Tout cela faisait tort à mes affaires.

Je négligeais ma maison.

J'eus des plaintes assez nombreuses pour motiver une instruction.

Ce fut monsieur Wendhuy qui en fut chargé, il me donna un non-lieu.

Pierre tomba de nouveau malade. Je l'engageai à aller pour l'hiver de 1885-1886 dans le Midi. Il voulut m'emmener, je résistai énergiquement.

Pierre cette fois me quitta les larmes aux yeux.

Son départ m'affligea et me laissa désemparée.

Les affaires y gagnèrent mais la vie me devint à charge. À quoi bon toutes mes fanfreluches, à présent ?

Comment avouer que Pierre, adoré toujours, qui m'écrivait tous les deux jours une lettre pleine d'amour, eut un successeur et que ce successeur fut Georges Courtois, qui devait mourir de mort violente dans deux ans, avait prédit la pythonisse de L'Éden ? Georges avait vingt-sept ans, il était fils d'un maître-verrier.

Il était admirablement beau, grand, blond, élégant et distingué. Son instruction, des plus ordinaires. Il était secrétaire d'un homme politique. Quatre cents francs par mois, c'était toute sa richesse.

Il y avait si longtemps que je le voyais faire le bon chien fidèle sur mes pas que ce fut ce qui lui valut ma faveur. Enfin il avait une excellente santé, ne tomba pas malade et comme il vint habiter un appartement vacant dans ma maison, je n'avais plus besoin d'être toujours dehors. Certes ! je n'oubliais pas Pierre, mais je ne souhaitais pas un trop prompt retour.

Un soir au théâtre du Gymnase, Georges était assis derrière moi et à chaque instant me parlait avec une familiarité tendre ; en levant les yeux, je vis Pierre appuyé sur la balustrade en face qui nous regardait.

Il était arrivé à l'improviste, s'était informé où je passais ma soirée et était venu.

À l'entracte, il vint me saluer au foyer.

Que faire entre ces deux hommes ? Georges, habitant la même maison, voudrait me reconduire. J'intimai à Georges, furieux, l'ordre de rentrer sans moi.

Je revins avec Pierre rue Bonaparte, il me regarda tristement :

— Tu m'oublies, me dit-il, tu ne m'aimes plus.

Je fis tous les serments de fidélité imaginables.

Je ne rentrai boulevard Saint-Germain qu'à deux heures le lendemain. Georges voulut me faire une scène. Je lui donnai le choix entre accepter la situation ou rompre.

Il accepta la situation.

Qui prévint Pierre de mon infidélité ? Je l'ignore : une lettre anonyme l'avertit.

Il me la montra, puis il me dit doucement :

— Quitte cette vie ou tu te perdras, viens avec moi Marie.

— Non, Pierre, je préfère cette vie à tout.

— Marie, tu me regretteras.

— Jamais, m'écriai-je avec colère, je veux être libre.

Je le pleurai en secret, mais à dix lettres me conjurant d'aller le rejoindre, je répondis : « Non. »

L'été était revenu ; accompagnée de Georges, je fus rejoindre miss Evelyn Leal à Arcachon.

Georges m'avait précédée de deux jours. Je n'aurais point passé à Bordeaux sans voir Pierre en ami.

En arrivant à Arcachon, je trouvai dans la chambre de Georges, sur le tapis, une épingle qui était propre à miss Evelyn.

On ne s'était pas embêté pendant mon absence.

Je ne suis point jalouse, cependant je fis des reproches à Evelyn qui se fâcha.

Encore plus fâchée, je rebouclai ma malle et suivie de Georges, je m'en allai à Royan.

Evelyn m'y écrivit une lettre moitié prière moitié menace. J'eus le tort de n'y point répondre. Elle rentra à Paris furieuse et s'en alla tout conter à Demortier, excitant sa colère contre moi. Il déposa plainte en adultère.

Un soir que j'étais à l'hippodrome, mon commissaire Évrard vint me tenir compagnie dans ma loge.

— Vous êtes imprudente, me dit-il, méfiez-vous.

— De quoi ?

— De votre mari.

— Pensez-vous qu'il veuille me faire du mal ?

— Je ne puis préciser, méfiez-vous en rentrant le soir.

Aussi sotte que possible, je compris qu'il fallait redouter une agression violente.

Puis monsieur Évrard ajouta :

— Prenez garde que je n'aille vous voir au lit un de ces matins !

C'était pourtant assez clair, il avait suffisamment trahi le secret professionnel.

Sourde et aveugle, je ne pris point garde.

Cependant, en rentrant, je regardai autour de moi et remarquai les allées et venues de gens louches. C'était ces messieurs de la Préfecture qui me surveillaient.

Il était bien simple d'envoyer Georges dans son appartement du cinquième, c'eût été vraiment trop de condescendance pour Demortier. Je fus réveillée au petit jour par le carillon de la sonnette électrique. J'allai voir.

Dans l'acoustique, je demandai à la concierge qu'est-ce que c'était.

— Madame, c'est votre mari et le commissaire avec des messieurs.

Je m'habillai en hâte et j'ouvris. Monsieur Évrard souriant, bien convaincu que j'avais eu égard à ses avis de la veille, m'annonça qu'il venait faire un constat d'adultère sur la plainte de mon mari présent.

Georges avait eu le temps de s'habiller et comme il habitait la maison, on pouvait nier avec succès. Je n'y songeai même pas, j'avouai carrément pour embêter Demortier. Georges avait la brillante attitude d'un condamné à mort.

Il n'y avait vraiment que le commissaire à s'amuser.

Il m'annonça qu'il avait ordre de perquisitionner pour trouver des lettres d'amour.

Mais il me dit tout bas :

— J'ai ordre de ne rien voir.

Je lui ouvris des tiroirs, des secrétaires, des casiers, il fit semblant de regarder et dit qu'il n'y avait rien. Les secrets des clients furent donc scrupuleusement respectés. On me pria de m'habiller en robe de ville et on m'emmena avec Georges chez monsieur Évrard. C'était une arrestation.

Demortier avait disparu, mandé à la Préfecture.

On nous garda au poste de huit heures du matin à trois heures après midi.

Il y avait pourparlers. Demortier voulait la prison, le préfet de police[1] résistait.

La loi fut la plus forte.

Vers quatre heures on fut conduits en fiacre au Palais, et je fus amenée devant un juge d'instruction nommé Persac.

C'était le genre bourru et terrorisant.

Il me déplut. D'ailleurs, j'étais d'une humeur de dogue.

— Vous avez un amant, me dit-il.

— Apparemment.

— Vous trompez votre mari.

— Et je fais bien.

— Vous allez aller en prison.

— Pourquoi, demandai-je.

— Et le flagrant délit ?

— Si vous m'envoyez en prison, vous y perdrez votre place.

Cette arrogance outra le juge. Il se leva tout rouge, car il était de complexion apoplectique, et me montrant la porte il s'écria d'une voix tonnante :

— Vous à Saint-Lazare, votre amant à Mazas[2], garde enlevez !

Fière comme Artaban, je tournai les talons.

---

1. Arthur Gragnon (1844-1914), préfet de police du 23 avril 1885 au 17 novembre 1887, puis directeur de la Sûreté générale.

2. Ancienne maison d'arrêt cellulaire, ouverte en 1850 et détruite en 1898, sur l'actuel boulevard Diderot.

Demortier était à la porte.

— Je n'ai pas demandé qu'on t'envoie en prison...

— Misérable !

C'est ainsi que je saluai mon époux offensé. En route, le garde cherchait à me calmer.

— Cela ne sera rien, allez, vous retournerez avec votre mari, on voit bien qu'il en tient pour vous.

De quoi se mêlait-il, cet imbécile ?

On m'introduisit à la souricière.

L'habitude, qui rend tout supportable, m'a enlevé toute espèce de dégoût pour ce lieu infect, mais au premier abord, ce lugubre cachot de deux mètres sur un me fit horreur et m'exaspéra pour toujours.

— Ne fermez pas cette porte, dis-je à la sœur Berthe[1].

— C'est l'ordre, et elle ferma fort rudement la porte aux trente-six petits carreaux opaques.

Ma dignité et mon orgueil ne me permettaient pas de pleurer mais je n'étais guère en fête. Quelques instants plus tard, on m'appela et un gardien m'interpella brutalement.

Une dizaine de femmes débraillées étaient là.

— Répondez ! Votre nom.

— Madame Demortier.

— Pas madame, ici les femmes sont des femmes. Votre âge ?

— Vingt-trois ans.

1. Jusqu'en 2013, le Dépôt de la préfecture de police était tenu par des religieuses, les sœurs de Marie-Joseph et de la Miséricorde.

— De quoi êtes-vous inculpée ?

Je ne répondis rien.

Le gardien tempêta.

Il s'attira cette gracieuse réplique :

— Allez le demander au juge.

Puis une demi-douzaine de jurons sonores !

— Êtes-vous fille ?

Je ne compris pas le sous-entendu.

— Bien sûr, répondis-je avec candeur.

La sœur qui avait suivi le colloque ne s'y trompa pas.

— On vous demande si vous êtes prostituée.

— Enfin fais-tu la retape ? me cria une voisine.

— Trimes-tu sur le plumard ? dit l'autre.

À cette époque je n'étais pas accoutumée aux douceurs de la langue verte.

Étais-je en enfer ?

On fit sortir tout le monde dans la cour de la Sainte-Chapelle et on nous empila dans le panier à salade, moi la dernière par égard pour ma robe de soie noire.

La dernière n'est point renfermée dans une boîte étroite, elle voit la rue et cause avec le garde. C'est une place recherchée.

XVI

À LA PRISON SAINT-LAZARE

La voiture n'avait pas franchi la voûte du palais de justice qu'un concert de voix discordantes, avinées, éraillées ou goguenardes se fit entendre.

— Ouvrez-moi, je suis enceinte, criait l'une.

— Eh ! Eugène, passe-moi une cigarette !

— Ouvre-moi mon petit, je t'embrasserai, et toutes ainsi.

— Taisez-vous, riposta le garde, vous allez me faire attraper.

À quelques centaines de mètres, il ouvrit de-ci de-là quelques portes, aux plus jeunes naturellement. Alors, on tint salon.

— Qu'est-ce que tu as fait, toi, si bien habillée, si tu n'es pas fille ?

— C'est mon mari, répondis-je, qui me fait enfermer pour adultère.

Une formidable clameur, faite d'imprécations, s'éleva contre Demortier. Il fut impopulaire dans le panier à salade !

— Ah ! le c… ! criait-on en chœur.

— T'as bien fait de le faire cocu.

— Il n'en a pas assez. Faut lui en remettre !…

— Casses-y la g… en sortant, me conseilla une grande brune.

Le garde municipal, sentencieusement, affirma que c'était un riche mufle !

Ainsi encouragée, on arriva à Saint-Lazare… dit Saint-Lago pour les initiés et les gens du monde.

Une lourde porte cochère grinça sur ses gonds et se referma derrière l'omnibus judiciaire.

On ouvrit et on descendit.

Le gardien qui me vit grogna :

— Fichtre, y a du chouette.

On nous introduisit dans le greffe. On fit décoiffer les femmes, on mesura leur tête et leur taille.

Remarquez que c'était déjà fait au dépôt mais cela occupe ces messieurs.

Comme les autres, je dus me décoiffer et subir les tâtonnements goulus des gros doigts du gardien. Cet homme faisait des études de phrénologie sur mon crâne. Il m'assura que j'avais la bosse du cocuage.

Après, on nous envoya l'une après l'autre dans le cabinet de la fouilleuse, qui recommença à tâtonner partout mon corps. Quand je pense qu'à ce moment Demortier se flattait d'une réconciliation possible, après, disait-il, une si bonne leçon !

On renvoya tout le monde. Je restai seule au greffe.

— Il y a des ordres pour vous traiter avec égards, me dit le gardien-chef. On va vous mettre en pistole[1], et avec votre argent, vous pourrez faire venir vos repas du restaurant.

Je remerciai. On appela sœur Adélaïde.

Qui n'a connu la vieille sœur Adélaïde, qui a vécu plus de soixante ans à la prison Saint-Lazare ? Elle était décorée et cachait sa médaille.

Bonne, mais peu causeuse, rigide dans les règlements, elle n'était pas aimée des détenues. Elle avait été jetée dans le bassin du lavoir un jour d'émeute, et il lui en était resté le surnom de « Nini-Pattes-en-l'air ».

— Ma sœur, dit le gardien-chef, voulez-vous mettre Madame en pistole.

— Si elle le mérite !

— Oh ! c'est pour adultère.

Une affreuse grimace fut la réponse de la sœur. Elle ne prisait pas cette sorte de délit. En prison, on préfère les infanticides. Je me suis toujours demandé pourquoi.

Enfin, sœur Adélaïde, armée d'un énorme trousseau de clefs, me fit passer devant elle. Je gravis un escalier qui me rappela celui de Trouville, au débarcadère du bateau, le jour de l'ouragan.

Au guichet du premier, une sœur était là avec une fille de service.

C'était sœur Mathilde, une vraie grande dame aux traits fins, à l'œil noir, velouté.

1. Reste de l'Ancien Régime : jusqu'en 1914, à Saint-Lazare, quelques privilégiées pouvaient être logées « à la pistole », c'est-à-dire qu'elles acquittaient un supplément pour une cellule correcte et des repas livrés de l'extérieur, évitant la promiscuité avec les femmes des bas-fonds.

Celle-là me plut.

En général, les sœurs de Saint-Lazare sont aimées et méritent de l'être.

Leur ordre est exclusivement consacré aux prisons. Quand elles embrassent la vie religieuse, elles savent un peu ce qui les attend. Peut-être faut-il voir là cette énorme différence entre les sœurs que j'ai vues à Saint-Lazare et celles de Clermont[1]. On fait bien ce qu'on fait volontairement.

Toujours précédant sœur Adélaïde, je longeai un immense couloir désert, sur lequel s'ouvraient des portes à droite et à gauche, et je fus introduite dans une petite pièce blanchie à la chaux, meublée de deux lits recouverts de couvertures de coton blanc. Il y avait aussi une table et des chaises. C'était tout : du carreau à terre.

Une jeune femme s'y trouvait déjà.

— Voilà une nouvelle, dit sœur Adélaïde.

Je n'avais pas encore eu le temps de m'asseoir que je savais que ma compagne d'infortune se nommait mademoiselle Arnoult, qu'elle avait tiré un coup de revolver sur un clubman son amant, et que le jour des assises, on la couvrirait de fleurs en l'acquittant.

Pour n'y plus revenir, je vous dirai qu'elle fut condamnée à un an de prison, sans fleurs. Il est vrai que cela fit deux ans, parce qu'à cette époque, la prévention ne comptait pas.

Il est bon que, de temps à autre, nos députés aillent en prison, il en sort d'excellentes lois. Quand

1. Autre prison de femmes où Marie-Justine Pesnel sera détenue ultérieurement.

l'affaire du Panama envoya à Mazas tant de nos légiférants qui furent peu ou prou condamnés, ils s'avisèrent de réclamer au sujet de la prison préventive. Aussitôt, une loi sortit, ordonnant que la peine compterait à partir du jour de l'emprisonnement. Avant cette loi, qui date de 1893, on pouvait rester un an ou deux en prison préventive, c'était comme si on n'avait rien fait sur la peine prononcée par le tribunal. Lors de l'affaire Max Lebaudy[1], quelques journalistes firent grand bruit, parce qu'ils eurent à se plaindre de la partialité de leur juge d'instruction. Aussitôt une loi abolit l'instruction secrète et les avocats furent admis à assister les personnes à l'instruction.

Toutes ces lois étaient en vigueur en Belgique bien avant chez nous. Depuis plus de dix ans, la prison préventive n'existe plus en fait en Belgique pour les sujets domiciliés et, sauf en cas de flagrant délit criminel, on est convoqué chez le juge, mais non incarcéré avant le jugement.

Que voilà une loi nécessaire en France !

Le progrès a fait justice de la roue, du chevalet, de la torture, du pilori, il reste encore une Bastille à démolir, la prison préventive, qui n'est en réalité que le moyen de torture pour tirer des prévenus un aveu souvent rétracté après. Que d'erreurs judiciaires dues à la prison préventive !

1. Max Lebaudy (1873-1895) dit « le Petit Sucrier », héritier d'une riche famille d'industriels du sucre avec laquelle il était en conflit ; perclus de dettes, victime de mauvais traitements durant son service militaire, il s'éteignit à vingt-deux ans.

— Avouez, dit le juge, ou vous n'aurez pas fini de manger la boule de son…

À Paris, l'instruction se corse de la petite promenade en voiture cellulaire, ainsi que vous l'avez vue tout à l'heure, plus quatre, cinq, six heures d'attente à la souricière, dans l'infect cabanon que je vous ai décrit.

Pendant que le malheureux accusé est là angoissé, intimidé, anéanti, le juge se cure les ongles et son accusateur boit des bocks chez le troquet du coin. Ne vaut-il pas mieux avouer tout ce que veut le juge et rester tranquille dans sa prison à purger sa peine, délivré de tous ces tortionnaires ? C'est ainsi que pensèrent ces deux femmes, Roch et Fleury, qui toutes deux s'accusèrent du même crime sous les questions du même juge. Condamnées l'une à six ans puis relâchée, l'autre à six ans aussi et envoyée à Rennes, on s'avisa au bout de deux ans qu'il fallait réviser le procès. On acquitta l'une à Versailles et l'autre fut condamnée à deux ans qu'elle avait d'ailleurs subis.

— Pourquoi avez-vous avoué l'une et l'autre un crime dont vous ne pouvez être coupables toutes deux ? demanda le président.

— Pour avoir la paix, répondirent-elles, et ne plus être tourmentées par le juge d'instruction…

Je puis dire hautement que si l'on m'avait laissée en liberté provisoire, j'aurais confondu mes accusateurs dès les premiers jours. Il faut être puissant pour changer les choses, mais j'espère que quelque autre occasion se trouvera qui amènera l'abolition de la prison préventive, pour tous [les] citoyens domiciliés, ne la laissant subsister qu'en cas de flagrant délit criminel et pour les vagabonds.

On dira que la prison préventive est nécessaire pour amener la comparution des délinquants en justice.

Ou ils se présentent, ou ils prendront la fuite à l'étranger : bon débarras ! et bon voyage. Grande économie pour le budget. D'ailleurs, on se fait toujours prendre un jour ou l'autre.

Je reviens à Saint-Lazare en 1886.

On m'apporta mon dîner que je passai à ma compagne d'infortune. Sœur Adélaïde, pour me faire expier mon gros péché, me donna une paire de draps neufs, gris et rudes : j'en fus écorchée.

Mon père vint me voir dès le lendemain ; le pauvre vieillard avait une telle douleur que si Demortier s'était trouvé là à l'instant, je lui aurais peut-être demandé pardon !

Georges Courtois, réclamé par un ami influent et par son patron l'homme politique, était sorti au bout d'une heure du Dépôt. Demortier n'était pas content de ce fait.

L'avocat de mon père, Me Sales, se démenait pour me tirer de là, hélas sans résultat.

Le quatrième jour de ma captivité, j'étais assise mélancoliquement, écoutant les sempiternelles histoires de mademoiselle Arnoult, quand on me dit de descendre au greffe. On me fit entrer dans une salle étroite et longue. C'était le parloir des avocats.

Je demeurai pétrifiée. Pierre était là.

Je tombai affaissée sur une chaise. Nous étions seuls…

— Marie, me dit-il d'une voix douce, que t'ai-je donc fait pour que dans une telle circonstance, tu n'aies pas jugé à propos de m'appeler ? Qui donc t'aime autant que moi ?

Je fus écrasée de honte par tant de magnanimité.

Humiliée, je répliquai !

— Je n'ai besoin de personne. Puis, je t'ai trompé. Enfin, tu voudras encore me faire quitter ma maison, mon métier.

— Mais, malheureuse, ne vois-tu pas pousser et monter le flot de haine qui t'environne ? Je t'ai perdue, je veux te sauver. Écris cette lettre.

— Non, dis-je avec entêtement, cette lettre est encore une preuve de lâcheté.

C'étaient trois mots vibrants adressés à monsieur Barthélemy-Saint-Hilaire[1] lui demandant de s'intéresser à moi.

— Marie, écris, ordonna Pierre.

Puis très doucement :

— Marie, au nom de notre amour passé !...

Un flot de larmes monta de mon cœur à mes yeux. Je saisis la main de Pierre et l'élevant à mes lèvres, je la baisai. Qu'il était donc bon et généreux, cet homme !

Que moi, j'étais méchante !

J'écrivis la lettre.

Pierre partit aussitôt de la prison.

1. Jules Barthélemy-Saint-Hilaire (1805-1895), philosophe, sénateur inamovible, ministre des Affaires étrangères de 1880 à 1881. La rumeur le disait fils naturel de Napoléon Ier (1769-1821).

Je ne revis pas Pierre dans la journée du lendemain.

Le surlendemain, à quatre heures, sixième jour de mon incarcération, on m'appela encore au greffe.

Pierre était debout au milieu des gardiens.

— Prenez mon bras, me dit-il, Madame, et sortons.

J'étais libre !

Pierre me conduisit à une voiture de service qui stationnait en face de la prison, de l'autre côté de la rue. Mon vieux père était dans la voiture. Pierre m'aida à monter, puis levant son chapeau :

— À la gare de Vincennes ! dit-il au cocher.

Puis il s'éloigna.

Mon père murmura :

— C'est tout de même un rude gars. Il en a fait des courses, hier, pour toi. Il faudra le bien payer.

Pierre avait donné deux mille francs de caution pour obtenir ma liberté immédiate.

On s'en alla voir ma mère. Elle avait pleuré, elle avait souffert. Elle était malade, alanguie dans un fauteuil.

Je me jetai aux genoux de la sainte femme, et pleurant toutes les larmes de mes yeux, j'implorai son pardon.

Elle posa sa main sur ma tête et me relevant, elle m'embrassa.

— C'est peut-être à nous la faute, murmura-t-elle, nous t'avons laissée libre de trop bonne heure.

C'est le seul reproche qui me fut adressé.

La soirée se passa riant et pleurant.

Vers dix heures, je mis ma mère au lit et lui annonçai que j'allais rentrer à Paris.

Elle en fut affligée. Mon père vint à mon secours.

— Tu comprends, dit-il, sa maison est seule depuis une semaine, il faut qu'elle rentre chez elle.

Il était déjà près de minuit quand je débarquai à la gare de Vincennes, place de la Bastille. Une ombre vint à moi, c'était Georges Courtois.

Il m'embrassa.

— Je te savais libre, me dit-il, car chaque jour j'allais m'informer à la prison. Puisque tu n'étais pas rentrée, forcément tu devais être chez tes parents. Si tu savais ce que j'ai souffert !

Il me raconta une scène homérique avec le juge Persac qui persistait à vouloir l'envoyer à Mazas. On avait pris une voiture pour rentrer ; à deux pas de chez moi je fis arrêter.

— Tu comprends, dis-je à Georges, que ce n'est pas prudent de rentrer ensemble ce soir. Va seul et à demain.

Il s'en alla triste et mécontent. Aussitôt qu'il eut tourné le coin du boulevard Saint-Germain, je donnai au cocher l'adresse de la rue Bonaparte, car malgré son absence, Pierre avait conservé notre nid d'amour.

Je n'avais pas ma clef. Si Pierre n'était pas là, je devrais retourner au boulevard Saint-Germain.

Je sonnai faiblement à la porte cochère de la maison. Il me fut inutile de sonner à la porte de l'appartement car Pierre était sur le seuil.

Il me fit rentrer, referma la porte, m'aida à retirer mon manteau et me regarda sans m'embrasser.

Marie-Justine Pesnel à 30 ans, sur une photo anthropométrique.
Elle vient d'être arrêtée pour vol, sous le nom de Coppin, son deuxième mari.

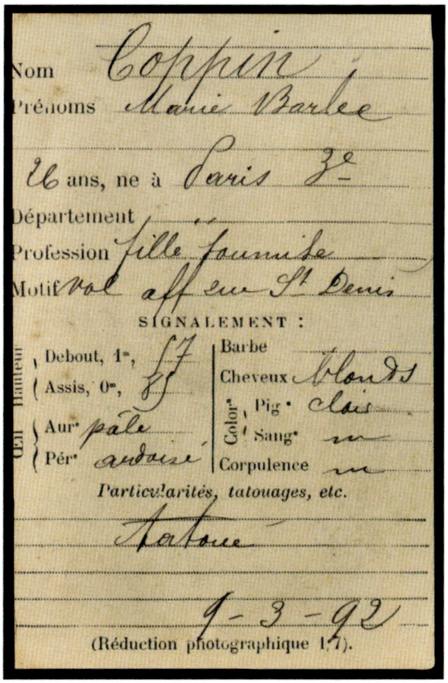

Nom Coppin
Prénoms Marie Barbe
26 ans, né à Paris 3e
Département
Profession fille soumise
Motif vol aff rue St Denis

SIGNALEMENT :

Hauteur Debout, 1m, 57
Assis, 0m, 85
Œil Aur. pâle
Pér. ardoisé
Barbe
Cheveux blonds
Color. Pig. clair
Sang. m
Corpulence m

Particularités, tatouages, etc.
Tatoué

9-3-92

(Réduction photographique 1/7).

Signalement de Marie-Justine Coppin née Pesnel.
Au verso de sa photo anthropométrique, les indications portées par les policiers permettent de savoir qu'elle mesurait 1 m 57, qu'elle avait les cheveux blonds, les yeux bleus de nuance « ardoise » et qu'elle était tatouée. Elle a menti sur son âge et son arrondissement de naissance. La mention « fille soumise » indique qu'elle était inscrite au registre des prostituées soumises au contrôle sanitaire.

Jean-Baptiste dit Henri Demortier.
Après avoir été son employeur dans une agence matrimoniale, il devient le premier époux de Marie-Justine Pesnel qu'il déçoit immédiatement.

Cartes postales satiriques.
Les agences matrimoniales servent d'intermédiaires à des personnages sulfureux. Ces deux cartes, en forme de publicités pour une agence de fantaisie, tournent en dérision les annonces mensongères des coureurs de dot (« blason de vieille noblesse, ayant eu des revers de fortune (...) pas exigeant ») et des demi-mondaines (« demoiselle du monde, jolie, distinguée (...) Ne montrera son visage que le jour du mariage »).

Marie-Justine Pesnel vers 1900.
Madame Cent-Kilos vit dans l'opulence, entre les revenus de son agence matrimoniale et les largesses de ses amants. Son chapeau et sa tenue montrent qu'elle aspire à une respectabilité bourgeoise.

Souvenir de Bois-le-Roi.
Cette carte postale colorisée donne une vision agreste de cette villégiature des bords de Seine, alors très prisée du monde artistique et de la bourgeoisie.

La villa du drame.
La croix indique la pièce où le docteur Hébert a été blessé.
À l'intérieur, une seconde croix marque l'emplacement où
il se trouvait quand Auguste Cesbron lui a tiré dessus.

Le buisson dans lequel le docteur Hébert s'est caché.
Il faisait nuit noire et Cesbron ne l'a pas trouvé.
Puis le docteur a escaladé le mur pour s'enfuir.

La gare de Bois-le-Roi.
C'est là que se réfugie le docteur Hébert
après avoir échappé de peu à l'assassinat.

Sur les traces de la fugitive.
La presse publie avec délectation la photo de cette
clôture arrachée par le passage de Madame Cent-Kilos
qui, après la tentative d'assassinat, fuit en traversant
la voie ferrée, puis la forêt voisine.

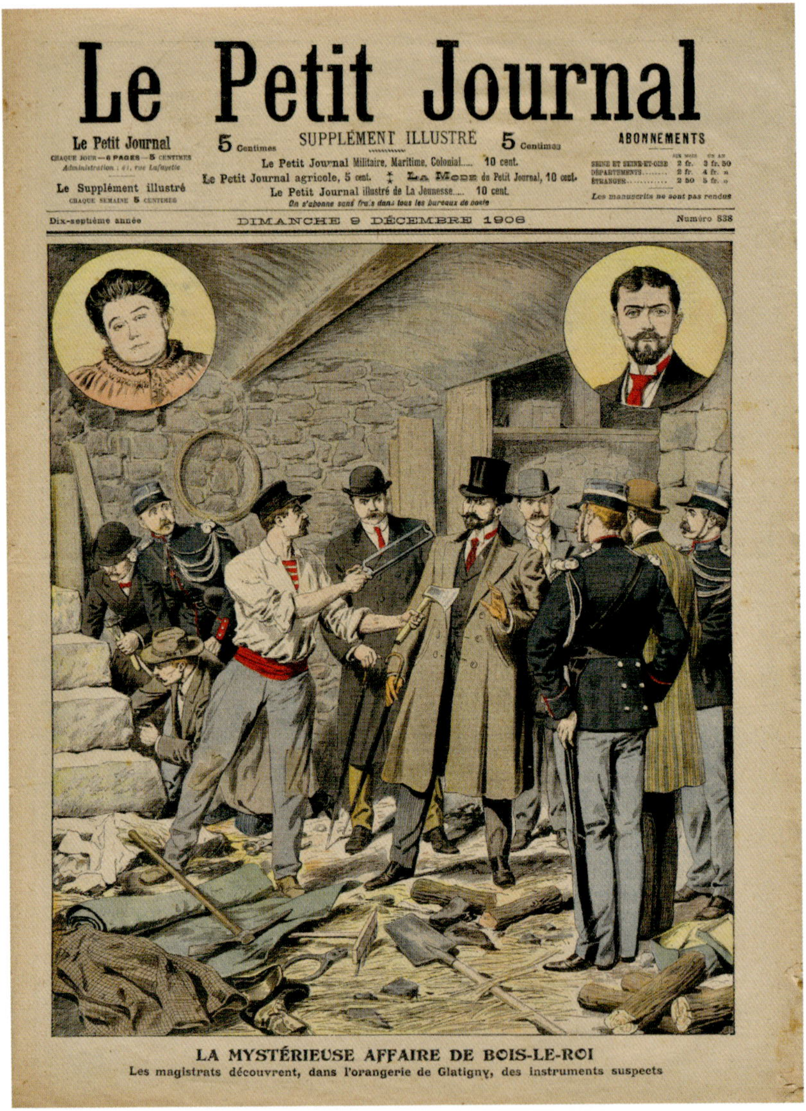

Le Petit Journal

Le Petit Journal
CHAQUE JOUR — 6 PAGES — 5 CENTIMES
Administration : 61, rue Lafayette

Le Supplément illustré
CHAQUE SEMAINE 5 CENTIMES

5 Centimes — SUPPLÉMENT ILLUSTRÉ — 5 Centimes

Le Petit Journal Militaire, Maritime, Colonial..... 10 cent.
Le Petit Journal agricole, 5 cent. La Mode du Petit Journal, 10 cent.
Le Petit Journal illustré de La Jeunesse..... 10 cent.
On s'abonne sans frais dans tous les bureaux de poste

ABONNEMENTS

	SIX MOIS	UN AN
SEINE ET SEINE-ET-OISE	2 fr.	3 fr. 50
DÉPARTEMENTS........	2 fr.	4 fr. »
ÉTRANGER............	2 50	5 fr. »

Les manuscrits ne sont pas rendus

Dix-septième année — DIMANCHE 9 DÉCEMBRE 1906 — Numéro 838

LA MYSTÉRIEUSE AFFAIRE DE BOIS-LE-ROI
Les magistrats découvrent, dans l'orangerie de Glatigny, des instruments suspects

Une affaire retentissante.
Le 9 décembre 1906, Marie-Justine Pesnel et Auguste Cesbron dit Guérin (en médaillons) font la « une » du supplément illustré du *Petit Journal* qui tire à plus d'un million d'exemplaires : « La mystérieuse affaire de Bois-le-Roi. Les magistrats découvrent, dans l'orangerie de Glatigny, des instruments suspects. »

Marie-Justine Pesnel à 44 ans.
Cette photo anthropométrique date de 1906.
Arrêtée pour l'affaire de Bois-le-Roi,
Madame Cent-Kilos écrit ses *Confessions* en prison.

Auguste Cesbron dit Guérin.
Ce personnage mystérieux réussit à disparaître
et ne sera condamné à mort que par contumace.

Les enfants de Marie-Justine Pesnel.
Madame Cent-Kilos a eu des jumeaux par deux fois. D'abord Georges et Albert (ci-contre), nés à Paris le 21 mai 1896 sous le nom du premier mari, Demortier, et confiés à l'Assistance publique à partir de 1904. Puis Henri et Henriette, nés en 1905.

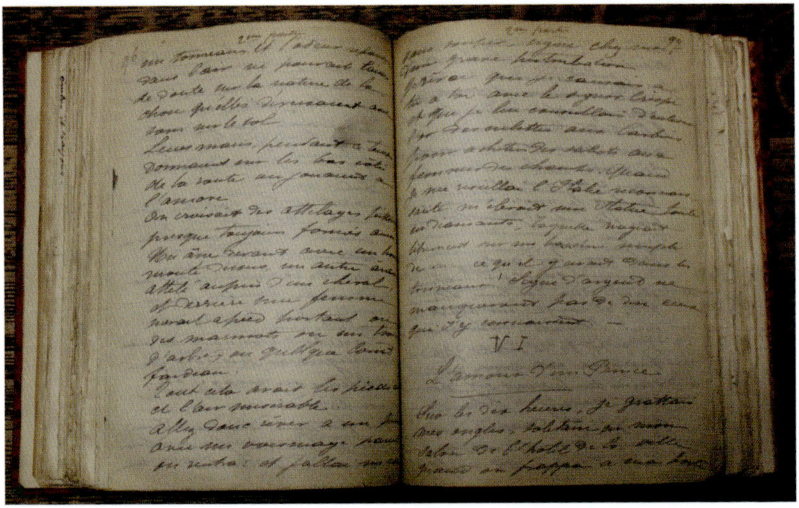

Le manuscrit des *Confessions*.
Ce document exceptionnel, relié de maroquin rouge, a fait partie de la collection Pierre Berès avant de passer en salle des ventes.

— Tu es déjà changée, me dit-il. Tu te fatigues, tu mines ta vie et ta santé.

Je me regardai dans une glace. Il disait vrai. La prison avait déjà commencé son œuvre. Le teint était jauni, les yeux meurtris, les traits tirés. Il avait raison.

Avec véhémence, j'accusai Demortier, le juge Persac, et les *autres* là-bas qui m'avaient laissé embastiller.

— Personne n'y pouvait rien. Il y avait flagrant délit, expliqua Pierre.

Je le remerciai de ses démarches. Comment avait-il su ?

Ma cousine Marie, notre Providence, lui avait écrit, il était accouru.

— Tu dois me haïr, me mépriser, lui dis-je amèrement.

— Je te plains !

Il était triste, peu bavard, lui qui à l'ordinaire avait tant de saillies.

Le temps s'écoulant, il était près d'une heure du matin.

— Il faut te reposer, me dit-il.

Il y avait six mois que Pierre, après la lettre anonyme, avait quitté Paris.

Il m'aida à me dévêtir, comme à l'ordinaire.

J'étais au lit et lui toujours triste, toujours habillé, me regardait.

Il ne comprenait donc rien ce soir ? Ou alors le mépris avait tué l'amour ; peut-être me trouvait-il trop laide ?

Cette idée me fit éclater en sanglots. J'étais affreusement vexée, énervée d'une telle indifférence.

Pierre accourut, s'assit sur le lit et me tenant dans ses bras, il me parla :

— Je t'aime toujours, Marie, et je crois que je t'aimerai toute ma vie. Mais je ne puis, sans en mourir, te voir continuer cette vie de folie. Tu y perdras tout : amis, protecteurs, considération, santé, beauté. L'aimes-tu cet homme ?

Ah ! je ne l'aimais toujours pas à ce moment-là !

Pierre reprit, très énergique :

— Je ne veux plus de maîtresse en toi, je veux ma femme ; je sais tout, ajouta-t-il, tu m'as trompé, jamais tu n'as demandé le divorce, mais Demortier va l'obtenir, lui ; il sera prononcé contre toi ! Mais réponds-moi donc, fit-il en me serrant convulsivement.

Mon Dieu, pouvait-il me tourmenter de la sorte, moi qui avais encore ce goût de prison dans la bouche, par la faute de mon mari !

Je verrais… demain… J'étais lasse à mourir.

Il était assis sur le lit très large, et me tenait dans ses bras, toujours habillé ; les boutons de sa jaquette me rentraient dans la joue sans qu'il y prît garde. Il était aussi ennuyeux que Demortier, ce soir-là !

À présent, il parlait câlinement, me berçant de paroles d'amour, d'avenir étoilé, de bonheur à deux, au fond de son Midi. Sa voix chaude, prenante – une mélodie –, une éloquence passionnée charmant mon oreille, engourdissaient mes sens, le lit était doux, il était deux heures du matin, la journée avait été pleine d'émotions pour moi, ses bras me dorlotaient, peu à peu mon esprit s'envola vers les régions éthérées dont il m'entretenait ; à droite, à gauche, passaient les astres merveilleux, les fleurs les plus exquises, puis un grand rayon noya tout le reste, ce devait être l'empyrée... Puis tout s'éteignit... J'étais endormie.

Quand je me réveillai, il faisait jour, j'étais seule ; sur la table, bien en vue, une lettre m'était adressée :

« Choisis, Marie, entre le bonheur que je t'offre, avec l'honneur reconquis, et la vie que je te prédis : tu finiras par la prison, par la misère, par la honte. Je te pardonne, mais je te veux à moi seul, sans partage. Moi – ou lui.

« Quel que soit le parti que tu prennes, si jamais le malheur t'atteint, écris-moi et je viendrai à ton secours, fût-ce au bout du monde. Je t'aime pour toujours. Au revoir ou adieu.

Pierre »

Pleurant des larmes de rage et de regret, je lus et relus cette lettre. Puis, saisissant la plume qui lui avait servi, j'écrivis :

« Adieu !!! »

Fin de la première partie

DEUXIÈME PARTIE

I

UN NID DE NIHILISTES

Après le départ de Pierre, la vie reprit comme par le passé.

Cependant, mon aventure d'adultère ébruitée m'aliéna bon nombre d'amis et de clients.

Plus d'un me dit grossièrement :

— C'est avec moi qu'il fallait vous faire pincer.

Les familles riches me fermèrent leurs portes ; seul le menu fretin me resta.

Absolument incapable de céder, je promenais insolemment Georges Courtois en public. Un soir, j'étais à son bras au foyer du Théâtre-Français. Mon mari nous croisa et, se tournant vers moi, m'apostropha grossièrement à haute voix.

Georges Courtois, abusant de la supériorité de sa taille, lui envoya un coup de pied au bon endroit. La foule rit ; il y eut scandale.

Le commissaire de service me pria de sortir.

J'avais donc encore tort !

Ces messieurs ne se battirent pas en duel, n'ayez crainte, mais Demortier se vengea.

Il se rendit chez nos anciens clients, et même chez les nouveaux dont il tenait les adresses d'une employée soudoyée, et à tous il conseilla de déposer des plaintes contre moi. C'était lâche.

Peu obéirent, peu consentirent à servir sa basse vengeance. Je fus avertie.

Dans les agences de mariages, la clientèle est essentiellement changeante, les visiteurs de cette saison ne seront plus là à la saison prochaine.

Cependant, quelques tenaces suivent l'agence et forment le fonds de magasin. De ce nombre était monsieur Labsolu. C'était un joaillier de la rue Saint-Denis. Il était mon client depuis la Croix-Rouge, et je crois que depuis deux ans je l'avais vu à toutes mes réceptions, rencontré à toutes mes sorties du soir. J'avais dansé avec lui à tous les bals.

Il avait été présenté dans cinquante familles, avait vu deux cents demoiselles et n'avait pu fixer son choix.

J'étais si habituée à lui que j'avais une sorte d'amitié pour ce persévérant.

On était accoutumé chez moi à le voir arriver à deux heures précises, s'installer à son coin dans le grand salon ; il regardait défiler la clientèle, lisait ses journaux favoris et s'en allait quand l'heure de la retraite m'obligeait à suspendre mes audiences.

Deux autres fois par semaine, je le rencontrais, lui serrais la main amicalement, et il paraissait très content comme cela.

Il était fort aisé, presque riche, bien de sa personne, mais il ne me plaisait pas comme homme. Il cachait ses sentiments. Il faisait partie de ces adorateurs silencieux qui passent leur vie auprès d'une femme et la laissent arriver à maturité sans déclarer leur flamme.

Jamais je n'aurais pensé que cet homme qui faisait pour ainsi dire partie de mon mobilier était amoureux de moi.

Il m'aimait cependant, farouchement, jalousement, et cet amour insoupçonné de moi, qu'il ne m'avoua jamais avant l'affaire d'adultère, m'a valu sa haine que je puis qualifier d'éternelle puisque, tout récemment monsieur Mangin-Bocquet[1] a reçu une longue épître débordante de rancune où, sous le voile de l'anonyme, Labsolu, bien facile pour moi à reconnaître, lui narre sa déconvenue d'il y a vingt-trois ans.

Il y a des gens tenaces.

Donc monsieur Labsolu, après le départ de mon mari, avait continué à fréquenter ma maison.

Après mon court emprisonnement, il vint derechef, feignant d'ignorer l'événement. Je le voyais presque chaque jour. Quelle fut donc ma surprise quand le juge Persac, me mandant à son cabinet, me fit savoir que Labsolu avait porté plainte contre moi. Je n'en pouvais croire mes oreilles. Il réclamait notamment une émeraude dont il m'avait fait présent jadis et que j'avais perdue au théâtre de la Porte-Saint-Martin. Il avait été informé de ce malheur il y avait plus de six mois de cela.

Je lui écrivis une lettre remplie de reproches, et pendant quelques jours, je restai sans le voir, mais

1. Magistrat instructeur pour l'affaire de Bois-le-Roi.

le matin où je devais le rencontrer chez monsieur Persac, il arriva vers neuf heures chez moi.

Il m'expliqua nettement que, me croyant une pure vertu, il avait vécu modestement dans mon sillage, mais que, lui ayant préféré Georges, je méritais les plus grands châtiments et qu'il s'y emploierait.

Jugeant le personnage redoutable, je biaisai, lui expliquant que pour mériter tout l'amour qu'il désirait, il devait d'abord retirer sa plainte, ce qu'il fit le jour même.

Monsieur Persac fut mécontent de cet arrangement. Labsolu était un plat de résistance ; j'avais offensé ce juge dans les conditions que l'on voit et il éprouvait satisfaction à me faire poser chaque matin deux heures dans son cabinet, sous prétexte d'instruire les plaintes que Demortier provoquait de son mieux.

Le juge me voyait bouillir et piaffer avec joie.

Dans le nombre des plaignants, plusieurs étaient du temps de Demortier. Je demandai à monsieur Persac pourquoi il ne comprenait pas Demortier dans les poursuites.

— Parce que, me dit-il, votre mari ayant laissé l'entreprise à vos soins, c'était à vous de la bien diriger, au lieu de courir les fêtes nuit et jour avec votre amant.

C'en était trop !

Je me présentai chez le préfet de police, qui était invisible. Le chef de la Sûreté était absent et le sous-chef en perquisition. Je me rabattis sur monsieur Gauthier de Noyelles qui, lui, était toujours là pour moi.

Il m'expliqua qu'on trouvait ma légèreté inexcusable, que j'avais gâché ma vie et ma maison. Les renseignements que je donnais à la police étaient nuls ou insignifiants.

— Ah ! si vous rendiez de réels services, on ne s'occuperait pas de votre vie privée.

Il faut dire que, bien plus que moi, Demortier avait le talent de faire des rapports et que les miens étaient vides de tout intérêt. Déjà au temps de monsieur de Sartines[1], la chronique scandaleuse divertissait les grands. Rien n'est changé, n'est-il pas vrai ?

On est toujours bienvenu quelque part quand, dans son courrier du matin, on a trouvé une histoire croustillante. J'étais trop occupée pour confectionner à loisir ces délicieux hors-d'œuvre que Demortier réussissait si bien.

Dans une agence matrimoniale, on apprend toujours des histoires drôles. Blasée là-dessus, cela me fait hausser les épaules et je ne puis comprendre que ces messieurs se poussent le coude en se regardant parce que monsieur Lalère se pavanait entre deux trottins déguisés en dames par leurs fonctions de mannequins, cependant qu'on ajustait des étoffes sur le buste irréprochable de l'enfantine miss Northcliff.

— Donc il faut faire quelque chose de pyramidal, ou bernique, conclut l'honorable Gauthier de Noyelles.

1. Antoine Raymond Juan Gualbert Gabriel de Sartine (ou Sartines), comte d'Alby (1729-1801), lieutenant général de police de 1759 à 1774, puis ministre de la Marine.

— Quoi donc, mon Dieu ? Dites, je suis prête.

— Il y a le service politique.

— ?...

— Je ne suis pas compétent pour vous instruire à ce sujet, mais si l'idée vous sourit, j'en parlerai à qui de droit et vous serez avisée.

Bien sûr que l'idée me souriait. Tout ce qui pouvait me donner suprématie sur Demortier me souriait.

Deux ou trois jours se passèrent dans le *statu quo,* avec les mêmes séances horripilantes dans le cabinet du juge Persac.

Un jour, il demanda à un plaignant :

— Où cette présentation a-t-elle été faite ?

— Chez le président de la République[1], répondit l'innocent.

— Chut !

Et monsieur Persac nous fit passer dans son deuxième cabinet, loin des oreilles indiscrètes de son greffier.

Enfin, un jour, je reçus la visite de monsieur Leguay[2], député de Riom, Puy-de-Dôme.

C'était un grand, portant sa barbe en pointe, l'air distingué. Il avait épousé par mon entremise

1. C'est alors Jules Grévy (1807-1891), président de la République du 30 janvier 1879 au 2 décembre 1887 ; réélu en 1886, il dut démissionner l'année suivante à cause de « l'affaire des Décorations », son gendre faisant commerce de la Légion d'honneur.

2. Gilbert Le Guay, ou Leguay (1839-1896), notaire à Randan, député républicain du Puy-de-Dôme de 1885 à 1889, puis sénateur ; compromis dans un scandale de détournement de fonds lié à la Société Centrale de Dynamite, qu'il présidait, il ne fut pas réélu en 1891.

madame Lemain, veuve d'un maître de forges, qui lui avait apporté la bagatelle de dix-huit cent mille francs. C'était le député homme d'affaires pour qui le mandat confié par ses électeurs est la porte ouverte à toutes les convoitises. Il a mal fini dans le Panama[1].

Qui de droit l'avait chargé de la réponse à la communication dévouée de monsieur de Noyelles. Il y avait une occasion de me distinguer et d'inaugurer brillamment la carrière d'agent secret.

On commençait à parler d'alliance avec la Russie et on devait complaire à cette puissance. Il existait, disait-on, un centre de réfugiés politiques slaves à Montreux, sur le lac de Genève : ils se réunissaient chez un nommé Golstraw. Pénétrer dans la place et surprendre le secret des conjurés, telle était la mission à remplir, digne de mon intelligence supérieure, de mon savoir-faire, de mon énergie, etc.

Toutes les flagorneries de la plus habile diplomatie tintèrent à mes oreilles.

— Il y a un fils de vingt-deux à vingt-trois ans, disait monsieur Leguay, que sa famille désire marier car c'est un mauvais sujet dont on ne sait que faire. Il a pris du service chez nous dans la Légion

1. Confusion avec Charles Baïhaut (1843-1917), député républicain de la Haute-Saône de 1877 à 1893, sous-secrétaire d'État aux Travaux publics de 1882 à 1885, ministre en 1886 : unique parlementaire condamné dans le scandale politico-financier du canal de Panama, parce qu'il avait commis l'erreur d'avouer, il croisa à la prison d'Étampes son ancien collègue Leguay, tombé avant lui pour d'autres malversations. Dans ses *Impressions cellulaires*, Baïhaut écrit en mai 1893 : « J'ai entrevu de loin monsieur Gilbert Leguay, maigre comme un squelette [...] »

étrangère et a déserté au bout de six mois. Méfiez-vous, on n'aime pas les Français, par là. Tenez-vous pour avertie.

Ma bourse était toujours à sec. Le lendemain, une dame inconnue me remit quatre mille francs sans exiger de reçu.

C'était parler, cela ! Quoi de mieux ? Une absence de quinze jours et ensuite le triomphe sur mes ennemis.

L'avenir m'apparut dans une aurore boréale.

Miss Leal, à qui j'avais pardonné sa canaillerie, allait se marier et me conviait à ses frais à Londres.

Accompagnée de Georges Courtois, mon féal ami, munie d'une seule malle, je quittai Paris le 12 novembre 1886, après une courte lettre d'adieu à mes parents et un mot à monsieur Persac où je l'informais que j'allais faire un petit tour et que j'allais revenir.

Je ne devais revenir que dans l'année 1889.

Je laissais ma maison aux soins de ma cousine Marie, doublée de mes secrétaires et de tous mes domestiques qui regardèrent pendant trois mois par la fenêtre si je revenais.

De Londres, je mis mon affaire en train en écrivant au père Golstraw que je connaissais une orpheline canadienne qui ferait bien l'affaire de son fils.

Après quelques lettres échangées, il fut convenu que la jeune fille, accompagnée de son frère, irait rendre visite à la famille Golstraw.

La jeune fille, c'était moi, et le frère c'était Georges. Et voilà, ce n'était pas plus difficile que cela.

II

À LA PRISON DE GENÈVE

On fit le voyage par la malle des Indes : Ostende, Strasbourg, Bâle.

Arrivée à Lausanne, je vis venir au-devant de moi un homme de cinquante ans environ, flanqué de son épouse.

C'était mon futur beau-père et sa femme.

Le farouche nihiliste avait l'air bénévole d'un pasteur anglais, et je me demandai si ce bonhomme lourd et dur d'oreille était bien ce qu'on se figurait à Paris.

Quelques jours d'observation suffirent pour me convaincre qu'on ne s'était pas trompé.

Il y avait chaque soir nombreuse réunion de compatriotes slaves, on chantait des chants révolutionnaires, on criait : « À bas le czar ! » et on préparait, pour une fête de Moscou, des bombes qui devaient faire merveille. À tout instant, on entendait chuchoter dans les coins.

Toute seule, en faveur auprès de la mère Golstraw, je voyais tout, et si je n'entendais rien, c'est parce qu'on parlait en langue étrangère.

Le mauvais sujet Hippolyte avait la bonté de me trouver à son gré.

Il fut convenu que pour fêter nos heureuses fiançailles, mon frère, représenté par Georges Courtois, offrirait un repas monstre aux nombreux amis de la famille, et je priai mon fiancé de me faire une liste de ceux-ci, à cause de la difficulté, pour moi, d'écrire ces noms étrangers.

C'était en nous promenant tous deux sentimentalement que je lui fis cette demande sur la terrasse du vieux château romantique de Chillon.

Pour ne point perdre de temps, je le fis entrer dans le salon de l'hôtel que j'habitais avec Georges. Il ne fit point de résistance à me satisfaire. J'envoyai toutes mes invitations sur un papier galamment fleuri.

Ici, je tiens à bien préciser pour ceux de mes lecteurs qui me blâmeraient que je ne suis point partisane de la propagande par le fait et que, pour une Normande d'Alençon, tout est permis contre les « gars pétroleux », comme on appelle les anarchistes militants là-bas.

Au jour dit, un repas de trente-six couverts réunissait dans un salon de l'hôtel Beaurivage à Lausanne tous les conjurés que je voyais chaque jour chez les Golstraw.

J'avais annoncé une surprise pour le dessert.

Ce fut Georges qui amena cette surprise, sous les traits du meilleur photographe de Lausanne.

On allait tous nous tirer [le portrait] pour commémorer la fête.

Les convives se regardèrent, d'un air mal à l'aise. Je commandai bien haut trois douzaines de photos avec ordre de livrer le tout au père Golstraw lui-même. Dès lors, ils parurent rassurés, et chacun sortit pour aller prendre la pose en plein air. J'avais ma main dans celle d'Hippolyte, et la Dent du Midi formait le fond du tableau.

Quelques jours après, sous prétexte de visiter Genève, je m'y fis conduire par Hippolyte. En passant par Lausanne, Georges alla prendre les épreuves, qui furent envoyées, séance tenante, avec la liste des conjurés, à monsieur Leguay, à Paris, qui communiqua le tout à *qui de droit.*

Après un tel coup d'éclat, je n'avais plus qu'à rentrer en France pour recevoir les compliments que je méritais. L'ambition me perdit.

Il était entendu avec la famille Golstraw que j'irais en Angleterre chercher ma dot et que je reviendrais dans un mois célébrer la noce.

Hippolyte nous fit un pas de conduite jusqu'à Lausanne. Je me trouvais à côté de lui quand il retira à la poste restante de cette ville onze lettres de provenance russe ou allemande.

Dès lors, je songeai à m'emparer de ce courrier qui devait intéresser mon affaire.

Il plaça ces lettres sans les ouvrir dans la poche gauche de son veston.

On dîna à l'hôtel et je remarquai, en enlaçant tendrement mon fiancé, qu'il n'avait plus rien d'anormal sur son cœur. Il avait donc laissé les lettres dans sa chambre.

Vers dix heures, je me retirai, laissant Georges et Hippolyte à terminer une partie de billard.

Je pris les trois clefs de nos chambres respectives au bureau de l'hôtel et, posant chaque clef dans sa serrure, je m'introduisis chez Hippolyte.

Un sac de nuit fermé contenait sûrement l'objet de mes convoitises.

La serrure était peu compliquée ; cependant, je ne pouvais songer à l'ouvrir. J'allais me retirer dépitée quand un bruit de pas et de voix me fit tressaillir. On s'arrêtait à la porte. On allait entrer.

Éperdue, je cherchai du regard où me cacher. Un rideau masquait un portemanteau. Je me glissai derrière.

C'était Hippolyte avec deux inconnus.

Hippolyte entra, ferma la porte en dedans, et sortit du sac les lettres qu'il montra à ses amis, mais évidemment destinées à un tiers plus important, elles ne furent pas ouvertes.

Elles furent déposées en tas sur la table de nuit.

Ma position était intolérable. Je restai deux mortelles heures derrière mon rideau sans oser bouger un doigt, retenant ma respiration.

Enfin, les messieurs se retirèrent. Hippolyte, sa porte fermée, se retourna.

Il poussa un cri en m'apercevant au milieu de la chambre.

— Vous ! me dit-il, ahuri.

— Moi-même, cher Hippolyte, je n'ai pas voulu partir sans vous dire adieu sans témoins. J'ai été surprise par votre venue inopinée et me suis cachée là.

Je montrais le rideau.

J'avais l'air naïf et amoureux. Hippolyte avait vingt-trois ans, il oublia ses soupçons et le nihilisme pour me prodiguer des trésors de tendresse passionnée.

Tout finit hélas, Hippolyte s'endormit très las et alors, me levant avec lenteur, je m'habillai dans l'obscurité sans faire le moindre bruit, tressaillant au plus petit mouvement du dormeur, prête à me recoucher s'il s'éveillait.

Puis, m'emparant à tâtons des onze lettres demeurées sur la table, je les cachai dans mon corsage et, tournant la clef dans la serrure, je m'évadai sans avoir réveillé Hippolyte Golstraw.

J'étais dans une nuit profonde. Jamais je n'ai vu obscurité semblable. C'était un gouffre, le néant ! Je ne sais si je tournais sur moi-même ou à droite ou à gauche, tâtant une multitude de portes, aucune n'avait la clef sur la serrure. Enfin une porte céda sous ma pression.

Où étais-je ?

Dans une chambre inoccupée transformée en débarras. Heureuse d'avoir trouvé ce refuge, je jetai à terre tout un amoncellement de couvertures et de rideaux et m'étendis sur le lit en attendant le jour.

Et on était le 14 décembre 1886. Dès que je pus voir mes doigts, je me précipitai dans le couloir et retrouvai enfin ma porte. Hippolyte pouvait s'éveiller ; il fallait à tout prix trouver une barque et gagner la terre de France.

Georges dormait paisiblement dans une chambre peu éloignée. À mon appel, il se leva et consentit à se lever de suite. Moins d'un quart d'heure après, nous quittions l'hôtel.

Nos gros bagages nous attendaient à la consigne de la gare.

Il était sept heures et demie du matin. Hélas, nous n'étions plus en été et le premier bateau à vapeur pour Évian ne partait qu'à deux heures. Le lac était en tempête, aucune barque ne voulut s'y risquer.

Mais un train allait partir pour Genève, il n'y avait pas une minute à perdre, on le prit.

À Genève, il fallut changer de train. J'attendis à la salle d'attente, tandis que Georges allait prendre nos billets afin de profiter du rapide pour Paris.

Courtois revint bientôt, accompagné d'un monsieur à l'air important. Il me fit signe de venir. Étonnée, mais non effrayée, je le suivis dans un bureau administratif.

— Au nom de la loi, je vous arrête, dit le monsieur en s'installant sur un vaste rond-de-cuir.

Le démon des batailles m'agita aussitôt.

— De quel droit et pourquoi ?

— Sur la plainte d'une honorable famille établie depuis un an dans le pays, à qui vous avez fait accroire que vous vouliez épouser l'héritier du nom et qui vous accuse de soustraction de papiers de famille.

— J'ai pris, dis-je, quelques lettres par mégarde. Les voilà.

Et, rageuse, je jetai sur la table les onze lettres non ouvertes.

— Lisez-les, dis-je, pour vous édifier.

— Cela ne me regarde pas, réprouva le personnage officiel et discret, du moment que vous restituez, l'affaire n'aura pas de suites, et vous en serez quitte pour une villégiature de quelques jours à la prison de la ville.

Comment, on allait m'emprisonner encore ?

— Je veux me faire réclamer par le consul de France, dis-je.

— À quel titre, puisque vous êtes Canadienne ?

Je fis la gaffe et perdis à l'instant le bénéfice de mon audace depuis un mois.

— Je suis Française, dis-je, du même ton dont j'aurais dit : « Je suis la reine », et je veux voir mon consul de suite.

— Alors vous êtes une aventurière, puisque vous avez caché votre nom et votre nationalité ?

Pan ! voilà comme je sais arranger une affaire, moi ! Qu'on dénie encore mon merveilleux esprit d'à-propos...

— Je ne veux plus vous répondre.

— À votre aise.

Georges, personnage muet, et moi, furent emmenés en voiture et écroués à la prison de Genève, sous le nom d'emprunt de Legillet.

Convenablement cuisiné par le commissaire central, monsieur Muller, Georges Courtois donna notre véritable état civil, mais là s'arrêtèrent ses aveux.

J'étais mariée, donc le délit d'escroquerie devenait évident.

Vers deux heures, le consul de France montra son nez. Il voulut procéder à un interrogatoire sur faits et articles.

— Vous, laissez-moi la paix, dis-je à ce fonctionnaire estomaqué, mettez seulement cette lettre à la poste et abstenez-vous de fourrer votre nez dans mes affaires.

C'était adressé à monsieur Leguay. Je lui contais ma mésaventure. Comme je nommais au cœur de ma missive un personnage alors tout-puissant en France, le consul me pardonna l'incorrection de mon langage et mit la lettre à la boîte.

Alors, rassurée sur mon sort, j'attendis les événements.

Le troisième jour, j'eus le bonheur de revoir mon fiancé, accompagné de son père.

Avec les gestes et les poses de Sarah Bernhardt[1], qui m'a servi de modèle dans bien des cas, je me jetai à leurs pieds, en jurant que la seule curiosité m'avait fait prendre les lettres. Puis, dans un sanglot, j'avouai le gros péché que j'avais commis avec Hippolyte.

Je regardais en dessous l'effet produit.

Le père Golstraw, se faisant un cornet acoustique avec ses doigts, morigéna son gredin de fils.

Celui-ci paraissait embêté, et le commissaire central hésitant.

— S'il y a eu intimité, dit-il au père, votre plainte ne peut tenir.

On me réintégra dans ma cellule, on me donna un matelas, on m'apporta mon déjeuner du restaurant,

1. Sarah Bernhardt (1844-1923), l'une des courtisanes et tragédiennes les plus célèbres de son temps, entrée en 1862 à la Comédie-Française, dont elle démissionna avec éclat en 1880.

on m'offrit des livres et on me laissa la chandelle jusqu'à six heures du soir, car la prison n'était point éclairée et, il faut bien le dire, point trop chauffée non plus. Bref, il devint évident qu'on avait des égards pour celle qui était de la main gauche la bru du père Golstraw.

Le douzième jour de mon incarcération, à huit heures du matin, on me fit habiller et on me conduisit au greffe de la prison où Georges se trouvait déjà. Monsieur Muller, qui m'avait fait mander, me dit :

— Vous êtes libre. Une personne répond de vous. On paiera mille francs à partager, à titre d'indemnité, entre les deux policiers de Genève et de Montreux. Comme on ne veut rien verser avant que vous soyez hors du sol de la Suisse, je vais garder en dépôt, à titre de caution, vos bijoux qui vous seront renvoyés ou restitués contre ce reçu.

On garda pour huit ou dix mille francs de diamants et on me laissa le reste. Voilà comment on rend la justice à Genève.

Ceci est du domaine de la réalité et non du roman. On me flanqua à la porte avec Georges Courtois, jaune, tiré, hideux avec sa barbe de douze jours !

Il fallait partir illico, c'était dans le programme. Le diable ne m'aurait pas empêchée d'aller au consulat de France, où je trouvai, suivant mes prévisions, une lettre de monsieur Leguay.

Il y avait eu un grabuge épouvantable en dessous. Mon affaire avec monsieur Persac n'allait pas bien ; et on n'était pas content, en haut lieu, de mes indiscrétions à Genève. Bref, il me conseillait d'aller faire une saison sur la Riviera, où *qui de droit* mettrait deux mille francs à ma disposition, que je trouverais à Gênes.

Après tout, j'étais fatiguée de mes douze jours de prison, je pouvais bien aller me reposer et vivre de mes rentes pendant quelque temps.

Georges me fit de timides reproches au sujet d'Hippolyte.

— Tais-toi, lui dis-je indignée, il faut savoir faire des sacrifices à sa patrie !

Il alla se faire raser et gais comme des pinsons, nous prîmes la route de Saint-Gothard.

III

LE TREMBLEMENT DE TERRE DE 1887

À Gênes, on descendit à l'hôtel du Parc.

C'est un cube peint en rose, à volets verts, dans un bouquet d'émeraude.

Une maison de fées.

Cela changeait de la prison de Genève !

Les deux mille francs m'attendaient à la succursale de la Banque de France.

À la porte, je trouvai une lettre de mes bons parents, aussi une lettre de Pierre qui qualifiait mon voyage de « faute insensée ».

Il ne savait pas que les fonds secrets payaient ma sentimentale villégiature.

Ne voulant pas me faire remarquer, je décidai d'aller roucouler à deux, sous les palmiers de la Bordighera comme disait une chanson alors en vogue.

J'étais enchantée du paysage si vert, du soleil, du bleu de la Méditerranée.

On débarqua à Bordighera chez Guglielmi, à l'hôtel Beaurivage.

C'est effrayant ce qu'il y a d'hôtels qui ont ce nom en Italie.

Tout en face de l'hôtel, une ravissante villa blanche enfouie sous les pommes d'or des orangers et sous le dais touffu des palmiers était d'*affitarsi* ou, en bon français, à louer.

Elle devint ma conquête, moyennant douze cents francs par an payables par mois.

En Normande pratique, je fis faire un état de lieu qui ne me servit guère, comme on le verra.

C'était joliment meublé à l'italienne, avec de larges lits de fer peinturlurés, entourés de blanches moustiquaires. Escalier de marbre blanc. Salon bleu ciel. Plafonds, murailles, tout était peint à fresques. C'était frais, pimpant. On ne pouvait entrer là sans avoir envie de vivre et d'aimer. Les sous-sols, bien aménagés, servaient à cuisiner.

Le pays était bien approvisionné de vin très bon marché.

Une femme du pays nous servait honnêtement.

Le Comité des fêtes, à la tête duquel était le beau et jeune baron de Novaro, rendait le séjour supportable.

J'y passai deux mois bien heureuse en compagnie de Georges Courtois.

Mes parents m'écrivaient. Mon père avait été mandé par monsieur Persac qui voulait savoir quand je reviendrais. Monsieur Gauthier de Noyelles m'écrivait que le service de la Sûreté était chargé de me retrouver. Il me conseillait de rester où j'étais et que l'affaire serait classée sous peu.

Voilà où j'en étais le 23 février 1887.

Cela ne vous dit rien, cette date ?

Le Mardi gras, on avait été voir brûler Carnaval, représenté tout le temps des fêtes par le baron de Novaro et, ce soir-là, par un mannequin qu'on fit flamber après le feu d'artifice, et que toute la population alla jeter à la mer.

C'était une foule joyeuse, gaie, joviale, déguisée. J'étais en domino bleu.

On soupa, on se coucha en fermant les volets hermétiquement pour dormir tard. Le lendemain, je fus réveillée de manière étrange.

Mon lit oscillait pendant qu'un grondement continu de tonnerre se faisait entendre.

Tout de suite, je me rendis compte de ce que c'était.

— Qu'est-ce ? dit Georges couché dans un lit jumeau.

— C'est un tremblement de terre, dis-je, la maison est légère, il n'y a rien à craindre.

À cet instant, un bruit terrible que je n'ai jamais entendu avant ni depuis jeta l'épouvante dans mon cœur. Je ne puis le comparer qu'à des trains lancés à toute vapeur qui passeraient à la fois sous un tunnel sonore.

Cela dura longtemps, treize secondes.

On entendait distinctement comme un bruit de vagues. Enfin cela fit *hip ! hop !* et cela s'arrêta.

Quel désastre mon Dieu !

Une cloison légère s'était abattue sur Georges, les murs étaient écartés aux angles et un grand trou au plafond laissait voir le ciel. Plus rien n'existait de ces fraîches peintures, de ces meubles légers et gracieux.

Une épaisse poussière m'aveuglait. Sur mon lit, pas une pierre, pas un plâtras.

En frayant un chemin je vins en aide à Georges qui sortit enfin de son tas de briques et de plâtras.

Il était contusionné sans gravité.

Il fallut une douceur incroyable pour ouvrir la porte faussée sans faire dégringoler le reste sur notre tête.

L'escalier de marbre blanc était en ruines.

Tout au beau milieu, une haute horloge normande barrait la route, sonnant à fendre l'âme.

Tant pis, on lui marcha sur le ventre.

Je ne voulus point sortir sans vêtements et ce fut toute une affaire pour parvenir à la chambre où se trouvait ma garde-robe. On prit au hasard un corsage vert décolleté, une jupe de dentelle noire, un bas et un soulier.

Georges fut mis en possession d'un peignoir de soie jaune.

Ouvrir la porte d'entrée fut une besogne de Romain. Il est parfois bon d'être fort. On en fit l'épreuve dans la circonstance.

Le beau Georges, qui avait un mètre quatre-vingts de haut, avait la force de sa taille.

Il maintint à bout de bras le balcon de marbre chancelant pendant que je passais dessous. Puis, se retirant vivement, il lâcha tout.

Le balcon s'effondra avec un bruit terrible.

Il était temps.

À peine avais-je fait huit ou dix pas que je fus assise rudement par terre : c'était la seconde secousse.

Je vis nettement la maison me présenter ses fenêtres de côté, puis se remettre en place. On constata par la suite qu'elle avait subi quelque dérangement dans son orientation. Il y avait eu mouvement giratoire.

Je renvoie mes lecteurs aux chroniques scientifiques du temps pour l'explication de ce phénomène.

Georges était resté debout, tel le marin sur un navire ; il me remit sur mes jambes quand notre mère la Terre, qui était en goguette ce matin-là, eut repris son aplomb.

On ouvrit la grille du gardien pour voir d'où en étaient les autres.

C'était un spectacle terrible et grotesque.

Les cris des femmes affolées se mêlaient aux hurlements des hommes.

On en avait la chair de poule.

Beaucoup étaient blessés, mais les costumes ! Un des élégants de l'hôtel Beaurivage était sorti tout nu comme ver, son chapeau haute-forme sur la tête par habitude.

On lui prêta la moitié d'un drap, ce qui compléta heureusement sa toilette de cérémonie.

La plupart étaient en habits de carnaval et ces oripeaux faisaient mal à voir. Georges me donna la robe de chambre jaune.

Quant à lui, son impeccable académie lui permettait la promenade en chemise, mais hélas tous n'étaient pas dans ce cas et je puis dire que j'en vis de drôles ce jour-là.

Un jeune médecin du pays qui m'était connu passa.

— Tout le monde a perdu la tête, vous m'avez l'air courageuse, vous viendrez m'aider à installer mon hôpital, n'est-pas *signora ?*

Je fis promesse d'y aller. Lui était correct, tiré à quatre épingles, et comme je m'émerveillais de son sang-froid, il m'avoua qu'il ne s'était pas couché. Belle malice alors, Dieu sait sous quel balcon il promenait son gilet blanc lors de la catastrophe.

Puisque c'était tranquille à présent, Georges rentra et trouva moyen de se vêtir et même m'apporta des chaussures et un complément de toilette.

On s'en alla organiser l'hôpital sous les palmiers à la pointe de Bordighera. Tout le pays était en ruines. Une montagne s'était fendue de haut en bas.

Des excavations s'étaient produites sur les routes. La voie ferrée, le télégraphe, tout était abîmé, hors de service.

D'où viennent les nouvelles en temps de calamité publique ? À tout instant on apprenait de nouveaux détails sur la catastrophe.

Le malheur était complet sur le côté italien de la Riviera. Sauf Menton, le côté français avait peu souffert.

Diano Marina, centre du phénomène, était détruite. Une église à Bayardo s'était effondrée, ensevelissant quatre cents personnes dévotement occupées à recevoir les cendres[1]. Une impression de morne désespoir se lisait sur les visages.

1. Dans la tradition catholique, le mercredi des Cendres, premier jour du Carême, suit le Mardi gras. En ce premier jour de pénitence, les fidèles reçoivent l'imposition des cendres par le prêtre, qui leur trace une croix de

Beaucoup étaient devenus fous.

Je ne sais s'il est coutumier dans ces sortes de calamités de voir une peur égale à celle de tous ces gens-là.

Ils restaient dans les rues, s'exclamant en toutes langues, s'arrachant les cheveux. Peu étaient blessés, très peu de morts et cependant tout ce monde se lamentait sans rien faire d'utile.

Pourtant, puisque cela ne remuait plus, on pouvait bien penser au sauvetage. Guglielmi, le patron de l'hôtel Beaurivage, me parut le plus beau type de poltron que j'aie jamais vu. Rien ne put le décider à rentrer dans sa maison.

Il coucha avec sa famille trente-deux nuits dans l'omnibus de son hôtel, après quoi, rassuré, il rentra chez lui et fit rebâtir son immeuble.

Le jeune médecin était un brave, avec quelques autres courageux, il allait par les maisons en ruines, recueillant les blessés, les vieillards, les abandonnés. Car, chose presque incroyable, on a trouvé des enfants à la mamelle abandonnés par leur mère affolée.

On fit un camp sous les oliviers, où la population s'installa avec tout ce qui fut trouvé de draps, de matelas, de couvertures. La troupe arriva enfin porter des secours.

Georges était parti aider au sauvetage.

J'eus faim !

Et chez moi comme chez les enfants, c'est un besoin urgent. Les Méridionaux paraissent ne pas se douter qu'il faut manger pour vivre.

---

cendres au front. À Bayardo, le séisme ligure de 1887 provoqua l'effondrement de la voûte de l'église, tuant 217 personnes et en blessant 50.

La veille, suivant l'usage de Normandie, on avait fait un plantureux dîner.

Un gigantesque dindon avait été immolé au dieu Carnaval. Les morceaux en étaient bons. Ils devaient se trouver quelque part dans les sous-sols en compagnie de boîtes de conserve.

Toujours en crainte de mourir de faim, j'aime à faire des provisions.

Dès lors, il fallait rentrer dans la maison branlante.

— Qui veut, dis-je, m'aider à déménager et à retrouver mon dindon ?

Un silence glacial seul me répondit.

Alors, j'offris de l'argent. Un homme du peuple se risqua et tous deux on rentra dans la maison. On alla d'abord au premier. Il fallut déblayer pour retrouver nos vêtements et notre linge ; on jetait tout par la fenêtre dans le jardin. Les sous-sols, bien cimentés, n'avaient aucunement souffert. Toute la vaisselle était cassée, ainsi que les bouteilles de vin et de liqueur, mais il restait du vin en pièce. Quant au dindon, il se promenait par terre à six mètres de son garde-manger.

Il y avait du pain, des gâteaux secs, des conserves et des fruits. Tout fila par le soupirail des sous-sols.

Après cela, je voulus des tables, des chaises et un lit.

Puisque la maison tenait encore sur ses pattes, il fallait en profiter.

On remonta au premier. Je tirais un matelas par un bout quand je vis mon bonhomme lâcher l'autre bout et se sauver à toutes jambes.

L'oreille aux aguets, il avait perçu l'approche de la troisième secousse.

J'eus la présence d'esprit de me fourrer sous le matelas et bien m'en prit. Les briques pleuvaient dru comme grêle autour et dessus moi.

Quand ce fut fini, étant devenue habituée à la chose, j'envoyai mon matelas par la fenêtre et encore bien d'autres choses, mais mon bonhomme refusa énergiquement de remonter.

Georges, de retour, me supplia de descendre.

Par où ? L'escalier était détruit.

On se mit en quête d'une échelle et pendant ce temps, bien paisible à la fenêtre de la maison demi-écroulée, je contemplais ce radieux paysage.

C'était une matinée radieuse avec des lointains lumineux sur la Corse dont on distinguait visiblement les hautes montagnes. La mer, comme un lac de turquoise, étincelait au soleil ; que la nature était belle et douce ce matin-là ! Un frisson secouait l'or des orangers et des citronniers, les oiseaux rassurés gazouillaient. Mon cœur ému et joyeux remercia l'Être suprême qui avait protégé mes jours.

Cette matinée coûta quatre mille existences humaines[1].

1. En réalité, le séisme ligure de 1887 fit 635 morts et 555 blessés sur la Riviera italienne, auxquels s'ajoutèrent 11 morts et plus de 250 blessés du côté français. Plus de vingt mille personnes se retrouvèrent sans abri.

IV

L'AMOUR D'UN BANQUIER

La belle villa Violetta étant détruite, il n'y avait plus qu'à s'en aller, après plusieurs nuits passées à la belle étoile en attendant que le chemin de fer fonctionnât.

Mais il me survint un hôte en la personne de Giuseppe, un malheureux marmot de huit jours dont la mère, frappée de peur, mourut peu d'heures après la catastrophe. Le père, couvert de graves blessures, était à l'hôpital en plein vent et Giuseppe, le premier-né de ce malheureux couple, protestait de belle manière contre l'injustice du sort. Ainsi que moi, il avait bel appétit et le fit bien voir.

Jusqu'au rétablissement du père, durant vingt et un jours, je fus la nourrice sèche de Giuseppe, couché ainsi que votre servante et Georges sous une tente faite de draps et de couvertures. Giuseppe n'a cessé de m'intéresser durant de longues années. Il est devenu bersaglier[1] l'année dernière.

Il y eut bien aussi des jambes à ficeler, des têtes à rafistoler sous les ordres du jeune médecin. Le

1. Soldat de l'infanterie légère italienne.

restant des fonds secrets y passa et quand je revins à Milan vers les premiers jours d'avril, il me restait juste dix-neuf francs cinquante sur l'argent du gouvernement.

Alors je me rappelai les bijoux restés en gage à Genève. Le bijoutier Parodi, de Gênes, fit le voyage avec Georges, qui me rapporta six mille francs, prix donné par le joaillier pour ces bijoux.

Dès lors, l'opulence était revenue ; cependant, il fallut bien se rendre compte que cela n'irait pas loin et qu'il était urgent de pourvoir à l'avenir.

Je pensai à certain banquier genevois dont j'avais fort entendu parler, pendant mon séjour chez les Golstraw.

Je me mis en correspondance avec lui.

C'était le mois d'avril, on s'en alla louer une maison sur le lac de Côme à Blevio.

La villa portait mon nom, Maria. Georges avait pris des couleurs dans notre campement sous ce beau ciel de Bordighera. Un médecin de Blevio dont j'ai le regret d'avoir oublié le nom enduisit Georges d'un vernis de sa façon. Il resta ainsi un mois, transformé en crocodile. Après ce laps de temps, le médecin lui retira sa carapace et il se trouva guéri sans rechute. Quelle fortune ce modeste médecin de campagne eût fait, à Paris ou à Londres !

En passant, je suis heureuse de porter témoignage aux médecins d'Italie. Ils sont très savants et souvent très désintéressés.

Puisque Georges, sous son enduit, pouvait se passer de mes soins, je pris un petit congé pour aller à Milan rencontrer le banquier de Genève, François Delarue. Pour lui je m'appelai Régina Berg et je devins Suédoise.

Notre première entrevue eut lieu à la Scala de Milan, à l'occasion de la première d'*Othello*.

Ce fut féerique. La salle était remplie de célébrités mondiales.

Il fallait être banquier millionnaire pour payer la baignoire que j'occupais ce soir-là.

Maurel[1], notre baryton, y remporta un éclatant succès. Plusieurs Parisiens de ma connaissance étaient là. On me lorgna, on chuchota, on ne me salua pas.

J'étais *outlaw*.

Le dépit me fit monter les larmes aux yeux. Je rejetai toute ma rancune sur François Delarue, m'appliquant à enlever d'assaut son cœur et sa caisse.

Je retournai peu de jours après à Blevio, et lui à Genève, mais il revint en mai. Il m'apportait Stop, un merveilleux chien croisé d'écossais et de saint-germain, et deux bagues, véritable folie de banquier amoureux. Touchée de tant de générosité, je m'en allai avec lui faire une excursion au lac Majeur. Je n'avais pas encore visité ce site enchanteur.

N'est-ce pas au mois de mai le plus beau pays de la Terre ? Quelle végétation merveilleuse dans l'Isola Madre. Quelles curiosités artistiques dans le palais des Borromées de l'Isola Bella !

---

1. Victor Maurel (1848-1923), né Salomon puis légitimé par l'architecte Maurel, fut le grand baryton verdien de son temps. Né à Marseille, il fut engagé par la Scala en 1869 et s'éteignit à New York.

On s'installa à Stresa qui était alors habitée par la duchesse de Gênes, mère de la belle reine Marguerite[1]. Je voulus faire l'ascension du Monterone[2].

François Delarue, alpiniste distingué, inspecta le ciel et me conseilla un plaid et un costume réfractaire à la pluie. Cependant il faisait si beau soleil !

Cela marcha bien pendant deux heures. On était sur des ânes, avec trois guides à pied. Un sourd grondement se fit entendre, le ciel devint noir et quelques gouttes de pluie tombèrent sur ma main.

— Vite, couvrez-vous du plaid, me cria Delarue.

Il était temps ! Ce fut une cascade, puis les chutes du Niagara s'abattirent sur nous.

Trempée jusqu'aux os, je crus au déluge.

— Courage *signora,* me dit le guide, il y a une auberge près d'ici.

Quand la pluie se ralentit, on s'achemina vers une hôtellerie située à mi-côte qui sert de but de promenade aux gens de Stresa.

On nous fit un feu en rapport avec notre état. Après le supplice de l'eau, ce fut le supplice du feu. On ne fait rien avec mesure dans ce pays-là.

Bientôt j'y renonçai, je mijotais, je cuisais.

Delarue réclama un journal pour me servir d'écran. On m'apporta le *Corriere della Sera.*

---

1. Marguerite Thérèse Jeanne de Savoie-Gênes, princesse de Savoie (1851-1926), nièce du premier roi d'Italie Victor-Emmanuel II (1820-1878), reine d'Italie par son mariage avec son cousin, devenu en 1878 le roi Humbert Ier (1844-1900). Belle et très populaire, elle a donné son nom à la pizza Margherita, aux trois couleurs de l'Italie unifiée.

2. Sans doute le Mottarone, qui domine le lac Majeur.

Je le plaçai entre moi et le brasier ; machinalement, mes yeux tombèrent sur l'imprimé. Mon nom inscrit en toutes lettres me fit tressaillir.

C'était intitulé : *Il processo della baronessa.*

C'était, en langue italienne, le compte rendu d'un jugement parisien qui nous condamnait par défaut, moi à trois ans de prison et Georges à un an. Miss Leal, présente, avait ramassé trois mois.

Tous les détails y étaient. J'avais pris des leçons d'italien à Bordighera et je pus lire tout cet enchevêtrement de vrai et de faux, un gâchis à faire pleurer !

Labsolu offrait la pièce de résistance. Il avait eu les honneurs du triomphe à l'audience, le journal le considérait comme le plus imbécile de la société. Le mari de miss Leal, Dauchot, avait aussi sa bonne part de critique railleuse.

Je ne sais pourquoi, dans mes divers procès, on a toujours fait une réputation d'idiotie à mes plaignants, alors que le plus souvent ce sont des renards pris au piège. Je n'ai pas plus de génie qu'ils n'ont de bêtise : chacun tient son rôle. Ils veulent avoir ce que j'ai, et je veux avoir ce qu'ils ont. Simple partie de cartes : quelquefois, j'ai perdu ; d'autres fois, j'ai gagné.

Le plus lamentable, c'était ce pauvre Georges, aussi capable de tenir une agence qu'une tortue de se friser les cheveux. Il était là-bas à soigner ses douleurs dans la villa de Blevio et il devait son état de malade à la bonté de son cœur, à sa tendre charité pour ces pauvres blessés de Bordighera et pour le petit Giuseppe qu'il dorlotait si gauchement.

Le journal terminait en annonçant que nous étions en Belgique et que la police nous livrerait nécessairement à la *vingince* publique.

Je n'avais pu assez déguiser l'intérêt que je prenais à cette lecture. François Delarue tendit la main, je lui présentai le journal, mais l'émotion sans doute m'avait rendue maladroite, car, en le jetant d'un geste mutin au banquier, il alla tomber en plein brasier.

Delarue se précipita pour le disputer aux flammes.

— Vous allez vous brûler ! m'écriai-je, et je lui pris la main.

Cela flamba haut et clair, et dans ce feu de joie je vis passer ma vie envolée, mes bons parents, Pierre, ma chère patrie, mes illusions, mes beaux meubles de la Croix-Rouge et le petit ours mécanique qui dansait au son du *Beau Danube bleu* !

Deux grosses larmes coulèrent sur mes joues.

Était-ce une illusion ? ou vraiment avais-je entendu la voix de Pierre à mon oreille : « Marie, tu regretteras ta vie insensée ! »

Delarue vit mes larmes et, prompt comme l'éclair, vint à moi.

— Qu'avez-vous *carina ?*

Il y avait tant d'amour dans son regard !

Bah ! que m'importait le passé, n'est-on pas la plus forte quand on peut mépriser la plus vive passion ? Celui-là, tout mouillé, qui fumait comme une locomotive, était mon esclave, soumis à mes moindres désirs ; à mes doigts étincelaient deux joyaux merveilleux, présents de cet homme riche, considérable et considéré. Ne quittait-il pas sa patrie, ses affaires, ses relations, pour se faire tremper jusqu'aux os sur un âne ! J'avais vingt-cinq ans. La voilà, la véritable puissance.

Incontinent, je me donnai trois ans pour refaire fortune et rentrer triomphante à Paris.

Et je refis fortune et je revins m'installer à Paris en 1889. Le récit de ces années de bataille est inédit pour tous. Aucun juge d'instruction n'a pu sonder cette partie de mon existence.

Je vais en faire le récit fidèle à mes lecteurs, mais auparavant je les prie de bien vouloir constater que ma condamnation à trois années était imméritée. Depuis 1870, j'avais tenu mon agence de mariage sur les bancs de la plus stricte probité. En 1885, un non-lieu rendu par monsieur Wendhuy avait constaté la base sérieuse de mes opérations. Il y avait haine et méchanceté dans cette condamnation.

Demortier avait excité la rancune du juge Persac, déjà irrité par mon attitude et par mon départ inexpliqué. Le gouvernement, me trouvant assez récompensée par ces quelque mille francs, ne m'avait pas soutenue.

On ne me tint aucun compte du danger réel que j'avais couru dans l'affaire Golstraw. De là vint la profonde mésintelligence qui a régné entre le Parquet de la Seine et moi. Ce procès a servi de base à tous les autres.

— Elle a des antécédents, grinçait le procureur général en 1898.

Belle malice ! Il ne fallait pas me les faire par esprit de partialité.

Pourquoi ne pas venir à Paris faire opposition à ce jugement ? S'il n'y avait pas eu de prison préventive à craindre, je serais venue. Mais certaine que je perdrais beauté, santé, fortune en supportant un an, peut-être plus, de prison préventive, je reculai devant ce supplice immédiat.

Tant pis, on me jetait seule dans le monde, sans ressources, loin de ma patrie : je me tirerais d'affaire toute seule.

La pluie diluvienne ayant cédé la place au plus beau soleil, on reprit nos ânes et notre ascension. Enfin on arriva en haut. Une certaine étendue de neige fondante se présenta.

Delarue et un des guides, croisant leurs mains, me firent un siège improvisé, se relayant avec les deux autres guides, et c'est ainsi que je parvins sans me mouiller les pieds à l'hôtellerie que couronne le sommet du Monterone.

Là, sur la terrasse, je pus jouir du plus beau panorama du monde. La vue à l'ouest s'étendait sur le massif des Alpes italiennes. Au sud on apercevait à soixante lieues les cimes des Alpes maritimes. Sur l'est c'était dans le lointain les Apennins qui renferment Florence comme un joyau dans un écrin, puis le massif des Alpes tessinoises. Quand je me tournai vers le nord je poussai un cri d'admiration, le mont Rose éclairé par le soleil couchant étincelait dans toute sa gloire !

Rien d'aussi beau n'a jamais frappé mes yeux.

Bien d'autres montagnes célèbres ont reçu ma visite, le Righi, le Pilate, etc. Rien n'est préférable au spectacle merveilleux qui m'arrachait des larmes d'enthousiasme ce beau soir de mai 1887.

Le Monterone, de trop facile accès, est un peu délaissé des touristes.

Tout s'éteignit progressivement par graduation, les aiguilles de la cime du mont Rose brillèrent longtemps après la disparition du soleil.

On rentra dans l'hôtel, un feu nécessité par l'état de la température fut allumé dans nos chambres. Un excellent dîner nous fut servi ; on y mangea du chamois. L'hôtel avait bon nombre de voyageurs.

On bassina mon lit et je m'endormis d'un sommeil bien gagné par cette rude journée. Le lendemain, on descendit le mont par une autre route pour avoir les émotions du toboggan. Le banquier, dilettante de la montagne, voulait me donner des sensations inédites. Sur une planche posée à plat dans la neige, je m'assis ; un guide s'installa devant moi. Delarue eut le même équipage et, d'un vigoureux choc, deux hommes nous précipitèrent dans l'abîme ; sur la neige encore dure on glissa avec une rapidité vertigineuse. Quand la neige cessa, la machine s'arrêta. En contemplant la montagne presque à pic, j'eus peur après la lettre.

Comptant sur mon endurance, j'avais voulu prendre ce chemin pour le retour. Il fallait faire le reste à pied. La route, pavée de galets, dévora mes minces bottines et mit mes pauvres pieds en sang.

Du coup, je me mis à pleurer car je n'aime pas à souffrir. Delarue me consola, me soutint, me porta presque et en fin de compte, tout éclopée, je réintégrai notre luxueux appartement de l'hôtel des Îles Borromées.

Oh ! la douceur du bain, les caresses de mon peignoir de surah blanc !

Je dînai étendue sur un divan, servie comme une reine par François Delarue.

Il ne fallait plus avant longtemps compter sur l'usage normal de mes pieds.

On alla chaque jour en barcarolle sur le lac Majeur. Un jour on poussa jusqu'à Luino.

Un élégant bateau verni blanc, recouvert d'une tente aux couleurs vives, les banquettes recouvertes de blanches peaux de mouton, vint chercher le *signor* et la *signora.* Huit vigoureux rameurs l'entraînèrent à une bonne allure, rythmant leurs mouvements au bruit de leurs mélodieuses chansons. On déjeuna à Luino, au bord du lac, et on revint à la fraîcheur de la plus belle nuit qu'il soit donné de contempler sous le beau ciel de l'Italie. Éclairée *a giorno* de lanternes vénitiennes, notre barque, montée par son équipage endiablé, tantôt précipitant son allure semblait bondir sur les flots, tantôt ralentissait. Alors deux ménestrels d'occasion, se saisissant de la mandoline, soupiraient les plus délicieuses romances.

Le lac est très fréquenté au printemps, d'autres barques pareillement éclairées croisaient la nôtre et leurs équipages respectifs entonnaient les louanges de leur dame.

— Vive ma comtesse, elle est blonde et ses regards sont un reflet du ciel, criait l'un.

— Vive notre marquise, disait l'autre, elle est brune et sa lèvre est de pur corail.

Quelle poésie dans ces natures italiennes !

Couchée sur mes fourrures, Delarue à mes pieds, je me laissais vivre avec délices.

Est-il vrai, ô honnêtes gardiens de la sécurité publique, que vous courez après moi sur les routes belges ?

Delarue fut enfin récompensé de tant de galanterie.

Il ne rentra point dans sa chambre solitaire ce soir-là. Jeunesse, fleur sitôt fanée, comme tu sais embellir toute chose !

Quand Delarue retourna dans sa patrie, il me laissa vingt mille francs et son chien Stop.

Celui-là évidemment satisfait n'a point porté plainte contre moi ! Qu'un doux souvenir l'en remercie.

V

BARON ET PRINCE

Cependant Georges Courtois se lamentait. Quand il m'aperçut à mon retour de la villa de Plevio, il me montra un journal français qui relatait notre double condamnation. Georges ne voulait pas se consoler de son triste sort.

— Je n'ai rien fait qui mérite un tel châtiment, je vais me tuer, et ma famille !

Les condamnations par défaut tombent vraiment sur des innocents. En Angleterre, on ne juge pas par contumace, on ne condamne que les gens présents. Tant mieux pour ceux qui ont la chance de s'échapper.

Je conseillai à Georges de rentrer à Paris et de faire opposition. Il me promit d'y réfléchir mais il lui déplaisait de me dire adieu.

La vie reprit paisible et monotone. Georges, débarrassé de ses douleurs, me promenait sur le lac de Côme. Il était devenu sombre. Cette condamnation imméritée le désolait. Je tâchai en vain de le raisonner.

— C'est moi le premier dans ma famille qui ai été condamné, mon père me maudira, disait-il. J'ai été élève en pharmacie autrefois à Bordeaux, je sais ce qu'il faut pour m'empoisonner.

Ne pouvant le distraire de cette obsession, l'idée me vint de le faire partir pour rappeler de son jugement.

— Va, lui dis-je, je t'attendrai ici.

Georges partit pour Paris. Il reçut bientôt l'assurance de son avocat qu'il perdait son temps et sa peine ; c'était surtout à lui que Demortier en voulait et sûrement, il ne serait pas acquitté ; sa fuite avec moi était l'aveu de sa complicité, disait l'avocat.

Georges me demanda mon avis. Je le priai d'aller en Angleterre m'attendre, que j'y reviendrais sous peu.

Restée seule à Blevio, je ne tardai pas à m'y ennuyer. Nos relations y étaient peu nombreuses. Un de nos voisins, monsieur Meissonnier, était tuteur d'une jeune fille hindoue de la plus haute aristocratie. C'était une jolie brune telle qu'on représente Lakmé.

Monsieur Meissonnier faisait les plus grands frais dans sa villa. La jeune fille aimait les fleurs et en voulait plein les parterres. Monsieur Meissonnier écrivit à une grande maison de Paris et se fit envoyer un wagon des plus belles fleurs de nos pays.

À cette époque, par crainte du phylloxera, aucune plante verte ne pouvait entrer en Italie. Le wagon fut refusé à la douane de Chiasso.

Monsieur Meissonnier s'aboucha avec les contrebandiers du lac de Côme, frontière entre la Suisse et l'Italie.

En quelques nuits, toutes les plantes du wagon furent transportées dans son jardin.

Le chef des contrebandiers se réserva un coin dudit jardin comme entrepôt pour ses affaires à venir.

— Voyez ! me disait monsieur Meissonnier, railleur, cette petite fée m'a rendu complice des contrebandiers.

D'ailleurs, en Italie, faire la contrebande est un métier avouable.

Un jour, je promenais mon désœuvrement par les allées de mon jardin, quand mon chien Stop tomba en arrêt sur quelque chose qui paraissait une grosse branche de bois mort.

En y regardant de plus près, je vis que c'était un fort gros serpent.

Aussitôt, je me précipitai dans une remise et saisissant une pelle, je revins dans la pensée d'occire le hideux animal. C'était ainsi que Fanchette, à Alençon, agissait pour les couleuvres.

Le jardinier m'avait vue faire. Intrigué, il s'approcha et vit le serpent, alors sans le moindre respect il m'arracha la bêche des mains et, courant vers la remise, il en rapporta une sorte de lance et un bloc d'arbre. Du même mouvement, il perfora la tête du serpent avec la lance et maintint son cou sous le bloc.

Alors, je pus me rendre compte de la valeur de l'ennemi que dans mon ignorance, je voulais combattre.

Le serpent s'enroula furieusement à la jambe du jardinier ; son étreinte dut être terrible car l'homme pâlit et chancela en poussant un affreux juron italien. Mais il tint bon. La bête vaincue délaça ses anneaux et tomba à terre. Le serpent était mort.

On alla chercher le docteur qui avait la passion des collections ophidiennes et donnait la pièce pour une belle peau. Il poussa des cris.

— C'est de la race des boas, disait-il, un mètre cinquante, *signora,* et il est gros comme mon poignet !

Puis, me regardant avec admiration :

— Et vous vouliez le tuer ?

— On tue toujours les couleuvres chez nous, répondis-je avec candeur.

Le lendemain, un enfant du pays fut piqué par une vipère noire et en mourut.

J'avais déjà eu quelque peine à m'habituer aux quatre ou cinq cents lézards qui, domiciliés dans une haie épaisse, venaient en excursion jusque dans ma chambre ; un très gros, presque comme un petit chat, venait boire du lait, tout à fait apprivoisé. Sorte de caméléon, il avait des reflets bleus, verts, rouges, suivant le temps ou son humeur.

Je l'avais baptisé Biribi. Mais la vipère noire me dégoûta du ciel si pur et du lac si bleu, des plantes si vertes et de Biribi, en rouge ce jour-là.

Les malles furent faites rondement et je m'en allai à Milan où j'avais quelque chose à faire.

*

* *

J'avais écrit en secret à des agences de Paris et de Belgique, à l'effet de m'envoyer, franco de port et d'emballage, des fiancés que je pourrais convertir en amants généreux, dans le genre de mon ami Delarue.

J'attendais un baron de Bretagne, Henri de Couasnon. Bien installée à l'hôtel de la Ville, à Milan, je reçus dans mon salon particulier monsieur le baron et sa sœur la comtesse Blanche de La Pommeraye, une petite boule ronde qui avait un amusant défaut de prononciation, elle disait : des *chauchiches aux choux*.

Son frère, vous le connaissez tous, c'était le vivant portrait de Cesbron avec sa barbe. Ils sont d'ailleurs compatriotes, soit dit sans aucune arrière-pensée maligne pour leurs procréateurs.

Henri de Couasnon, véritable fils des druides, ne connaissait que ses forêts, n'aimait que la chasse.

Toujours une fanfare de cor aux lèvres, il allait dans la vie : *ton ton ton taine ton*[1] *!*

Tout cela venait chercher mes trois millions de dot pour redorer un blason authentique qui montrait la corde.

Henri de Couasnon, sevré de jouissances mondaines par l'étroitesse de ses revenus, mordit furieusement à la pomme des plaisirs.

On fit maintes excursions, on alla à l'opéra, dans tous les théâtres, dans des fêtes où son nom le faisait inviter. La Cour [était] alors établie à Monza. C'était la belle saison pour Milan.

1. Allusion à *La Chasse*, chanson de Pierre-Jean de Béranger (1780-1857).

J'envoyai le baron au consulat de France pour solliciter une recommandation à l'effet de visiter le palais de Monza durant le séjour des hôtes royaux.

Au jour fixé, Couasnon m'envoya une fort belle calèche attelée à la daumont[1], avec postillons, grelots, queues de renards, et fouette cocher. Après deux heures de soubresauts, dus à l'état lamentable des routes, car à cette époque les routes italiennes laissaient fort à désirer, on arriva à la grille de la villa royale.

On parlementa. On envoya la recommandation du consul avec les cartes blasonnées du baron et de la comtesse. *Tenente fortis* est la fière devise des Couasnon qui eut gain de cause ce jour-là, car un beau domestique tout doré sur tranche nous conduisit à un autre domestique encore plus doré, qui nous conduisit lui-même à un monsieur vêtu en cérémonie, lequel nous introduisit enfin en présence du propre prince de Monza, non sans avoir traversé un poste, et nombre de salons et de galeries.

Celui-là, moins bien mis que ses domestiques, était habillé comme tout le monde. Mais il ne ressemblait point à tout le monde. J'ai vu bien des souverains, bien des personnages, jamais je n'en ai vu un autre avoir si grand air. De taille moyenne,

1. Attelage de gala à quatre chevaux enrubannés dont deux montés par des postillons, à la manière de Louis-Marie-Augustin, duc d'Aumont de Rochebaron (1709-1782), premier gentilhomme de la Chambre du roi, lieutenant-général des armées du roi, célèbre pour son faste et son raffinement.

point régulièrement beau, il était plus que cela. Moi qui n'ai jamais eu peur de personne, je n'osais pas lever les yeux sur celui-là. Son regard surtout était étonnant, il semblait fouiller les visages et lire jusqu'aux cœurs.

Éprouvait-il quelque mécontentement, ses yeux lançaient des éclairs. Le costume militaire lui seyait à merveille. Ce jour-là, il était en civil, d'une correction parfaite et d'une distinction bien rare.

Il nous reçut avec la grâce italienne unie à cette hautaine fierté qui formait le fond de son caractère. Ses manières étaient simples, et il souriait en parlant, mais il y avait un océan entre ses interlocuteurs et lui.

Il parla avec bonté de ce qui pouvait intéresser ses visiteurs. Ma sœur Blanche, comme elle aimait à se nommer, dit tant de choses saugrenues avec l'accent que l'on sait, que son frère, point sot, lui coupa la parole et s'embarqua sur la chasse.

Le comte avait vu très vite à qui il avait affaire.

Intimidée, je ne parlais point. Tout à coup, me fixant :

— Et vous êtes aussi Française, Madame ? me demanda le comte. Parisienne, certainement ?

Je devins cramoisie.

Heureusement, ma sœur Blanche expliqua :

— *Ch'est une Chuédoise.*

Depuis huit jours, le meilleur coiffeur de Milan m'avait fait une teinte du plus beau blond doré, qui seul me donnait quelque droit à cette nationalité septentrionale.

Le comte me regarda d'un air légèrement surpris, il eut un vague sourire aux lèvres. Son regard se fit très doux et il murmura je ne sais quoi en suédois.

Que j'aurais voulu le savoir à Rome !

De plus en plus rouge, regardant la porte et le bout de mes pieds, j'avais l'air d'une dinde.

Le comte eut pitié et se leva. L'audience était finie. Quel supplice j'avais enduré pendant ces dix minutes-là ! Ouf !

On visita le château avec un cicerone. On parcourut en voiture la chasse royale, fort giboyeuse.

À tout instant, Henri de Couasnon criait *paf !* en mettant en joue un lapin ou un chevreuil avec son fusil imaginaire. On avait dû mettre Stop dans la calèche. Il voisinait avec Henri sur la même banquette du devant.

Je passai une très mauvaise journée, j'étais furieuse de ma tenue niaise et timide devant le comte.

Et puis après ? Je ne le reverrai jamais, sauf en public quand la Cour viendrait à Milan.

On alla voir à l'église de Monza la couronne de fer, appelée ainsi [en raison] d'une mince bande de fer-blanc qui la double intérieurement : elle servit, paraît-il, au sacre de Charlemagne. Au temps où le royaume d'Italie faisait partie de l'Empire, les empereurs étaient couronnés une seconde fois avec la couronne de Lombardie, qui est d'or enrichi de diamants, dite « couronne de fer » pour la raison expliquée ci-dessus.

La cérémonie avait lieu soit à Milan, soit à Alexandrie, soit à Monza. Enfin, l'empereur était appelé à un troisième couronnement à Rome, de la main du Saint-Père.

Plusieurs empereurs s'abstinrent de se rendre dans la capitale du monde chrétien. Louis le Débonnaire se fit couronner à Reims et Charles Quint à Bologne par Léon X. Napoléon se coiffa lui-même, fort malhonnêtement, de ladite couronne, en disant : « Je puis la mettre comme Charlemagne car je suis aussi grand que lui » et puis… allez-y voir, je suis malade de tant d'érudition.

On reprit notre calèche, notre postillon, avec grelots, queues de renard, et on recommença à cahoter rudement.

Henri de Couasnon sifflait comme un merle : *Chasseurs vite aux bois* ; ma sœur Blanche s'étonnait de voir les singuliers procédés de culture en usage en Lombardie.

Des femmes armées d'un vase en terre de forme bien connue puisaient à même un tonneau et l'odeur répandue dans l'air ne pouvait laisser de doute sur la nature de la chose qu'elles déversaient sur le sol.

Leurs maris, pendant ce temps-là, dormaient sur les bas-côtés de la route ou jouaient à l'*amore*.

On croisait des attelages pittoresques, presque toujours formés ainsi : un âne devant, avec un homme monté dessus, un autre âne attelé auprès d'un cheval, et derrière, une femme suivait à pied, portant ou des marmots, ou un tronc d'arbre, ou quelque lourd fardeau.

Tout cela avait les pieds nus et l'air misérable.

Allez donc rêver à un prince, avec un voisinage pareil ! On rentra, et j'allai me coucher sans souper, signe chez moi d'une grande perturbation.

Je rêvai que je causais à tu et à toi avec le *signor* Crispi[1] et que je lui conseillais d'enlever l'or des culottes aux larbins pour acheter des sabots aux femmes des champs. Quand je me réveillai, l'Italie reconnaissante m'élevait une statue tout en diamants, laquelle nageait librement sur un bassin rempli de… ce qu'il y avait dans les tonneaux ! Signe d'argent, ne manqueront pas de dire ceux qui s'y connaissent.

1. Francesco Crispi (1818-1901), homme d'État italien, quatre fois président du Conseil entre 1887 et 1896.

VI

L'AMOUR D'UN PRINCE

Sur les dix heures, je grattais mes ongles, solitaire en mon salon de l'hôtel de la Ville, quand on frappa à ma porte.

Sur mon ordre : Entrez.

Je vis avec stupéfaction apparaître un bosquet qui semblait avoir des pieds. C'était immense, gigantesque, orné à profusion des fleurs les plus rares. Deux hommes cachés derrière faisaient mouvoir la chose.

Je donnai un louis pour la bonne main, ce qui me fit appeler Excellence. Où était le mince bouquet de lilas blancs et de roses de Pierre ?

Je tournai tout autour sans rien découvrir, sauf un petit drapeau de soie aux couleurs blanche, verte et rouge sur lequel était écrit *Ricordo* (souvenir).

Je savais qu'en Italie, plus un bouquet est gros, plus la dame qui le reçoit est honorée. J'étais donc des plus honorées, par qui ? Le drapeau aux couleurs nationales de l'Italie ne m'expliquait rien. Là-bas, comme chez nous, on décore tout, à propos de bottes, avec les couleurs de la patrie.

J'accusai ma sœur Blanche de ce méfait de complicité avec son chasseur de frère. C'était fou, même là-bas où les fleurs ne sont pas très chères, ce bouquet valait au moins quatre à cinq cents francs. Involontairement, je pensai à mon songe de la nuit et aux pauvres femmes aux pieds nus. Allais-je aussi devenir anarchiste ? Est-ce que, tant que le monde sera monde, il n'y aura pas des grands bêtes et orgueilleux et des humbles destinés à engraisser les autres ? Allons, me disais-je, assez de philosophie, le tout est de se mettre du côté du manche. Or, j'y suis !

On annonça leurs excellences madame la comtesse de La Pommeraye et monsieur le baron de Couasnon. J'ouvrais la bouche pour remercier quand ma sœur Blanche, la langue encore plus preste que la mienne, ce qui est rare, m'accabla de cinquante interjections laudatives :

— *Que chest beau, quelles cholies fleurs ! Que cha doit être cher ! Cha coûte au moins deux cents francs !*

Henri joignit ses compliments à ceux de sa sœur.

— C'est pour vous honorer, ma chère sœur, dis-je d'une voix flûtée, que j'ai ainsi fleuri mon salon.

Le fait est que je pouvais partager avec elle la migraine que ce massif odorant ne manquerait pas de produire. Elle tomba en extase et, me serrant avec délire dans ses bras, elle avala la moitié de la poudre de riz étalée sur mon visage.

Après le déjeuner et la sieste, on se partagea les fleurs. Il y en eut assez pour orner discrètement le landau bien attelé qui vint de la part du baron, nous prendre, la comtesse et moi, pour aller faire le Corso. L'usage par là est d'aller entre femmes, en voiture ; on s'arrête, et les messieurs vont de l'une à l'autre faire leur cour ; ce salon en plein vent est rempli de charmes. Les femmes paraissent toutes jolies, dans ces riches équipages, sous les ombrelles claires et les voiles de tulle.

On fit plusieurs tours, la comtesse et moi, puis on prit la file des voitures arrêtées et on causa avec le baron, et quelques connaissances qu'il avait faites à Milan.

Avec mes cheveux récemment dorés à neuf, ma robe de gaze blanche, j'étais assez bien pour jeter le trouble dans le cœur du naïf enfant des forêts bretonnes. Je ne m'occupais guère de lui cependant, l'œil au guet, j'attendais...

Une victoria attelée de deux chevaux magnifiques passa comme un éclair. Dedans, le comte de Monza, vêtu en général, se trouvait seul. Il répondait militairement au salut à tous les promeneurs. Au second tour, la voiture passa lentement. Arrivé à notre hauteur, il nous fixa et à notre profond salut il répondit avec un sourire.

— *Que chest un homme bien élevé,* remarqua ma sœur Blanche.

Un grand tapage, une grande rumeur se produisit : dans un équipage de la Cour, la reine venait de faire son entrée. Elle souriait aux acclamations, toute pleine de beauté, de luxe et de grâces.

Le comte passa, salua la reine et disparut du Corso. Dans le ciel embrasé par le couchant, les habits rouges des gens de la reine d'Italie formaient comme une tache sanglante.

Un frisson me prit, je ne sais pourquoi.

— Allons quelque part où on s'amuse, dis-je. On s'ennuie ici.

Henri monta avec nous et on s'en alla au Jardin de Milan pour y dîner. C'était un lieu de plaisir sélect et on pouvait y dîner dans un excellent restaurant.

Chaque soir, la musique s'y faisait entendre.

Seule la haute société fréquentait ce lieu choisi.

Paresseusement appuyée à mon fauteuil de jonc, j'écoutais l'air de la *Gioconda*. Je ne sais quelle impression bizarre me fit retourner.

Caché derrière un arbre, un homme vêtu de noir me regardait fixement. Ce regard magnétique, je le connaissais.

L'homme me fit un signe impérieux de venir à lui. Me levant aussitôt, je m'excusai. Ma sœur Blanche voulut m'accompagner.

— Non, merci, répliquai-je avec humeur, et je m'enfuis par l'intérieur du restaurant, mais, sortant aussitôt par une porte opposée, je me trouvai dans une partie du jardin relativement sombre et déserte à cette heure où la musique retenait la foule.

Le comte de Monza, s'emparant aussitôt de mon bras, le plaça sous le sien.

J'étais frémissante de trouble, d'étonnement, d'orgueil.

— Vous n'êtes point Suédoise, dit-il brusquement. Qui êtes-vous ?

Il y a des gens qui ont le droit de tout savoir et avec qui l'idée ne me viendrait jamais de ruser.

J'avouai tout. J'étais Française, en instance de divorce, et de Couasnon était mon fiancé sans espoir, car je n'en voudrais jamais.

— Pourquoi cachez-vous votre nationalité ?

— À cause de mon mari qui me fait rechercher.

— Votre nom ?

— Marie Pesnel.

— Maria, rectifia le comte ; il parut réfléchir. Il me semble que je connais cela.

Parbleu, il avait lu le journal !

— Excellence, c'est une longue histoire qui ne peut intéresser qu'un ami ou un juge, dis-je en le regardant craintivement.

Son regard acéré devint de velours.

— Un ami, dit-il en serrant mon bras.

Vraiment émue, deux larmes coulèrent sur mes joues. S'il le voulait, celui-là, si puissant, il me protégerait !

Le comte me regardait de ses yeux de feu.

Passant son bras autour de ma taille, il me donna un baiser passionné.

— Demain, à trois heures, au palais Annunziata, vous viendrez ?

— Oui ! Excellence.

— Pas Excellence, dit-il, *amico* (ami).

— Oui, ami, répliquai-je docilement.

Le comte me quitta et je regagnai mon fauteuil de jonc auprès de ma sœur Blanche.

Les pâles lucioles volaient dans l'air embaumé et la musique jouait *Jardin de l'Alcazar* de *La Favorite*.

Cependant, la revue de mes armes de guerre ne pouvait me satisfaire ; mes robes, défraîchies par ce mouvement perpétuel, avaient perdu le pli du bon faiseur. Les dessous de soie légère ne pouvaient plus se montrer, il fallait remplacer tout cela et les magasins de Milan, en retard de plusieurs saisons, ne pouvaient m'être de grande utilité.

Du coup, je fus couturière. Avec des soieries floues, des rubans et mes dentelles, j'arrangeai des choses charmantes et inédites à coup sûr. J'y employai une partie de la nuit et ma matinée. Une affreuse migraine fut le prétexte qui, ce jour-là, me débarrassa du baron et de la comtesse.

À trois heures, sous les armes, c'est-à-dire, vêtue modestement d'une robe de toile bleue recouvrant un amoncellement de froufrous soyeux, très voilée, je m'avançais sous la voûte d'entrée du palais Annunziata.

Je m'imaginais que j'aurais quelque chose à dire, quelqu'un à nommer mais, sans me laisser ouvrir la bouche, un monsieur habillé comme tout le monde s'inclina très bas et me conduisit par un dédale de corridors et d'escaliers à une porte qu'il ouvrit sans frapper.

Le comte de Monza, assis à un magnifique bureau, se leva, me fit asseoir dans un fauteuil et se remit à écrire sans lever les yeux.

Le monsieur, l'air d'une statue, sans regards, attendait.

Après avoir écrit très vite au moins dix lettres, le comte les remit au monsieur qui s'en alla en refermant la porte sans bruit.

Il allait enfin me faire l'honneur de s'occuper de moi !

Point ! Il se remit à écrire... La manière dont il me recevait n'était certes pas dans mes habitudes.

Enfin, un prince !

Et puis il me sembla qu'il me regardait en dessous. Alors je pris l'attitude que je devais avoir quand j'accompagnais ma grand-mère à la messe. Quel air sévère avait cet homme ! Brr, ce n'était pas l'amour qui faisait battre mon cœur. Les plus stupides pensées me venaient.

N'avait-il pas la toute-puissance ? N'était-il pas au-dessus de tout, des lois et des gens ? Je pensai à Théodora, étranglée dans son cachot.

Enfin, il leva la tête et posa son porte-plume. Il allait s'excuser...

— Venez.

Et j'allai dans une pièce voisine, un peu moins vaste, aussi magnifiquement meublée, à l'usage de salon.

Au plafond, de merveilleuses peintures anciennes.

Sur une table, un thé très luxueux était servi.

— Mettez-vous à votre aise, me dit le prince.

Je retirai mon chapeau et pris timidement place sur un canapé de velours de Gênes très riche.

Tout à coup, il vint à moi et, me prenant dans ses bras, il m'embrassa de la manière la plus passionnée.

Il en avait des façons !

Bien évidemment, il se souciait de mon esprit et de mon cœur comme un poisson d'une pomme, seule ma personne physique avait eu le don de lui plaire. Et ce beau lunch, il ne m'invitait pas à y toucher.

Il me fit dévêtir et m'entraîna dans une chambre contiguë où un lit majestueux, doré, orné des plus rares draperies, reçut ma personne aussitôt suivie de celle du comte.

Il était si ardent qu'il me fit plus de peur que de plaisir. À un instant je crus qu'il allait me mordre.

Les grands feux n'ont qu'une courte durée.

Peu après, le prince, habillé et correct, reprenait place à son bureau et une femme âgée, vêtue en dame, l'air respectueux, me servait le lunch après m'avoir aidée à me revêtir depuis mes bas jusqu'à mon chapeau. Il est certain que pour cette bonne dame la fantaisie princière me créait seize quartiers de noblesse.

Je m'en retournai par le même chemin.

Le comte se leva, me salua au passage et me dit brusquement :

— Demain, à la même heure.

Je rentrai tout étourdie.

Ces manières-là ne m'allaient pas du tout et je n'y retournerais pas. Je m'en moquais bien, moi, de cet amour physique.

J'étais à rager ferme, étendue en peignoir sur ma chaise longue, les cheveux traînant par terre, la tête plus basse que les pieds, quand un domestique de l'hôtel frappa et me demanda de recevoir un homme qui venait de la part de la banque de Milan.

Étonnée, je pris une attitude convenable pour recevoir cet étranger.

Je vis entrer un homme de quarante ans courbé en deux, qui me présenta un chèque de dix mille francs.

Je pris le chèque et le monsieur se retira.

Des larmes de honte et de rage me coulaient des yeux.

Cependant, je passai la moitié de la nuit à agencer une nouvelle toilette.

Le lendemain, je me fis coiffer et décoiffer trois fois, ne me trouvant jamais à mon gré.

Je passai ma plus belle robe de ville et, à trois heures, la même cérémonie que la veille recommença exactement, jusqu'au moment du déshabillé.

Alors, je dis au comte :

— Ce chèque émane bien de votre générosité, n'est-ce pas ?

Il dit :

— C'est peu.

— Si vous n'étiez pas celui que vous êtes, je le jetterais à votre face mais par respect pour votre rang, je me contente de le déchirer.

Et mettant le papier en miettes, j'envoyai les morceaux à la volée, sur le magnifique tapis des Gobelins.

Il me regardait de son œil profond où se lisait son étonnement.

— Cependant, vous n'êtes pas riche, dit-il.

— Que vous importe, je ne veux rien de vous.

Un sourire railleur m'exaspéra, il croyait à une comédie.

— Que vous êtes à plaindre, pauvre prince, de ne voir l'humanité qu'au travers de votre scepticisme.

Je me donne quand cela me plaît. Je ne suis pas à vendre.

J'étais absolument sincère en disant cela.

Il devait être surpris de tant d'audace car il se tortillait la moustache et paraissait réfléchir.

Puis j'en avais assez de ce silence impérieux, je ne pensais plus du tout au malheureux sort de Théodora.

— Adieu ! dis-je en me levant. Pardonnez l'audace de mon langage qui s'adressait à l'amant et non au prince que je révère.

Et lui faisant une superbe révérence, je me dirigeai vers la porte de son cabinet de travail.

Je m'en allais de bon cœur, bien décidée à quitter l'Italie le soir même.

— Maria ! me cria le prince, non !

Brutal comme un fou, le prince me rattrapa par le bras et me retourna vers lui.

— Tu vas rester !

— Non, non et non. Vous êtes le maître mais pas de m'insulter.

Il fléchit.

— Et si je m'excuse ?

Quoi, c'est lui qui avait dit cela ?

— Vous avez trop l'habitude de vos danseuses trop honorées par vos caprices et votre argent.

Je parodiai Voltaire :

— Mieux vaut être aimée d'un charbonnier que méprisée par un prince.

Il céda en tout, but un doigt de champagne et se montra d'une invraisemblable ardeur.

En m'en allant, je fis les cornes à son bureau.

Il rit.

J'avais gagné la bataille sur toute la ligne. Et c'est au moment où se machinait la Triple Alliance[1] que la France remportait une telle victoire sur l'Italie.

Il attendit mon départ pour retourner à ses paperasses.

La journée avait été laborieuse. Vers dix heures, ma toilette terminée, je m'apprêtais à rejoindre ma sœur Blanche, bien négligée ces deux derniers jours, quand la rumeur de la foule et un bruit de cavalerie m'attirèrent à la fenêtre.

Le prince retournait, escorté, à Monza.

Tout le monde se mettait aux fenêtres pour le voir passer. Je fis comme tout le monde.

Il passa dans son landau, entouré du peloton de sa brillante escorte.

Il était en civil, droit et fier, à son ordinaire.

En arrivant à la hauteur de mon balcon, il me salua, non pas de ce geste bref dont il avait l'habitude, mais pleinement, respectueusement et je ne regrettai pas les dix mille francs que j'avais sacrifiés à mon amour-propre.

Le baron de Couasnon et ma sœur Blanche retournèrent en Bretagne.

Le baron devait me rejoindre sous peu à Londres.

Pendant quinze jours, je fis ma visite quotidienne au palais Annunziata. Puis le comte dut quitter la Lombardie.

Nos relations étaient devenues plus intimes, plus douces. Il déplorait de devoir nous séparer.

1. Alliance conclue entre l'Empire allemand, l'Autriche-Hongrie et le royaume d'Italie à partir de 1882.

Je promis de revenir en Italie l'hiver suivant. Je n'acceptai rien de lui, ni argent ni bijoux.

Et c'est très contente de moi que je gagnai la brumeuse Albion, où je retrouvai le bon toutou Georges Courtois.

J'avais dépensé le plus clair des vingt mille francs du banquier Delarue et mes poches étaient à peu près vides.

Bah ! d'autres les rempliraient.

VII

TROIS BARONS ET UN MILLIONNAIRE

À Bruxelles, je fis en passant la connaissance d'Hubert Van Bellinghen que tout le monde a cru mon mari, alors qu'il ne fut ni plus ni moins qu'un ami dans le genre des autres.

En arrivant à la station de Charing Cross, je trouvai Henri de Couasnon, la main tendue, qui m'attendait. Il avait fait les choses royalement et bien qu'un peu gâtée par l'orgueil de ma bonne fortune en Italie, je fus satisfaite de notre installation au Grand Hôtel de Londres, sur Trafalgar. Cela coûtait la bagatelle de cent francs par jour. Où prit-il tout l'argent qu'il dépensa et me donna, je ne sais, il n'y a rien comme les gens qui n'ont pas vécu pour faire des sottises.

Je pris plaisir à voir s'amuser ce grand enfant qui s'en donna jusque-là. Il est certain qu'à lui tout seul, il n'eût pu soutenir le luxe effréné dans lequel je me complaisais alors. C'est à ce moment qu'une agence belge introduisit le baron de Hosté dans ma vie.

Alors je fis des économies et plaçai des fonds en banque.

Un jour, je me promenais à l'Exposition américaine, première apparition à Londres de Buffalo Bill, quand je fus séduite par une jolie broche exposée dans une vitrine. Henri me l'acheta.

La marchande demanda mon adresse pour nous soumettre d'autres bijoux et vint le lendemain me trouver au moment où le baron venait de sortir.

Elle avait un air obséquieux et mystérieux.

Elle tira divers écrins de son sac, et entre autres me montra une rivière en brillants, à cinq rangs, d'un prix très élevé.

Je lui objectai que nous n'avions aucune intention de faire des achats aussi considérables.

— Je sais bien un beau gentleman étranger, murmura-t-elle, qui serait trop heureux de vous offrir cette rivière. Il vous a vue l'autre jour à l'exhibition, il vous supplie d'accepter ceci et de lui accorder un rendez-vous.

C'était le baron d'Oliveira, grand de Portugal, alors secrétaire d'ambassade à Berlin, devenu depuis ambassadeur à Londres.

J'eus la rivière et bien des petites choses avec.

Je ne savais plus où mettre toutes mes richesses, j'étais riche pour de bon avec environ trois cent mille francs d'économies, ce qui est gentil pour une personne qui a vendu des pommes au marché Saint-Germain.

Van Bellinghen, devenu mon factotum, me présenta, à Anvers, à monsieur Van Etvelde, riche propriétaire flamand. Il était d'une générosité incroyable et, d'ailleurs, plusieurs fois millionnaire. Il déposa deux millions en banque à mon nom.

Une lettre venue de Florence – vous devinez de qui – me fâcha avec ce monsieur si riche et il fallut lui restituer les deux millions. Il en resta le récépissé, qui me causa tant de tort en 1892, comme vous le verrez plus tard.

À ce moment, je fis un voyage en Hollande, et le hasard me mit en rapport avec un monsieur Van Berm, qui habitait Vilsen, sur le canal d'Amsterdam.

Il était veuf, avec une petite fille de deux ans, très jolie et très mignonne.

Ce bon père de famille était un des chefs d'une importante société secrète, qui avait des ramifications internationales, en Allemagne et en Italie. Il serait long et fastidieux de raconter à mes lecteurs comment je devins confidente de tous ces détails.

Alors je pris la résolution d'écrire à monsieur Leguay et au comte de Monza, en lui demandant où je pourrais le voir.

Je reçus réponse à mes deux lettres.

Les affaires allaient mal en France. Monsieur Grévy venait de quitter le pouvoir. Si je voulais me remettre en relations, on accueillerait mes confidences avec reconnaissance.

Le comte de Monza me mandait à Florence, dès lors je cherchai qui pourrait bien m'y conduire.

Van Bellinghem m'avait présenté un certain Liévin Coppin, consul du Brésil à Charleroi.

Son père s'était enrichi, disait-on, dans les fournitures militaires. Cet homme à l'esprit ambitieux me parut le compagnon désigné pour m'accompagner en Italie.

Je partis devant et il vint me rejoindre à Bâle, à l'hôtel Euler, puis on s'achemina à petites journées sur Florence, où on arriva fin février.

Aussitôt, je me rendis au rendez-vous fixé par le comte de Monza au Palais neuf. Liévin m'attendit à l'Auberge d'Italie.

Je ne laissai pas au comte de Monza le temps d'ouvrir la bouche. Ah ! je m'en moquais de l'étiquette.

— Vite, il faut prévenir le roi qu'un complot est tramé contre sa vie.

Il me ferma la bouche avec un baiser.

— Laisse la politique en paix et le roi tranquille, on s'est moqué de toi.

Il ne croyait jamais au danger et vivait sur un volcan.

Il me témoigna le même empressement qu'à Milan et nos huit après-midi passèrent comme un songe.

Un jour, il me demanda :

— Quel est l'homme qui t'accompagne ?

— Votre police est bien faite. Je pourrais dire un secrétaire, mais j'aime mieux être franche.

Il fronça le sourcil.

— Connaissez-vous l'histoire ? dis-je en riant.

C'est à peine s'il sourit.

— Il était une fois un certain roi Louis XV qui, pour recevoir sa maîtresse à la Cour, la maria à…

— Monsieur du Barry… Alors, ce monsieur ?

— Un personnage ! Consul du Brésil.

— Son empereur[1] dîne avec moi ce soir.

— C'est bien de l'honneur pour Liévin Coppin.

— Malheureusement, son trône est bien chancelant, au pauvre Dom Pedro.

— Soyez sûr que s'il succombe, Liévin Coppin trouvera un autre empereur ou une république à représenter.

Du coup, il rit franchement. Je crus le moment opportun.

— Si seulement vous vouliez prévenir le roi qu'un complot menace ses jours.

— Le roi est sorti, et le comte de Monza déteste les politiques en jupons, la plaie des ambassades.

— Vous n'êtes pas féministe.

On retourna en Belgique.

Liévin était radieux, son empereur allait le décorer.

À Namur, Liévin m'envoya son père et sa mère demander ma main.

J'acceptai, car je reçus avis que le divorce avait été prononcé contre moi à la requête de Demortier.

J'avais la promesse que mon époux serait honoré d'un titre ronflant et d'une couronne de marquis. Je m'endormis en chantant :

C'est Léonor, la nouvelle marquise[2].

Comme Pierre avait tort de mépriser mes qualités diplomatiques.

---

1. Pedro II (1825-1891), empereur du Brésil de 1831 à 1889.
2. Air de *La Favorite*, de Gaetano Donizetti (1797-1848).

VIII

UN COMPLOT ANARCHISTE

Aussitôt fiancée avec Liévin Coppin, je partis pour la Hollande. Je voulais revoir ce chef d'anarchistes, Van Berm, à qui je devais de si précieuses confidences dont le comte de Monza faisait fi. Quand j'ai un but à atteindre, je suis capable de patience et je sais mettre tout en œuvre pour arriver à mes fins.

Or, je voulais protéger l'existence du roi d'Italie, prouver mon savoir-faire au comte de Monza, m'attirer sa confiance bien placée, et enfin démontrer aux ingrats qui m'avaient délaissée à Paris que j'étais capable de quelque chose de mieux que ma gaffe de Genève.

Donc, je me mis dans une telle intimité avec Van Berm, que ce fut lui-même qui paya le voyage qui nous ramena, lui et moi, vers Rome, au mois de mars 1888.

Il avait des sociétés secrètes à voir tout le long de la route. On était en pleine affaire Schnæbelé[1].

1. Incident diplomatique entre la France et l'Allemagne, le 20 avril 1887 : le commissaire français Schnæbelé (1827-1900), attiré à

Bien conseillée par Leguay, je fis merveille.

Van Berm, me croyant Suédoise, ne se gênait pas pour dire tout le mal qu'il pensait de la France. À l'entendre, tous les Français étaient des fats, des vaniteux, des ignorants.

— En géographie, disait-il, ils ne connaissent que Paris, la province et là-bas !

Cela me démangeait de lui répondre. Il croyait à une prochaine guerre et il exultait. Tous ses adeptes étaient en rumeurs. Quelle bonne tripotée on allait nous administrer !

— Attends pour voir, comme disent les Normands, me disais-je *in petto.*

En attendant les canons, la diplomatie donnait ferme.

On ne saura jamais remercier assez le ministre des Affaires étrangères d'alors[1], qui a évité une guerre sanglante et sans merci à notre chère patrie. C'était espionnage et contre-espionnage sur toute la ligne.

Pas une syllabe de ce qui s'est dit autour de moi à Metz et à Strasbourg n'a échappé à mon oreille attentive. Toujours sur le qui-vive, je dormais à peine, l'oreille collée à la porte de Van Berm, ma double clef de toutes ses valises à la main, enfin équipée en grand pour travailler dans la partie administrative comme on dit dans l'argot diplomatique.

---

quelques mètres en territoire allemand, fut arrêté pour espionnage, ce qui entraîna une vive protestation du gouvernement français et de son ministre de la Guerre, Boulanger.

1. Émile Flourens (1841-1920), ministre des Affaires étrangères dans les cabinets Goblet et Rouvier.

J'avais pris des leçons de photographie et je puis dire que je suis une artiste dans ce genre, surtout pour faire venir à point. J'avais inspiré ce goût à Van Berm qui, véritablement à ma dévotion, ne respirait que par ma permission.

À Metz, la population avait reçu l'ordre de se pourvoir de six mois de vivres.

À Strasbourg, on séjourna assez longtemps.

On alla à Heidelberg, à Spire, à Kiel.

Partout il y avait grand concours d'armes sur notre route ; par là, on ne parlait guère qu'en français et je n'avais plus besoin de me faire traduire par Van Berm ce qui se disait.

Il faut croire que toutes les facultés tendues vers un objet font des miracles car je suis arrivée à comprendre tout ce qui se dit en allemand devant moi sans pouvoir m'expliquer pourquoi ni comment, sans doute à cause de l'analogie avec l'anglais. Je retenais tout de mémoire, car certainement il eût été imprudent de prendre des notes.

Oh ! tous ces noms allemands ! Il y en avait qui étaient tout en consonnes !

À Strasbourg, il y avait de l'effervescence. À une soirée au théâtre, le public entonna le *Père la Victoire*[1], il y eut quelque tumulte.

Les pauvres Alsaciens croyaient à la revanche prochaine. Attends pour voir !

---

1. Sur un air de Louis Ganne (1862-1923) et des paroles de Lucien Delormel (1847-1899) et de Léon Garnier (1836-1901), cette chanson qui appelle à la Revanche est popularisée à partir de 1888 par le chansonnier Paulus (1845-1908). En 1918, son titre deviendra le surnom de Georges Clemenceau (1841-1929).

On quitta Strasbourg et on traversa la Suisse après un séjour à Bâle et à Zurich. On arriva à Milan.

Là je me sentais chez moi et j'envoyai à monsieur Leguay tout ce que je pus lui fournir de détails intéressants.

Qui de droit m'envoya des compliments et de l'argent dont je n'avais que faire. Bien munie d'instructions, je partis pour Rome.

Malgré tant d'années écoulées, je suis obligée à une grande réserve que mes lecteurs apprécieront, d'abord parce que je suis en prison, et qu'en somme, il s'agit de secrets politiques qu'il serait indigne de révéler.

J'avais retenu Van Berm trois jours à Rome pour attendre la réponse de monsieur Leguay. J'y laissai ma malle bourrée de mes vieilles affaires, que j'avais réchappées du tremblement de terre. Que mes lecteurs veuillent bien prendre garde à ce simple détail qui a son importance.

À Rome, je fis descendre Van Berm hôtel de la Minerva. C'était un hôtel fréquenté par le clergé et les dévots : là, Van Berm ne trouverait pas d'alliés pour lui rendre compte sur ma conduite.

Je m'arrangeai à être logée dans une partie de l'hôtel très éloignée de sa chambre. Il fut tout de suite si accaparé par ses adeptes, fort nombreux à Rome, que j'eus, le soir surtout, des loisirs très suffisants.

Le jour, on visitait les monuments en honnêtes touristes, mais aussitôt après le dîner, Van Berm filait à ses meetings, et moi à mes propres affaires, alors qu'il me croyait couchée.

Je donnais au portier de fantastiques pourboires.

Le deuxième jour de notre arrivée, un homme vint me chercher.

Il me conduisit dans les nouveaux quartiers de Rome, encore peu habités à cette époque. Dans une *via* étroite, toujours déserte, une futile porte sans apparence donnait accès sur un jardin assez vaste. Au milieu de ce jardin, une délicieuse villa romaine, ornée de sculptures, de fresques, formant un carré, percée de fenêtres munies de doubles volets. C'était un lieu discret, d'autant plus que la rue mouvementée était à deux pas. Je fus surprise du luxe royal de cette demeure, relativement exiguë.

Le comte de Monza était assis dans un salon ; deux hommes en civil se tenaient dans le jardin et l'homme qui était venu me chercher s'installa dans le vestibule.

Je me mis à rire de ce luxe de précautions.

— Je vois, dis-je, que toute folle que je suis, vous avez pris garde à mes avis. Vous avez enfin compris que quelques précautions n'étaient pas de trop.

Il était plus triste et plus sombre qu'à l'ordinaire.

— Combien penses-tu, Maria, que j'aie d'heures à dormir par nuit ?

Je ne savais pas ; moi, je faisais volontiers le tour du cadran au lit.

— À peine cinq à six heures sur vingt-quatre ; tout le reste est employé à la politique. Ne puis-je échapper une heure à cet horrible métier de prince ?

— Eh ! il a des bons côtés, le métier !

— Lesquels ?

— La gloire, l'omnipotence, le bonheur de faire le bien comme on veut, ou du moins de le souhaiter ; témoin le vœu de la poule au pot.

— Assez ! ton esprit me fait tout supporter, mais le temps m'est mesuré.

— Envoyez promener les fâcheux.

Il s'énerva, ses yeux brillèrent. L'idée me vint de le faire enrager. L'air boudeur, je lui tournai le dos, le nez au mur.

Il fit cinq ou six pas, l'air toujours plus irrité. Il se fâcha.

— Quand je commande, je veux être obéi.

Tiens, avez-vous vu cela ?

— Pas par moi, dis-je, rouge de colère.

Cela se passa comme d'habitude : il me fit des excuses et fut d'autant plus aimable. J'avais commis ce jour-là bien des irrévérences dont je m'excusai avec humilité, en lui donnant les plus beaux noms attachés à son titre et à son rang.

— Folle, dit-il, en m'embrassant avec tendresse.

C'était si amusant de jouer avec ce prince, terrible, bourru. Pas toujours, comme dit la chanson.

On se quitta, bien contents tous les deux.

J'exigeai de le suivre avec son valet fidèle, à quelque distance, jusqu'à ce qu'il eût disparu avec ses deux gardes du corps, par une issue dérobée de son palais. Elle était bien faite, sa police, qui ne connaissait ni ces fugues ni la présence de Van Berm à Rome.

Je veillerai, moi.

Hélas, il fallut en rabattre de mon amour-propre.

Van Berm était devenu discret comme la tombe. Il se machinait sûrement quelque chose, mais quoi ?

Chaque soir, il disparaissait après le dîner, pendant que je m'en allais à la villa romaine, où le comte venait sans faute, tantôt plus tôt, tantôt très tard.

Toujours le même, il écartait toute conversation sur la politique, et je ne trouvais pas le joint pour faire allusion aux excellents conseils de *qui de droit.*

Pour mon hôtel, fanatique du théâtre j'y allais chaque soir vers neuf heures, et je rentrais après souper.

Rome est une ville de noctambules. Le fidèle serviteur du prince venait m'attendre au cours du Corso et me conduisait chaque soir discrètement à la villa. Je rentrais à l'heure qui me plaisait, le portier de mon hôtel, grassement payé, ne me faisait jamais sonner deux fois.

IX

TROIS VIES SAUVÉES

Un soir, comme de coutume, je sortais vers neuf heures.

Tout Rome se promenait en bayant aux corneilles.

Enveloppée d'une mantille noire, on voyait peu de mon visage.

Je tournais le coin solitaire du Panthéon, quand un homme grand, mince, s'approcha de moi.

— *Signora,* me dit-il.

Je marchai sans lui répondre et sans me retourner.

— Au nom du roi, arrêtez-vous.

Ce mot me galvanisa.

— Qui êtes-vous, et que me voulez-vous ? dis-je avec hauteur.

— J'ai quelque chose de secret à vous confier.

— C'est un piège, éloignez-vous.

— Non, *signora,* ayez confiance, et venez par ici quelques pas.

Je ne suis point craintive. À la lueur d'un bec de gaz, je distinguai une figure d'une rare beauté. Très jeune, cet homme n'avait pas plus de vingt à vingt-deux ans.

Je le suivis.

Par des ruelles écartées, il me conduisit à la place del Popolo.

— Eh bien, dis-je, parlez. Je n'irai pas plus loin.

Toute l'animation se portait sur le Corso Vittorio-Emanuele et la place était relativement déserte.

Ce qu'il me dit ne peut être entièrement répété ici. Que mes lecteurs sachent seulement qu'il me révélait un horrible complot qui devait, le lendemain, coûter la vie au roi. C'était la confirmation, avec les circonstances et les personnes, de ce que je suivais avidement depuis trois mois.

— Pourquoi me dites-vous cela, à moi, touriste étrangère, qui n'ai rien à voir avec la politique de ce pays ? Allez prévenir la police.

L'homme me regarda profondément, puis dit :

— Les hommes que je trahis sont mes frères, mes amis.

— Le motif honorable qui vous guide justifie tout. Vous avez mille fois raison de dénoncer le crime et l'infamie. Sans doute aimez-vous le roi ?

— Je le hais, répondit-il avec force.

— Pourquoi, mon Dieu !

— Voyez nos terres incultes, nos maisons sans pain, nos corps sans vêtements, voyez toute une province émigrant en masse pour fuir l'impôt abusif, écrasant !

— Il aime son pays, il le veut grand et fort. L'armée épuise la nation, mais viendra un jour où celle-ci profitera de ses sacrifices.

— Tout pour sa gloire à lui !

— Vous vous trompez, il aime son peuple. Vous êtes dévoyé par des gens intéressés à vous jeter dans l'erreur.

— *Signora,* c'est vous qui êtes dans l'erreur.

— Enfin, si vous le haïssez, pourquoi me dénoncez-vous le complot ?

Il baissa la tête et ne répondit pas.

Je suis parfois très énergique. Je le saisis très rudement par le bras.

— Répondez, dis-je. Vous avez dit des choses qui doivent être répétées à des oreilles plus compétentes que les miennes. Venez, vous parlerez en face du comte de Monza.

— Non, dit-il sourdement.

— Eh bien, je crie et ces deux hommes de police vont vous arrêter.

À vingt mètres de nous, deux agents se promenaient paisiblement.

— Si je vous obéissais, je serais mort au jour, dit-il. Je suis connu comme ennemi de la royauté.

— Puisque vous m'espionnez chaque soir, vous savez qui je suis. Si vous venez parler au comte, je m'engage à obtenir votre grâce.

— Je veux plus, dit-il, les yeux brillants.

— Quoi donc ?

Il murmura :

— Si je trahis mes frères, c'est pour l'amour de la plus belle.

C'était dit en italien, d'une voix douce et caressante.

S'il n'y avait que cela, on pourrait s'entendre !

— Venez parler au comte, dites-lui tout, sans restriction, et demain, à deux heures, à la villa Donia, je viendrai vous offrir telle récompense qu'il vous plaira d'exiger. Votre nom ?

— Giulio Baldini.

— Que faites-vous ?

— Je suis clerc chez un homme de loi.

Suivie de Giulio à dix pas, je m'acheminai vers la villa romaine. J'étais en retard. Je ne pensais pas une seconde que ce pourrait être un piège et que je dénonçais moi-même mes princières amours.

À quelques centaines de mètres de la *via* étroite où était située la villa, Giulio hâta le pas et me joignit. Il me dit tout bas :

— Il est arrivé, la police rôde par ici. J'attendrai là, car les agents ont l'œil vif et le poignard alerte.

Une ombre tournait la ruelle. Giulio se cacha dans un renfoncement.

Le domestique fidèle qui, chaque soir, venait m'attendre au coin du Corso, s'avança vers moi.

— Le prince est anxieux et fâché, me dit-il d'un air craintif.

Se promenant dans un salon, de long en large, le comte de Monza se retourna à mon entrée.

— Où étiez-vous ? me demanda-t-il durement.

— Au théâtre, dis-je.

Le domestique s'était retiré et avait pris sa faction à la porte du salon.

Alors, je me rapprochai du comte, toujours bouillant de colère contenue.

— Vous avez méprisé mes paroles, l'autre jour. Maintenant, je vous supplie de faire trêve à votre colère et de m'écouter.

J'avais l'air tragique ; il se tut et arrêta sa promenade rageuse.

— La vie du roi est en péril.

Il frappa du pied avec impatience.

— Encore !

— Tout à l'heure, un homme est venu me parler.

Et je lui racontai tout.

Il m'avait à peine entendue qu'il sortit un mince sifflet de sa poche et en tira un son aigu.

Le domestique accourut.

— Giulio Baldini est à cent pas. Qu'on l'amène.

Quelques instants après, Giulio, tenu par les deux gardes du corps, était devant le prince.

— Nous lui avons pris ses armes, Excellence, dit un des gardes, et il posa sur la table devant moi un poignard et un revolver.

Le prince fit signe aux gardes de se retirer, seul le domestique de confiance resta derrière Giulio.

Je pus alors voir en pleine lumière mon interlocuteur de tout à l'heure. C'était un garçon d'une beauté admirable. Ses grands yeux noirs, ses cheveux de jais, son teint mat, les lignes si pures de son visage, tout dénotait la race romaine conservée dans toute sa pureté.

Droit, l'œil grand ouvert, il se campait devant le prince, dans une attitude noble et fière, sans défi.

Quant à celui-ci, le sourcil froncé, les yeux fulgurants, il était effrayant à voir.

— Parle, traître ! ordonna Monza.

C'était peu gentil pour ce pauvre garçon.

Je vins à son secours.

— Le prince ne connaît pas vos sentiments secrets envers lui, il est bon de l'en instruire.

Et très calme, j'expliquai que Giulio, pris de remords, avait voulu user de mon intermédiaire pour obtenir la faveur de cet entretien que je lui avais promis en échange de l'indulgence du prince.

— Parle, répéta le comte, toujours crispé, comme s'il ne m'eût pas entendue.

Ce soir-là, il était en militaire, et si je ne l'avais pas si bien connu, j'aurais eu peur pour moi-même, tant il avait l'air terrible.

Alors Giulio dit tout.

On devait jeter une bombe dans la voiture du roi, lors de sa promenade quotidienne à la villa Borghèse.

Il dit le lieu où se réunissaient les conjurés et nomma les auteurs de ce criminel projet.

J'étais terrifiée, et le comte avait l'air tout de même un peu ému. Oh ! ses yeux, à ce moment-là ! Il me fit passer la chair de poule du ton dont il dit à Giulio :

— Est-ce bien tout ?

— Oui, dit Giulio, qui avait l'air d'avoir très chaud, non pas peur.

L'homme du prince, son âme damnée, était derrière Giulio.

— Va, dit le comte de Monza.

L'homme tira son poignard, et ne frappa pas, parce que je m'étais jetée entre lui et Giulio. La pointe de l'arme pénétra dans mon bras droit, à la hauteur du poignet.

— Je ne veux pas ! m'écriai-je avec une audace inouïe. Je lui ai promis la vie et la liberté. Sans lui, le complot eût réussi. Qu'il parte en exil, mais qu'il ait la vie sauve !

Il est bon d'être belle femme car l'homme du prince, n'osant me faire violence, avait reculé. Le sang coulait en ruisseau de mon poignet. Ça m'était bien égal.

Tournant le dos à l'homme et à son poignard, je soutins les regards du prince.

— Le roi me doit la vie, dis-je avec toute la solennité que je pus y mettre. Si vous faites l'infamie de commettre la mort de cet homme, faites-moi frapper d'abord, car je vous haïrai et vous mépriserai !

J'ai tant d'audace, dans les grandes occasions, que je sauve tout ou que je perds tout.

— Soit, dit le prince, va…

Puisqu'il cédait, cela ne me suffisait plus.

Je voulus les réconcilier !

— Vous, dis-je durement à Giulio, jurez ici que vous partez sans haine et que vous renoncez à jamais conspirer contre le roi.

Il fit la moitié du serment.

— Je jure, dit-il, de ne jamais conspirer contre la vie du roi.

Il sortit libre, fier, aussi tranquille qu'il était entré, escorté du domestique, chargé de le protéger.

Une bonne âme prévint le sieur Van Berm, et comme la police n'est pas plus prompte en Italie qu'en France, il était déjà à Gênes incognito quand on se présenta à la Minerva pour l'arrêter.

— Pourquoi avoir encore fait échapper celui-là ? demanda le prince de Monza un soir.

— À cause, dis-je, d'une petite fleur aux yeux bleus qui serait tout à fait orpheline à l'heure actuelle, dans sa grande maison de Velsen, sur le canal d'Amsterdam.

Le lendemain vers deux heures, je sortais vêtue modestement de couleurs sombres et toute disposée, coûte que coûte, à revoir Giulio, comme il était convenu.

Je pris des précautions.

Je pouvais être suivie aussi bien du côté anarchiste que du côté royaliste.

Jamais le comte de Monza ne m'eût pardonné cette aventureuse rencontre.

Je vivais en plein drame, en plein roman, j'en avais plus que ma suffisance, comme on dit honnêtement en Normandie quand on est prêt à rouler sous la table.

Donc par excès de prudence, je m'attardai à la visite de certains magasins à deux issues puis, la dévotion me prenant, je rentrai dans trois ou quatre églises. Enfin, sûre d'être libre, je pris une voiture et me fis conduire à la villa Pamphilio Dona, vaste parc aux portes de Rome. Giulio était déjà là.

Feignant de ne pas le voir, je m'enfonçai sous des massifs, et il me rejoignit dans un rond-point désert.

Avec l'exubérance italienne, il se jeta à mes genoux, sur le gazon vert, et baisa cent fois mes mains, surtout celle qui avait été blessée. Oh ! un rien, une piqûre déjà cicatrisée.

— Vous avez fait un serment sacré, lui dis-je. Il faut partir et renoncer à la politique. Allez à Londres.

— Je n'y connais personne.

— C'est rempli d'Italiens, qui tous y font fortune.

Je lui donnai des noms, des adresses.

— Avez-vous de l'argent ?

— Oui, dit Giulio.

Mais je vis bien qu'il mentait.

— Laissez-moi vous prêter ceci.

Je lui tendais un billet de mille francs.

Comme s'il eût été piqué par une tarentule, Giulio bondit.

— Son argent !

— Non, je vous jure que je n'ai jamais rien reçu de lui.

— Alors vous l'aimez ?

J'eus regret de ce que je venais de dire, à voir la figure navrée de Giulio.

Drôles de gens ! Ne peut-on être aimé pour soi, quoique prince ?

— Prenez, insistai-je.

— Non, répéta Giulio.

— Cependant il faut fuir dès ce soir. La police ne peut longtemps vous ignorer, sous peine de vous rendre suspect aux yeux de vos frères trahis. Voulez-vous rendre inutile la tragédie de cette nuit ?

Il accepta enfin, à titre de prêt, cinq cents francs seulement.

Je coupai court à ses protestations.

— Je veux vous revoir, dit Giulio.

Je le voulais bien aussi.

— J'irai à Londres cet été, envoyez votre adresse là, et je donnai à Giulio l'adresse de mes vieux parents.

On se dit adieu.

Jamais je n'ai vu de telles démonstrations d'amour comparables à celles de Giulio sur le point de me quitter. Il pleura. C'était encore un peu un enfant, pour moi qui avais vingt-six ans.

Quand ma voiture reprit le chemin de la ville, je vis Giulio qui me regardait partir avec une expression de tristesse et d'amour. Je rentrai toute remuée à mon hôtel.

Toute la ville était en rumeur. On s'arrachait les journaux, qui racontaient, avec des détails fantaisistes, la découverte du complot.

Toute la police de Rome en eut la gloire.

Giulio, modeste, ne protesta pas.

X

AU CAPITOLE

Era l'onde del mare tranquillo
L'aura molli baciavorno i fior
E ogni stella che in cielo sfarilla
Consigliava i mei sensi all'amor
Ah ! pares ache l'angel del Dio
Mi tornasse al mio cielo nativo

L'onde était calme, les molles brises caressaient les fleurs, et les étoiles scintillant aux cieux appelaient mon âme des peines d'amour. On aurait dit qu'un ange de Dieu me transportait sous mon ciel natal.

Étendue au fond de ma calèche, qui m'emportait vers le Monte Pincio, par le Corso animé d'une foule élégante et bavarde, je passais telle en un triomphe, sous les regards admiratifs et sensuels de la jeunesse dorée du tout-Rome de l'an de grâce 1888.

Adorée, ah certes je l'étais, par lui mon esclave et mon maître, que je cherchais à apercevoir dans la longue file d'équipages qui nous devançait.

Baignée par les chauds effluves de cette journée de printemps, les joues empourprées, le cœur en joie, j'allais dans la vie, bercée par les chants d'amour, dans le luxe et les dentelles, dans l'enivrement de ma gloire, croyant à mon étoile, à mon éternelle jeunesse, à mon éternel bonheur.

Mon être irradié disait au passant :

Admire-moi ! Jeunesse, santé, fortune, beauté, tout cela est mon partage, non pas éphémère mais éternel. Je suis la Victoire. Belle pour longtemps, heureuse pour toujours.

Je suis aimée !

Je vis !

Ayant atteint les cimes du Pincio, ma calèche fit halte pour céder le pas à un splendide équipage. Dans une apothéose de soleil et de lumière, un homme beau et fier passa.

Son œil dominateur se fit doux en croisant le mien.

Nos deux voitures, de front, firent leur entrée à la villa Borghèse. L'hymne royal éclata, et de deux mille poitrines enthousiastes jaillit le cri : *Evviva il ré !*

Je pris une des roses de mon bouquet, et je la jetai dans le royal carrosse.

Puis, rejetée sur mes coussins, enivrée, je fermai les yeux. N'était-ce point pour moi qu'éclatait l'hymne triomphal ?

Solo, cupa, frémente maggino
Sulle rive deserte mar
E le griada del vano martyro
Solio ai flutti echiggianti fidor
Ritornase alla gioja mi sento
Quando un sogno de pace rammento

Solitaire, sombre, frémissante
Je vais errante sur les rives des mers
Et les cris de ma vaine douleur
Sont par moi confiés aux vagues retentissantes.
Je me sens revenir au bonheur,
Quand je me rappelle un songe consolateur !

XI

MON DEUXIÈME MARI

Le premier juin 1888, je devins à Londres madame Liévin Coppin.

Toutes les formalités furent remplies.

On me fêta en Belgique, on me reçut à bras ouverts à Charleroi, dans la famille de Liévin.

J'aimais beaucoup ses parents, de braves gens.

Le comte de Monza m'avait accordé un congé de trois mois pour célébrer cette union diplomatique. S'imaginant que je lui portais bonheur, il voulait me garder en Italie.

Je correspondais directement et fréquemment avec lui, par un chiffre convenu.

On était curieux chez les Coppin. Un jour, on décacheta une de mes lettres, et on resta bouche bée en présence de ce grimoire chiffré.

Liévin, intrigué, voulut savoir. Il avait des relations diplomatiques assez étendues, et il trouva sans difficultés le mot du chiffre peu compliqué qui me servait.

Il sut infiniment plus de choses qu'il n'était nécessaire, et il eut le mauvais goût de se fâcher. On est ambitieux ou on ne l'est pas. Dès lors qu'on l'est, on doit renoncer à la jalousie. Or, Liévin était fort jaloux. Monsieur ne voulut pas du personnage de monsieur du Barry, c'est en vain que je fis tinter à son oreille toute une brochette de décorations, un titre sonore de marquis. Il demeura de bronze et voulut me claquemurer en Belgique, dans ce pays pluvieux qui donne des rhumatismes rien que de le traverser.

Mal lui en prit.

Son frère cadet, alors âgé de vingt-six ans, s'appelait Frantz Liévin Coppin, c'était alors un beau garçon, fin et distingué.

Prétextant que je voulais le marier avec une de mes amies, je l'entraînai en Angleterre, avec l'assentiment des siens. Quand je l'eus seul à moi, à Londres, je m'efforçai de faire la facile conquête de ce bon et brave cœur.

Désormais, j'étais tranquille. Sur les deux, j'en aurais toujours un pour me servir de tuteur auprès du comte de Monza.

C'était un peu canaille, mais veuillez considérer que, mort ou vif, il me fallait amener un Liévin Coppin en Italie et que le vrai Liévin Coppin demeurait intraitable.

Au mois de juillet, par la Suisse, on gagna, Frantz et moi, Milan, et enfin Venise, où la Cour résidait alors.

Ce fut un enchantement que ce voyage. Frantz m'aimait beaucoup et gagnait tous les jours du chemin dans mon affection.

Promu au grade de mon époux, il figura pour son frère, qui rongeait son frein, impuissant à me faire revenir en Belgique.

Il ne m'ennuyait pas de ses jalousies, Frantz, et savait apprécier la vie féerique que je lui avais créée. Invitations, honneurs, plaisirs, il eut tout en partage.

Ah ! nos journées de Venise, nos promenades au Lido ! Les merveilles du palais des Doges !

Dans certaines parties d'une forêt, vous voyez ici et là de vastes éclaircies qui montrent le ciel.

Mon séjour à Venise est une de ces éclaircies de la vie. Depuis le drame de Rome, le comte de Monza, appréciant mon énergie et mon dévouement, était tout autre pour moi et je pouvais alors servir heureusement la cause sacrée de ma patrie si chère.

Qu'importe les moyens si le but est atteint.

Dès lors, suivant partout les déplacements du comte de Monza, je fis connaissance avec tous les palais royaux d'Italie.

En octobre 1888, il y eut un grand malaise en Europe. Le souverain allemand, pour la première fois, rendait visite à son allié et dénonçait l'alliance triple.

Je ne fais point ici un ouvrage politique et je renvoie aux journaux du temps ceux que cela intéresserait. Cette alliance qui devait, paraît-il, mettre tout à feu et à sang fut heureuse et féconde en œuvre de paix. Un puissant paratonnerre fit se disperser l'orage naissant.

Quand le *signor* Crispi voulait grincer des dents contre la sœur latine, une main et une volonté de fer contrebalançaient heureusement sa nocive volonté. Bien souvent un éclair du regard du comte de Monza arrêta net la main du ministre.

Forcément, vivant au centre de ces agitations, j'en ai connu les rouages et les détours que je raconterai peut-être un jour.

L'hiver fut passé à Naples et à Rome, où la vie reprit comme l'année précédente. Mais sous la protection très sérieuse de Frantz, je n'avais rien à redouter ni des gens, ni des langues.

Pendant ce temps, las de mes faux-fuyants, Liévin s'insurgea. On commençait à trouver longue la maladie de cette tante imaginaire qui me retenait de longs mois hors de Belgique. Vous pensez bien qu'il devait s'agiter un terrible serpent de haine jalouse dans le cœur de Liévin Coppin.

Le comte de Monza, ennuyé de mon désintéressement, voulut me remercier comme un grand seul peut le faire. Par une lettre autographe, le roi d'Italie autorisa Liévin Coppin, consul du Brésil, à faire les démarches pour relever un marquisat tombé en quenouille.

C'est pour le 1er janvier 1889 que cette faveur fut accordée et la lettre envoyée au domicile légal de mon époux.

Liévin Coppin, obligé de devenir marquis malgré lui, fut d'une ingratitude crasse envers moi. Informé par une vieille fée de comtesse belge, qui m'avait vue à un bal à Rome, il accourut pour me ramener en Belgique.

Il n'y aurait pas eu grand mal, s'il n'avait eu la sottise de mettre dans son jeu le prince de Chimay, alors ministre des Affaires étrangères en Belgique, et le propre consul de Belgique à Rome, lequel accompagna Liévin quand il vint me surprendre à l'hôtel de Rome où je me trouvais alors avec Frantz.

Vous voyez le grabuge !

Ah ! pour un ambitieux, Liévin était sot.

Mon premier moment de colère passé, je consentis à accompagner Liévin au consulat de Belgique.

Dans le vain espoir que ce scandale serait ignoré du prince, je fis ma grande scène de supplication à la Sarah Bernhardt et me précipitai aux genoux du consul de Belgique, qui ressemblait au Père Éternel. Dans un envolement de dentelles, je pris feu à un brasero établi non loin de là et voilà ma grande scène manquée ; Liévin, obligé de se dévêtir, éteignit la flamme avec sa redingote et le Père Éternel jeta un seau d'eau sur la coupable madame Coppin.

Je rentrai à l'hôtel pour me changer et j'allai déjeuner en camarade avec l'époux outragé et bon garçon. J'avais un fort souci, bien persuadée que l'histoire allait transpirer jusqu'aux oreilles du comte de Monza.

Le soir, Liévin étant parti dîner chez le consul de Belgique, je refusai énergiquement l'invitation du Père Éternel.

Aussitôt libre, je me précipitai vers la villa romaine. Le comte arriva peu après, l'air si courroucé que je vis bien que tout était perdu. Les sourcils joints, les dents serrées, il me glaça le cœur d'effroi.

Je me jetai à ses pieds, tout de bon, cette fois, pour implorer son pardon.

— Je vois que votre audace est grande, me dit-il d'un ton froid. Il faut le souvenir de ce que je vous dois, pour ne pas châtier votre imposture comme je le devrais.

Puis me fixant, l'œil très doux :

— Vous allez désormais être en proie au besoin. Prenez ceci.

Il me tendit un papier.

— Encore ce maudit argent ! Non, c'est votre pardon que je veux, par grâce.

— Je ne puis pardonner l'adultère puni par nos lois, et encore moins oublier que vous m'avez donné un rival.

Hélas en lui tout était offensé, le justicier seul restait, l'amant était mort. Le mépris l'avait anéanti pour toujours.

Littéralement folle de désespoir, je me serais tuée si j'en avais eu les moyens sous la main.

Il me laissa en proie à une affreuse crise de nerfs et je ne le revis jamais.

Incapable de vivre sans le pardon de mon princier amant, je lui écrivis lettre sur lettre. Toutes demeurèrent sans réponse. Alors, je quittai la Belgique où j'avais fait une apparition de quarante-huit heures, et je m'installai à San Remo, dans l'espoir qu'un mot me rappellerait à Rome. Je me sentais prise de courbature générale, un malaise étrange me tourmentait.

J'étais sortie, il y avait eu bataille de fleurs, tout ce plaisir me fendait l'âme.

Un jour, un monsieur étranger me demanda.

— Madame, je suis chargé de perquisitionner dans vos bagages pour retrouver certains papiers, si vous ne voulez me les remettre librement.

Je remis les lettres chiffrées du prince à son mandataire. Ce fut le dernier coup.

Il me restait sa photographie avec une dédicace et deux lettres écrites en langage courant.

Je voulus conserver précieuses ces reliques et le lendemain, malgré ce malaise qui allait empirant, je gagnai Menton et, de là, j'envoyai mes précieux papiers avec mes plus beaux bijoux en garde à mes parents.

Le courage me manqua pour faire le trajet de retour de Menton à San Remo en chemin de fer.

Je revins en voiture par la route de corniche. À mon arrivée à l'hôtel des Îles britanniques à San Remo, je trouvai Frantz qui s'empressait de se rendre à mon télégramme du matin. Il avait attendu tout ce temps à Gênes dans une anxiété facile à comprendre.

Ah ! je pouvais l'aimer, celui-là : il me coûtait assez cher.

XII

LA FIÈVRE CÉRÉBRALE

Une sensation étrange me réveilla au milieu de la nuit, tout mon corps était glacé, une longue paralysie. Je cherchai enfin à appeler, je pus seulement frapper à la cloison et mon voisin, un Anglais, courut chercher Frantz dans une chambre voisine.

On ouvrit ma porte avec un passe-partout et on alla quérir le docteur Tymorski qui habitait dans le voisinage. Mon état était des plus graves, c'était la fièvre cérébrale qui se compliquait de fièvre typhoïde. L'hôtel était plein de voyageurs, on garda le silence sur la nature de mon mal.

Personne sauf Frantz qui me soigna avec un dévouement extraordinaire n'eut l'autorisation de pénétrer dans les deux pièces qui me furent réservées.

On ne prit point de garde-malade. Frantz passa vingt et une nuits à mon chevet.

Je divaguais et battais la campagne, toute à mon idée fixe.

Le huitième jour, la fièvre atteignit le paroxysme. Le docteur-comte de Tymorski, grand seigneur polonais que des malheurs publics avaient exilé de sa patrie, était auprès de mon lit.

J'eus un moment de lucidité.

— Je vais mourir, n'est-ce pas ? dis-je au docteur.

Il eut un geste ambigu.

Déchirant mon linge et mes dentelles, je me mis à nu.

— Aidez-moi, je veux aller me voir une dernière fois.

Le docteur fit signe à Frantz de m'obéir.

Soutenue par le médecin et par le jeune homme, je me tus un instant, debout devant la glace, contemplant ces formes, parfaitement belles alors, qui tant adorées allaient rentrer dans le néant.

— Je ne veux pas mourir, m'écriai-je en me jetant dans les bras du docteur, sauvez-moi, sauvez-moi !

On me recoucha.

Frantz fut envoyé d'urgence chercher quelqu'importante médecine et le docteur resta seul auprès de moi.

— Dormez, je le veux, dit-il en posant sa main sur mon front brûlant.

Je sentis comme une rosée bienfaisante rafraîchir tout mon être. Un sommeil d'une douceur étrange m'envahit.

Était-ce un rêve, ou la voix du comte de Monza prononça-t-elle ces mots si souvent entendus ? « Dors, chère adorée, je t'aime ! »

C'était dit dans la douce langue de Torquato Tasso. Hélas, le docteur-comte de Tymorski parlait sept langages et le comte de Monza était à Rome, fâché plus que jamais !

Après une maladie étrange, faite de mieux et de rechutes, je pus enfin me lever, chancelante, amaigrie au-delà de ce qu'on pourrait croire.

Ma vue affaiblie ne percevait point nettement les objets. Le docteur brusqua la convalescence : me faisant emporter sur un fauteuil par deux vigoureux valets, il me plaça dans une voiture et m'envoya courir la montagne avec Frantz à mon côté.

Le résultat fut magique, les forces revinrent à vue d'œil. On peut dire que le docteur avait opéré une résurrection.

Ô docteur, pourquoi ne m'avoir point laissée mourir entre vos bras, le soir où dans un songe j'entendis : « Je t'aime. »

*

* *

Au bout de trois mois, je quittai l'Italie où je n'ai jamais voulu retourner depuis.

Sur le conseil du docteur, Frantz me fit voyager, on visita la Suisse, les chutes du Rhin, on remonta celui-ci jusqu'à Bâle.

Ma santé était revenue, mais mon caractère enjoué avait disparu. J'étais touchée de trop haut.

J'aimais certes Frantz, si bon, si dévoué, mais le chagrin habitait toujours mon cœur. Oh ! ce que Liévin m'avait fait perdre !

Puis le remords gagnait mon âme. Là-bas au couchant, deux bons vieillards pleuraient mon absence, si vieux tous deux que ce serait bientôt aussi le couchant de leur vie. Frantz connaissait leur existence ; il voulut me consoler à tout prix.

— Viens à Paris, dit-il, c'est l'Exposition, tu y reverras ta famille et tu reprendras ta gaieté, puisque mon amour ne peut te la rendre.

On revint à Paris en mai 1889. Avec quels transports j'embrassai mes bons parents !

Je fis visite à mon ami monsieur Leguay.

Un porc-épic m'eût reçue avec plus de grâce.

Ma brouille avec le comte de Monza l'avait fait tomber de son piédestal. Trait d'union discret entre *qui de droit* et le comte de Monza par mon intermédiaire, il était un personnage de premier ordre dans l'État, choyé, adulé, honoré, grassement rétribué.

Il perdit tout en même temps que moi.

Il ne pouvait comprendre que je n'aie pas envoyé Frantz à l'ours. Il m'ennuya à la fin et on se sépara ennemis déclarés.

Un jour, dans la rue Vivienne, je rencontrai monsieur Labsolu, qui me menaça.

Ennuyée ainsi sur toute la ligne, je délaissai l'Exposition et la tour Eiffel, et m'en allai passer l'été dans les Pyrénées.

J'étais en noire déveine. À Arcachon, je perdis un brillant de grande valeur, présent princier qui avait appartenu au cardinal Antonelli[1].

Une nouvelle épouvantable vint glacer mon cœur.

---

1. Giacomo Antonelli (1816-1876), cardinal et secrétaire d'État du pape Pie IX (1792-1878).

Las de la vie, pris de pensées noires, Georges Courtois s'était suicidé à Londres, à l'hôtel Dieudonné.

Il avait avalé un poison, suivant sa terrible menace. Je songeai avec effroi à la sinistre prédiction de la diseuse de bonne aventure de L'Éden.

Je pleurai Georges avec sincérité. Depuis longtemps, il avait rompu avec moi.

J'étais dans une période de malchance qui annonçait la catastrophe menaçante de 1892.

Le séjour des montagnes avait tout à fait remis ma santé. Habituée au soleil de l'Italie, la vue de novembre m'effraya, et je résolus d'aller passer l'hiver en Algérie. On partit par l'Espagne avec un billet Cook.

*

* *

Notre première escale après Nîmes fut Barcelone, où je pus apprécier la cuisine espagnole dans toute son horreur.

Et les routes, sœurs de l'Italie sur ce point ! Encore pire.

Espérons que l'automobilisme dont le jeune roi est un fervent adepte aura changé tout cela.

Je trouvai Barcelone fort belle ville et ses femmes sont idéalement jolies.

Au Lyceo où l'on donnait *Les Huguenots* avec Boudouresque en tournée, je vis un tel concours de jolies femmes absolument parfaites que j'en devenais stupéfaite.

À la corrida de taureaux, même affluence de beautés. Guersito y fit merveille, mettant à mort de sa main cinq taureaux.

Les chemins de fer espagnols partaient quand ils le voulaient et arrivaient quand ils pouvaient, le tout sur le pied de vingt kilomètres à l'heure.

On mit un mois pour longer la péninsule, sur sa rive orientale, de Port-Vendres à Carthagène. À Valence un *sereno* nous envoya coucher à neuf heures du soir !

À Alicante, on visita la fabrique de tabac qui occupe neuf mille ouvrières. Tout cela était propre et bien rangé.

J'y vis aussi un enterrement qui avait ceci d'étrange pour nous que la morte, une fort belle jeune fille, était portée en terre sur les épaules, sur une estrade, le visage à découvert, les cheveux flottants et vêtue de riches habits.

On visita l'oasis d'Elche, une forêt de palmiers qui sont d'une extrême hauteur. C'est merveilleusement cultivé. Les plantes exotiques y abondent, c'est grenadiers sur orangers, un lieu exquis.

On nous reçut avec honneurs en un fort beau casino, luxueux et de bon goût.

Dans cette partie de l'Espagne, peu fréquentée par les touristes, on considère les voyageurs comme des hôtes et il est impossible d'arriver à faire accepter l'argent de ses dépenses, même sous forme de pourboire, aux serviteurs des auberges !

Les Espagnols furent d'une libéralité et d'une générosité incroyables pour nous. Ils sont d'une extrême noblesse dans leurs manières et leur caractère.

Pour me mettre au niveau de tant de grandeur, je jetai quelques poignées de pièces d'argent aux nombreux mendiants qui assiégeaient mon mirador.

C'est la fenêtre à cinq portes comme nous la voyons dans toutes nos maisons *modern-style*, mais la jalousie espagnole, fille de la jalousie arabe, a clos hermétiquement les fenêtres. C'est le sol qui est percé d'un vaste judas. On s'étale sur des coussins, le ventre par terre, et on cause avec son galant qui attrape un torticolis à lever la tête vers l'objet de sa flamme hors de sa portée.

Cette Espagne inconnue et pittoresque est on ne peut plus amusante à visiter. Vers Murcie, ce fut la chaleur au mois de décembre. Je vis cet horrible torrent maintenant fort endigué qui causa les horribles inondations que l'on sait. La campagne que l'on appelle Huerta est divine par là.

À Carthagène, les moustiques nous tourmentèrent.

J'avais fait provision au départ de fidébus vénitiens, sorte de petite bûche noire qui fait une fumée affreuse qui endort les moustiques. Pour endormir ceux d'Espagne, je brûlai un grand nombre de fidébus.

Un *sereno* vigilant, apercevant cette épaisse fumée, mobilisa les pompiers. Des flots d'eau vinrent noyer mon lit tandis qu'on enfonçait la porte pour nous sauver la vie !

On s'expliqua, et comme à l'ordinaire personne ne voulut recevoir un centime pour son dérangement et son dévouement.

Le lendemain, autre aventure. Étant montés sur une colline qui domine Carthagène, d'où on jouit de la vue de la mer, un troupeau de moutons paissait avec un fort beau mâle dans sa troupe. L'idée me prit de caresser ce superbe bélier, si grand et si beau.

Il me jeta par terre et m'eût éventrée avec ses cornes sans le berger et ses chiens aidés de Frantz qui, tous réunis, eurent bien de la peine à calmer la fureur de ce mouton enragé.

Les moutons sont bien plus gentils en Normandie.

On but du manzanilla chanté par Carmen. Dans une bouteille couleur bleu de ciel, une liqueur couleur d'ambre me fit venir l'eau à la bouche. Que ça devait être bon le manzanilla.

Oh ! la chienne de drogue !

Figurez-vous un cent de pissenlit macéré dans du Tarino.

Vint l'instant de dire adieu à la belle Espagne.

Une escadre russe entrait dans le port de Carthagène comme notre navire quittait les rives ibériques.

On était en pleine alliance franco-russe.

L'escadre salua notre modeste bâtiment de commerce français et la musique du bord slave joua *La Marseillaise*.

Quelle différence entre cet air joué à cette occasion ou par la musique d'un orphéon à la fête d'Asnières !

Ceux qui n'ont jamais quitté leur patrie peuvent crier : Vive l'Internationale ! Pour guérir de cette maladie-là, il n'y a qu'à voyager à l'étranger. Quand on a goûté la polenta, dormi dans des lits suisses, reçu la pluie en Belgique, avalé les brouillards de Londres et mangé la cuisine espagnole, on devient chauvin et on préfère vivre en prison en France que dans un palais autre part.

C'est pourquoi les Français crient *Vivent les étrangers* qu'ils ne connaissent qu'au travers des romanciers et des historiens qui ont fait leurs livres dans leur robe de chambre, les pieds sur leurs chenets, décrivant les merveilles de l'Orient qu'ils perçoivent à travers la fumée de leur cigarette.

Oh ! chère France, tout ce qu'il y a de meilleur, tu l'as !

Les marins russes, des beaux garçons blonds, superbes, descendaient à terre quand nous montâmes à bord du navire.

Toute la population de Carthagène se pressait sur les quais pour les voir. Ils souriaient de toute leur fraîche jeunesse aux belles filles brunes qui les acclamaient.

Il y a dix-huit ans de cela. Je voudrais bien voir le produit du croisement de ces deux races toutes deux si belles et si différentes.

En huit heures, on gagna Oran. En cours dc route, je vis pour l'unique fois de ma vie la mer phosphorescente. L'arrivée à Oran fut homérique. Les Arabes voulaient envahir le bateau pour enlever les bagages. Le capitaine et les matelots tapaient à coup de bâtons de toutes leurs forces, à tort et à travers, dans le tas.

Rien n'y faisait, ceux qui, combattus d'un côté, étaient repoussés, arrivaient d'autre part.

Les voyageurs affolés devant cette invasion se cramponnaient à leurs bagages.

Frantz conserva héroïquement nos valises et les remit à l'imposant Taieb, représentant de l'hôtel de l'Europe, qui les voitura sans encombres dans ce superbe immeuble. Après la végétation espagnole, je croyais rencontrer les forêts vierges en débarquant. Aussi Oran ravinée, entourée de collines aussi nues que ma main, ne me donna pas un avant-goût bien fameux de la superbe Algérie.

Il y faisait très froid. Sidi-Bel-Abbes était sous la neige. Tlemcen aussi. Je crois que l'Algérie a besoin de soleil pour être appréciée à sa valeur.

Ce qui me reste de plus agréable dans le souvenir d'Oran, c'est la connaissance qu'on y fit de monsieur Jules Santoni, fabricant d'équipements militaires à Marseille, qui devint notre commensal durant tout le restant de notre voyage.

À cette époque, c'était un joli garçon brun, d'une gaieté étourdissante, toujours en verve et qui, ayant de belles relations dans l'armée, nous procura mille distractions.

On fut voir des autruches cultivées dans un enclos. Ce sont des bêtes très méchantes et dangereuses qui donnent de terribles coups de pied.

On grimpa sur des chameaux pour excursionner sur les confins de l'Oranais, à la frontière du Maroc. On était avec une colonne volante, c'était aussi amusant que peu dangereux. Oh ! nos bivouacs du soir du côté de Saïda !

À Tlemcen, il nous arriva une aventure.

On était allé visiter la ville sainte de Bou-Mehdin, monsieur Santoni, un de ses amis zouaves, Frantz et moi.

On occupait un confortable landau à deux chevaux. Au retour, une charrette de colon, qui avait versé son contenu de sable sur la route, barra le chemin.

Il fallait peu de choses pour rendre la libre circulation. Le colon refusa de nous laisser passer.

Frantz descendit avec le jeune zouave.

Celui-ci, pris à la taille par le colon irrité, fut jeté dans un ravin plein d'eau où il se débattit dans la vase, puis l'homme en colon leva sa pioche pointée sur la tête de Frantz. Il n'eut point le temps de le frapper : du fond du landau, monsieur Santoni, tirant son revolver, intima l'ordre au colon de rester tranquille. Devant cet argument sans réplique celui-ci obéit, médusé par l'attitude énergique de monsieur Santoni.

Frantz regagna la voiture, le zouave dégouttant et dégoûté fut hissé sur le siège, le colon livra passage et ce fut fini. Je passai ma soirée à faire sécher le zouave ! De là on côtoya la mer et on se rendit à Blidah. On fusillait un Marocain le lendemain matin.

Toute la garnison militaire, dix mille hommes m'a-t-on dit, était coincée à voir la chose.

Sans donner de signes de frayeur, l'homme fit sa prière, et se laissa bander les yeux et attacher à un poteau par le milieu du corps. Douze hommes le couchèrent en joue et il reçut douze balles dans le corps.

Tout le monde tirait bien dans la compagnie du capitaine Battreau !

Puis toute la garnison défila devant l'exécuté tombé la face contre terre.

On alla voir les singes aux gorges de la Chiffa. Le chemin de fer de Layhoud était en construction, la vie et l'activité des travaux les auront chassés, mais alors ils étaient fort nombreux et je puis dire que j'en ai vu par centaines, grimaçant, nous jetant des pierres, enfin des amours de singes !

On arriva à Alger.

Là, ce fut la vie mondaine des plages qui reprit, avec l'élément oriental comme fond de tableau.

Le froid me fut inconnu durant tout cet hiver où l'*influenza* fit sa première apparition dans le monde. Alger, si connue de tous, n'a point besoin d'être décrite aux lecteurs.

Qui ne sait qu'elle est située au bord de la mer et bordée d'un quai superbe sur lequel des maisons modernes sont bâties ?

Qu'une longue voie parallèle à la mer la traverse de part en part avec des maisons à arcades qui ont leur raison d'être parce qu'elles permettent la promenade à l'ombre et à l'abri quand les pluies diluviennes tombent en torrent sur Alger ?

Dois-je vous décrire le jardin d'Essaï et son allée de hauts bambous ?

Faut-il vous énumérer le charme exquis des villas environnant Alger de toutes parts, notamment vers Mustapha ?

J'aime mieux vous donner un conseil : prenez un congé de trois mois et allez passer l'hiver à Alger.

Ça vous économisera le chauffage. Il y a un comité des fêtes qui tâche de rivaliser avec celui de Nice ; et on ne s'y ennuie pas.

J'avais dit que les routes sont poussiéreuses, à cause de la pierre crayeuse qui sert à les remblayer. Mais monsieur Crémieux qui adore l'Algérie et ne lui veut pas de défaut m'a fait retirer cela. Quand je vous aurai dit que toutes les bonnes y font fortune et y trouvent un mari, qu'à cette époque les Juifs y portaient crânement leur riche costume oriental qui contrastait avec la misère des Arabes loqueteux, qu'on y a des primeurs pour peu de chose tout l'hiver, que le mouton y est pour rien et le veau hors de prix, que les perdreaux y valent cinquante centimes et ne sont pas considérés comme une nourriture chic et qu'on rencontre des petits cireurs de bottes à tous les coins de rue, vous connaîtrez Alger aussi bien que quiconque une fois que je vous aurai fait faire un tour au quartier de la Kasbah. Ici je tousse et les demoiselles se retirent.

Alger est adossée à une colline dominée par une forteresse arabe appelée Kasbah. Cette colline est couverte de maisons arabes, de petites rues étroites, tortueuses, véritable dédale de couloirs et d'escaliers. Les maisons sont sans fenêtres, ou n'en ont que d'étroites et grillées. Les murs blancs sont nus et font mal aux yeux. Une porte étroite, bardée de fer, et vous entrez dans un patio ou cour intérieure souvent transformée en jardin sur laquelle donnent les fenêtres et portes de la maison. L'intérieur des maisons arabes est très gai, on y est si bien chez soi, et ma foi, on ne s'y ennuie peut-être pas autant que vous vous figurez.

Ces femmes, habituées à vivre ensemble, s'aiment plus qu'elles ne se jalousent, tout est affaire d'éducation.

Elles ont des servantes si elles sont riches, ou s'entr'aident si elles sont pauvres.

Riches, elles ne font œuvre de leurs dix doigts.

Sempiternellement couchées sur leurs tapis ou leurs divans, elles passent leur vie à rechercher un embonpoint excessif qui est la suprême beauté pour les Arabes et les Juifs orientaux. À présent, il n'est point rare qu'elles aient un piano et du talent, un corset et des toilettes d'intérieur à la mode de chez nous.

Elles sont souvent fort intelligentes. La rue proprement dite de la Kasbah est habitée par les prostituées. Dans des cours, à travers les portes grillées, elles attendent et appellent le client. Vêtues de leur costume almée, celles-là savent la danse andalouse et les poses aphrodisiaques. Elles aiment à être payées en or et font enfiler leurs pièces en un chapelet qu'elles portent en collier tels des sequins.

Les Ouled-Nabil sont réputées pour leur vertu capiteuse. Elles portent de longues tresses de cheveux noirs souvent emmêlés de rubans. Elles ne chôment point beaucoup, font vite fortune et reviennent dans leur pays avec leur dot en or. Alors elles se marient comme font chez nous les vieilles cocottes enrichies.

J'avais fait à Alger la connaissance des trois femmes légitimes d'un Arabe riche. La plus ancienne avait droit sur les deux autres. La favorite était la plus jeune, d'autant plus surveillée jalousement pour plaire au maître.

La malheureuse avait à peine le droit de respirer l'air du jardin intérieur, dès qu'elle mettait le nez dehors, une vieille duègne accourait et lui enveloppait la tête d'une sorte de serviette avec deux trous pour les yeux. Toute la journée, elle devait subir les massages et les frictions destinés à raffermir les chairs, tandis qu'on la gavait de lait caillé pour l'engraisser.

Je ne puis décrire décemment tous les raffinements du massage oriental.

Les pieds, qui sont une beauté, doivent être tout particulièrement soignés. La femme mauresque riche ne marche pas. Ses pieds, menus, graciles, blancs, aux ongles soignés, vernis de rose, sont ceux d'un enfant au berceau.

Quelle différence avec les pieds d'une Parisienne et d'une Anglaise donc !

La taille fine n'a aucune valeur pour les Orientaux, aussi la femme ne se déforme pas et n'a pas la taille rougie de rides et de plaies comme nos élégantes.

Tout le monde sait que ces dames mauresques sont épilées avec soin à la pâte et à la pince. C'est le vendredi que ces dames vont faire la noce entre elles au cimetière sous prétexte de prières, elles vont sur les tombes et font une partie de plaisir de cette sortie hebdomadaire. Ce jour-là, le cimetière est interdit aux hommes, qui ne manquent pas de venir loucher aux alentours.

Les Espagnols sont nombreux à Alger. Les femmes sont servantes, de mœurs faciles, elles reçoivent de fréquents coups de couteau de leurs seigneurs et maîtres.

Et la cour d'assises à Alger fonctionne d'un bout de l'année à l'autre sans jamais chômer !

L'avortement est très pratiqué chez les Mauresques.

Elles se font tourner sur le ventre un énorme moulin à café qui produit l'effet désiré.

J'ai vu la fête nègre du veau, revêtu d'oripeaux.

Il y a de nombreuses diseuses de bonne aventure là-bas qui font des affaires d'or.

On revint au mois d'avril. La mer était très mauvaise et notre navire, *la Désirade*, mit trente-deux heures pour faire le trajet d'Alger à Port-Vendres.

On revint à Paris par l'Auvergne et j'entendis un officier de cavalerie nous dire qu'en 1890, il n'y avait pas un Juif en Algérie habillé autrement que tout Parisien.

Encore un voyageur du coin du feu !

XIII

LA GUIGNE CONTINUE

Un grand événement se préparait. J'allais devenir mère pour la première fois. J'avais vingt-neuf ans, il était temps d'y penser.

Il fallait renoncer à la vie errante que j'aimais tant et s'installer.

On loua une villa à la Varenne-Saint-Hilaire, avenue de Chanzy n° 3, que je meublai fort joliment. Mes parents vinrent demeurer avec nous, mes neveux aussi.

Je passai l'été dolente et fatiguée. Un enfant naquit avant terme et ne vécut pas.

Mon père s'éteignit à l'âge de quatre-vingt-trois ans, ne laissant que des regrets et des amis. Je l'adorais et tombai gravement malade.

Frantz chercha à me distraire.

— Faisons quelque chose, dit-il.

Le « quelque chose » fut trouvé aux *Petites-Affiches*. C'était la piscine de bains, 163, rue Montmartre, qu'on paya cent mille francs.

On devait y gagner monts et merveilles sans s'en occuper car c'était géré. On laissa cent vingt mille francs dans cette aventure commerciale, qui dura huit mois.

La piscine fut revendue aux enchères pour moins de dix mille francs.

Cette opération financière me dégoûta de ce commerce et des autres.

Il ne nous restait que cent quatre-vingt mille francs environ, placés en Angleterre et donnant de très faibles revenus.

Je voulus combler la lacune par le procédé qui m'avait si bien réussi au temps de mes trois barons.

Je partis seule en voyage, laissant Frantz se dépêtrer de ses affaires commerciales.

Je réussis assez bien tout d'abord. J'avais fait la connaissance d'un industriel du Nord, qui s'appelait Célestin Droulers. Il s'informa, me fit suivre, et furieux quand il sut que je vivais avec Frantz, il déposa plainte contre moi. J'étais sa maîtresse depuis trois mois et il ne me réclamait pas grand-chose (une bague). Monsieur Goron[1], alors chef de la Sûreté, tenta la conciliation.

Je fus arrogante, suivant mon habitude, et têtue comme un âne. L'affaire fut envoyée au juge d'instruction Doppfer. Frantz, arrêté, avait été relâché par monsieur Goron. Monsieur Doppfer le fit arrêter de nouveau, après un long entretien avec monsieur Leguay, qui tenait enfin son ennemi.

Vous supposez bien que je défendis Frantz énergiquement. Le pauvre garçon ignorait même l'existence

1. Marie-François Goron (1847-1933), policier et auteur de nombreux livres sur les affaires criminelles, chef de la Sûreté de 1887 à 1894.

de Droulers. J'avais assez du suicide de Georges Courtois sur la conscience !

Durant dix-huit mois pleins, Frantz resta enfermé en prévention à Mazas. Toutes les chinoiseries judiciaires furent mises en œuvre contre lui.

Le récépissé des deux millions de Van Etvelde, recopié par Frantz sur ma demande, servait de prétexte à l'accusation.

Le baron de Hosté, un de mes trois barons, vint corser la chose en racontant qu'il m'avait donné cent cinquante mille francs, mais comme il m'avait fait ce don par-devant notaire, le juge rendit un non-lieu.

Liévin Coppin ne restait pas inactif. Il comparut à toutes les audiences, attaquant furieusement son frère.

C'était Caïn, mais en somme il avait le droit d'être fâché.

Enfin, on me condamna à deux ans[1] et Frantz à six mois.

Je renonçai à l'appel, pour que Frantz pût réclamer la compétence des assises. Magistralement défendu par Me Ignace, il fut acquitté haut la main.

Me Crémieux m'avait suivie par tout ce calvaire.

On m'envoya à la Centrale de Clermont ; et bientôt on me rappela à Paris pour témoigner au procès de Frantz, et on reprit la plainte du baron de Hosté.

On profita d'un voyage de Me Crémieux pour me condamner à trois ans.

1. C'est de cette affaire que date la photographie anthropométrique qui figure en couverture de ce livre, prise pour « vol » en 1892.

C'est en vain que je demandai la remise de l'affaire.

À son retour, Me Crémieux trouva Frantz libéré et moi pourvue de cette nouvelle condamnation. Il fulmina, tempêta, on alla en appel, et là, tout ce qu'il obtint, ce fut la confusion des deux peines.

Il me restait alors vingt mois à faire sur trente-six, plus quatre de prévention. J'empochai ma condamnation avec toutes les précédentes.

Mais je n'étais pas contente. Puisqu'on avait rejeté la plainte du baron de Hosté, pourquoi l'avoir reprise lorsque Frantz fut acquitté ? La justice se venge donc ? J'en eus l'explication dudit baron lui-même.

À peine si je descendais de la Cour d'appel au Dépôt que je fus appelée au parloir. Le baron avait sollicité la permission de me parler.

— Dites-moi, lui dis-je, le fin mot de tout cela.

— Vous m'en voulez ? dit-il.

— Expliquez-moi le rébus, je vous le dirai après.

— Eh bien, j'ai été pressé, sollicité de porter plainte contre vous mais je vous aime toujours, la preuve, j'ai conservé vos cheveux dans mon médaillon. Pardonnez-moi.

— Je ne vous en veux pas, lui dis-je. C'était une manœuvre pour perdre Frantz Coppin, il est sauf, c'est tout ce qu'il me faut.

— Vous l'aimez donc bien ?

— Peut-être pas autant qu'on se l'imagine, mais il y a des cas où il faut faire taire ses sentiments et agir en conscience.

J'avais toujours à la pensée le suicide de Courtois.

— Quand je serai libre, dis-je à Henri de Hosté, je vous reverrai.

Et je le revis, et on dîna ensemble au Métropole de Bruxelles en 1895.

Je n'avais aucune haine contre lui, il avait eu la main forcée.

Chassant de mon souvenir jusqu'aux noms de mes persécuteurs, je retournai à Clermont.

Je dois dire que monsieur Goron avait pris mon parti, en brave, contre mes ennemis et que j'appréciai fort l'énergie et l'esprit de ce chef de la Sûreté.

Je fis de longues promenades dans Paris avec monsieur Cochefert[1]. Quand je revins, la noire politique avait tout bouleversé. Monsieur Cochefert remplaçait son chef, tombé du pouvoir.

Mon ancien ami devenu mon ennemi, Leguay, était tombé à plat dans le Panama. Persac était mort et monsieur Doppfer presque mourant. Le brigadier Jaume qui m'avait arrêtée tenait un bateau-restaurant à Charenton. J'allais lui enlever *manu militari* ma photographie qu'il montrait dans sa collection.

1. Armand Cochefert (1850-1911), policier, alors commissaire de police, chef de la Sûreté de 1894 à 1902.

XIV

LA CENTRALE DE CLERMONT

Le transfert pour Clermont ! Ces mots, comme un coup de clairon, ont retenti sous les vieilles masures de Saint-Lazare, debout depuis tant de siècles, que l'on conserve sans doute comme un vieux souvenir de la féodalité.

Par les longs, ténébreux et humides couloirs, s'agitent une théorie de filles de service affairées.

Tout cela piaille, glapit, rit, tandis que les intéressées, atterrées ou gouailleuses, font leur paquet et rendent le linge de l'administration à la fille de service, qui compte, la roupie tabateuse au nez. Le compte y est-il ? Voyons tes sept pièces, toi la rouquine : ta liquette un, ton cotillon deux, il est rudement sale, ta roupane trois, ta bâche quatre, tes chaussettes russes et tes croquenots en cuir de brouette cinq, ta marie-antoinette six, ton tire-jus sept. Ousqu'est ta sous-ventrière ? Derrière la boîte au sel ! Ça y est, ouvrez ma sœur.

— Adieu les gonzesses, on se r'verra !

— Mort aux vaches et aux tantes !

— Si tu vois mon homme, dis-y qui m'écrive.

— Au revoir tas de p…

— M'fais pas de paillons, la môme aux puces.

— On se r'verra et vive la bombe !

À ces cris professés par des voix glapissantes, un bruissement formidable de clefs répond, c'est sœur Agathon dite Tonton Gaga aux yeux de chèvre qui a inspiré la chanson :

Sœur Agathon aime pas l'picton *(bis)*
Lorsque c'est nous qui le buvons *(bis)*
Mais quand elle sort du réfectoire
La trogne rouge sous son voile noir
Bon bon bon bon bon bon
Sœur Agathon aime le picton *(bis)*.

Ça se chante sur l'air de *Cadet Rousselle*.

Tout en cheminant, elle donne des conseils :

— Allons mes p'tites, soyez sages. Pensez au Bon Dieu et à notre Seigneur qui a versé son sang pour vous. Vous faites pas punir. Priez la Sainte Vierge et dites les sept paters à saint Antoine de Padoue. Vous aurez peut-être une grâce. Moi-même, je ne vous oublierai pas et ferai brûler une bougie dimanche devant le Saint Sacrement. Répondez.

— Notre Père qui êtes aux cieux avez-vous rendu toutes vos affaires ? Que Votre nom soit sanctifié… si vous voyez Bompard[1], dites-lui que

1. Dans l'affaire retentissante de « la malle à Gouffé », entre 1889 et 1891, elle avait servi d'appât pour attirer l'huissier Gouffé dans l'appartement où il fut assassiné. D'abord en fuite à l'étranger, Gabrielle Bompard (1868-1920) revint se rendre et chargea son complice Michel Eyraud (1843-1891), qui fut guillotiné. Selon le policier Goron, elle avait « la beauté du diable ».

je pense à elle ; que Votre règne arrive... saluez la sœur assistante pour moi. Que Votre volonté soit faite sur la terre comme au ciel... Vous ne pourrez pas passer vos glaces !

Un bredouillement docile leur répond...

— Délivrez-nous du mal, dit la dernière en retard de deux phrases.

On arrive au vestiaire où chacune reconnaît ses effets de service.

Un brouhaha général salue l'ouverture des paquets :

— M... c'est tout chiffonné !

— C'qu'on va la f... mal là-d'ssous

— C'que tu dégotes !

— Ben ma vieille, t'enlev'ras pas l'gaffe !

— Oh ! là là qué fringues !

— Vise-moi ça, la dentelle de mon grimpant qu'est toute dévorée...

— Y a core des puces dans ma liquette !

— Oh ! là là qué tôle !

— Hi hi c'qui m'crève le cœur, c'est ma mère et mes gosses.

— Chiale pas, tu les r'verras.

— En 1901, hi hi hi !

— Allons mes petites, faut partir, ils attendent pas.

— As-tu soif ? Tiens, v'là d'la flotte.

— Qui qua pas sa boule ?

— J'en veux pas, on a l'air trop c... avec ça sous l'bras.

— Dis donc, t'as du pognon ?

— J'ai un laranque[1] que j'ai planqué (quarante sous cachés).

— Va donc, les flics donneront du perle.

— J'y ferai d'l'œil.

Déambulant par le grand escalier raide comme une échelle, le triste monôme arrive au greffe tandis qu'un bruit infernal de ferraille annonce l'arrivée de l'omnibus mixte qui doit conduire ce bétail au wagon cellulaire.

Un coup de marteau et la porte du greffe s'ouvre avec fracas, hélas ce n'est pas sur la liberté !

Une voix rude se fait entendre.

— Allons, avancez vous autres, mettez-vous en rang le long du mur.

— Au long du mur N. d. D.[2] !

— Vous la mère, votre âge ?

— De quoi ? Vous savez pas vot'âge ?

— Et toi la p'tite ? Léocadie en v'là un nom !

— Vous savez, si vous regimbez, on vous f… les menottes.

— Allons, fermez vos g… N. d. D. !

Elles sont cinq, toutes affreusement pâles et angoissées. L'une d'elles surtout fait peur à voir. C'est le type de la pauvresse des faubourgs, frêle et pâle.

Elle tient là, serrée sur son cœur, la belle robe de baptême de son dernier-né, car cette enfant de dix-huit ans à peine est déjà deux fois mère.

---

1. Pièce de deux francs, soit quarante sous, « laranque » étant la transposition de « quarante » en louchébem, l'argot des bouchers.

2. Nom de Dieu.

Rongée par l'anémie et le chagrin, elle ne reviendra pas. Les larmes glissent à flots sur ce menu visage amaigri et pourtant joli encore, ses cheveux blonds sont si doux. Son histoire est celle de tant d'autres :

Le père et la mère au travail laissant la liberté aux mioches. L'atelier, le camarade voyou devenu l'amant, on se met en ménage, les gosses croissent, le voyou vole dans une bande et la fille, considérée comme complice, ramasse trois ans. Les enfants sont d'abord chez la grand-mère qui meurt épuisée sous le fardeau et les petits échouent à l'Assistance publique.

C'est l'histoire de la moitié des détenues de centrale. On dit : cherchez la femme ! Facile défense pour le sexe fort, dites donc plutôt : cherchez l'homme ! La moitié des femmes condamnées le sont par dévouement au mâle.

Deux hommes à mines patibulaires, armés d'énormes gourdins à manche recourbé, à bout ferré et pointu, se tiennent aux deux côtés de la porte, tels les valets du bourreau attendant le condamné à mort.

— Allez, montez !

La voiture est déjà pleine d'hommes enchaînés.

— Par ici, crient-ils en voyant une toilette élégante malgré sa simplicité.

Abaissant vivement la mantille espagnole qui recouvre ma tête, je me tapis dans un coin.

On tasse les femmes sur les banquettes, tout le monde empilé, il reste encore la petite Léocadie.

On est obligé de l'asseoir sur les genoux d'un des gardiens qui n'en paraît pas plus fâché que cela.

On est vers Noël, il fait atrocement froid, le gardien a ramassé un glaçon qu'il met dans le cou de Léocadie en manière de plaisanterie.

Dame, on fait comme on peut sa cour. Vous ne demanderez pas à un garde-chiourme les manières sélectes et raffinées de monsieur Lalère.

On arrive à la gare du Nord. On fait traverser les voies bien loin vers la gare aux marchandises où le wagon cellulaire est garé. On emprisonne dans d'étroites boîtes, d'abord les hommes, ensuite les femmes.

Il y a juste la place et on ne peut remuer ses jambes.

D'énormes chaînes gisent à terre.

On ne s'en sert pas souvent paraît-il et tous les hommes présents sont enfermés sans être enchaînés ; ils étaient accouplés par le bas, on les a découplés pour les mettre dans leur boîte respective. Beaucoup de ces hommes sont libres, ce sont des étrangers expulsés. Quel amour de notre pays ils doivent emporter dans leur patrie.

Les gardiens s'organisent. On va passer la nuit entière dans cette boîte étroite. C'est un supplice sans nom, dès la première heure d'affreuses crampes me prennent les jambes.

Léocadie se trouve mal. On lui jette de l'eau à la figure. Un des gardiens, gros et massif, a une voix flûtée de tenorino, il soupire : Ô Mathilde, idole de mon âme, tout en étalant son lit de camp ; puis enfin ils s'endorment tous trois et le silence n'est plus troublé que par les gémissements des condamnés et par les ronflements sonores des gardiens. Une heure après, le train s'arrête à Clermont. Notre wagon est détaché et placé sur une voie de garage.

Au petit jour, messieurs les gardiens s'éveillent, se secouent, et font sortir les femmes destinées à la centrale.

Il fait encore noir.

Une voiture genre tapissière attend à la gare.

On y monte, suivies de deux gardes. Le troisième reste dans la voiture cellulaire.

Le chemin pour aller de la gare à la maison centrale monte très fort, on va au pas. Enfin, on arrive à une grille qui donne un air de ville paisible à la terrible demeure. Tout flambe aux vitres, tout est réveillé et en activité.

Déjà au travail, les détenues y resteront jusqu'à huit heures du soir.

L'entrée de la détention par le vieux château, sous une voûte basse, est lugubre.

Une sœur, debout à l'entrée de la voûte, toute blanche dans son manteau noir, semble pétrifiée, muette et glacée. Elle fait peur.

Sans un signe, sans un mot, elle nous fait passer dans une cellule basse et humide et, nous désignant des couches, elle se retire sans ouvrir la bouche.

Tout le monde pleure ou se jette glacé dans des lits encore plus glacés.

Rien ne saurait nous réchauffer. La petite Léocadie tousse à fendre l'âme.

Vers sept heures et demie, on nous fait lever et nous emmène à la lingerie, où une sœur d'une grosseur phénoménale, sœur assistante nommée Sainte-Gemme, fait procéder à notre transformation en forçats, en sa présence. Tout nous est enlevé, même nos épingles à cheveux.

On nous revêt d'une chemise de coton, d'un jupon de toile blanche, d'un jupon de [*illisible*] et d'une jupe de droguet avec un corsage ajusté de la même étoffe marron.

Un fichu à petits carreaux de tablier blanc et bleu est placé en marie-antoinette sur la poitrine.

Un autre semblable enveloppe la tête en forme de marmotte.

Un troisième sert de mouchoir de poche.

Un tablier blanc à poche termine la toilette. Des bas de laine grossière, des chaussures de droguet et une paire d'énormes sabots à peine dégrossis, voilà pour la chaussure.

On nous a fouillées consciencieusement.

On va au bain de l'infirmerie. C'est encore un bâtiment séparé, comme la lingerie. Clermont avait aussi une foule de maisonnettes formant un village groupé autour du vieux château de la Reine Blanche.

La personne qui nous fait baigner s'appelle Mauger. C'est une détenue ayant l'estime et la confiance des sœurs, elle eut une réduction de peine considérable quelques mois plus tard. Ayant été souffrante des yeux, je fus envoyée aux infirmiers où cette femme régnait depuis huit ans.

Dans une petite cellule du rez-de-chaussée gisait une malheureuse paralysée.

Je vis Mauger saisir cette femme et la jeter à terre avec violence parce qu'elle avait souillé son lit.

Le soir, sur les infirmières couchées, elle étala des draps d'infirmerie tout mouillés, pour les faire sécher pendant la nuit.

Ayant suffisamment joui de ce lieu de délices, je réintégrai au plus vite les ateliers. Pour le moment, elle paraissait très douce et très bonne. Souriante et polie, elle s'intéressait à nous.

En centrale de Clermont, on détestait spécialement les Parisiennes, trop frivoles et difficiles à convertir d'après le système en vigueur.

Puis vint la visite du médecin. C'était alors un noble, fort aimé des détenues, parce qu'il ne refusait jamais de tisane à celles qui allaient à la visite.

La mortalité, de son temps, atteignait un chiffre fantastique. Son successeur ne fut pas aimé parce qu'il refusait la tisane mais la mortalité devint presque nulle.

D'ailleurs, point poli, il parlait brutalement et un jour, à une femme âgée qui réclamait du quinquina, je l'entendis dire :

— Que nous veut ce vieux débris ?

Il avait les doigts affreusement barbouillés de nicotine. Avec l'esprit de sagesse qui me caractérise, j'en fis la remarque et il ne vint plus à la visite que ganté de frais !

Sauf à Saint-Lazare, où le service médical est parfaitement organisé, je n'ai point vu soigner convenablement les détenus en prison, parce que je crois que l'entrepreneur est obligé de coopérer aux frais d'infirmerie.

Ce devrait être un service indépendant pour que les médecins de prisons soient des hommes libres et non des vassaux des entrepreneurs. À ce sujet, je demande ceci : les centrales sont-elles destinées à enrichir les traitants dans les plus brefs délais possibles ? ou est-ce un lieu où l'on essaye de changer par un traitement approprié le moral vicié des détenus ? Si c'est pour enrichir les entrepreneurs, tout est parfait, on y réussit à merveille. Si c'est pour changer la mentalité des pensionnaires, rien n'est fait pour cela.

Comme moyen de moralisation, il y avait bien la religion, mais faites donc croire, à des adultes raisonnantes, tout le contraire que vous leur avez prêché dans leur vie entière, tout l'opposé de ce qu'elles voient faire tous les jours.

Soyez chastes !

Et les fonctionnaires se payent un sérail.

Soyez probes !

Et l'on voit le personnel administratif dérober, grain à grain, l'argent donné par l'État pour la chétive subsistance des condamnées.

Soyez humbles !

Et des idiots prennent l'air et les allures du pacha de Constantinople, traitant les détenus comme des chiens.

Aimez-vous les uns les autres !

Et la délation est récompensée et considérée comme la première des qualités.

Ne faites point à autrui ce que vous ne voudriez point qu'on vous fît.

Je m'arrête là, si on leur faisait ce qu'ils vous font !!!

La morale du Christ, c'est comme le son des cloches, on lui fait dire tout ce qu'on veut.

Reste la morale civile et civique. Celle-là, on n'en entend point parler.

Personne ne sait ou ne peut expliquer le pourquoi des lois que la société s'est données. À moins de donner l'excellente raison de sœur Bazilis :

Ceux qui vous ont mis là sont les maîtres et les plus forts, c'est leur avantage sur vous !

Les trois quarts des détenues sont illettrées. En plusieurs années, par des lectures morales appropriées et progressives, on arriverait à modifier l'état d'esprit des condamnés.

Personne n'a jamais pensé à cela.

Les livres de bibliothèques pénitentiaires sont mal choisis ou au-dessus de la portée d'esprit généralement inculte des détenus, ou d'une bêtise enfantine.

Je faisais la lecture à haute voix : j'ai lu vingt fois *La Sœur de Gribouille* ! Et des fois *Les Mémoires d'un âne* !

On sépare totalement le détenu des siens et de la société. La correspondance y est difficile, très surveillée, et le faible lien d'amitié qui a résisté à la condamnation ne résiste pas au temps et au silence.

Le détenu sort isolé et ses nouvelles relations sont celles qu'il a faites en centrale !

À mon avis, que l'administration sache à qui le détenu écrit, mais qu'elle laisse écrire.

En outre, sauf par fraude, aucune nouvelle du dehors ne pénètre en prison.

On trouve cela très bien.

Là encore, le temps fait son œuvre.

On enrage pendant six mois puis on se désintéresse des choses du dehors. Je crois qu'au bout d'un an vous enverriez tous les journaux en centrale que *Les Mémoires d'un âne* leur seraient préférés. Je ne vous demande pas d'envoyer la politique dans les prisons, mais enfin une petite revue périodique faite spécialement pour les prisonnières me semblerait une excellente chose ; les tenant au courant des faits du dehors qui peuvent les intéresser sans nuire à personne.

Puis je voudrais la politesse envers les détenus. Plus de hauteur ou de familiarités stupides et bourrues. Si vous voulez relever les gens, commencez par les convaincre qu'ils sont respectables et que leur condamnation ne leur enlève pas le devoir, donc le droit au respect. Cela me faisait rire de m'entendre appeler « ma petite » par une maritorne qui avait tué son mari et que ses fonctions de prévôte rendaient ma supérieure. De même quand la sœur Sainte-Marthe nous disait le dimanche :

— Qu'est-ce que vous êtes ? Moins que de la boue !

Cette sœur Sainte-Marthe est le plus parfait modèle de fanatisme cruel que j'aie jamais vu. Pour elle, il fallait faire gagner le ciel aux détenues, et en envoyer le plus possible au lieu de délices. Donc, plus il y avait de décès, plus il y avait de saintes au Paradis puisque, de gré ou de force, il fallait se confesser et communier.

Se considérant comme pourvoyeuse du Paradis, elle se chargeait d'y envoyer les âmes purifiées par la pénitence. Dans mon atelier, un regard, un geste était puni. Elle occupait souvent tous les cachots disponibles. Elle ne reculait point devant les fenêtres ouvertes toutes les nuits d'hiver sur les poitrines délicates. Moi, ce régime me fortifia ! Mais la petite Léocadie alla grossir le nombre des saintes.

Elle essaya d'envoyer au ciel madame Martini, qui avait falsifié un testament fait en sa faveur par son amant monsieur de Barbas. C'était une Belge fort jolie. Elle fut en butte à toutes les tracasseries, punitions, fenêtres ouvertes, privations de nourriture, etc. Cette Flore Martini s'obstina à vivre, sortit très bien portante, s'en alla à Ostende où un riche Anglais lui fit un sort.

Sœur Sainte-Marthe réussit à rendre folle Hazé qui avait le tort de trop aimer un soldat dont elle avait la photographie avec elle.

Madame André, riche procureuse[1] de la Chaussée d'Antin, fit treize mois à Clermont pour excitation de mineure au vice. Celle-là avait quarante mille livres de rentes. Elle fit beaucoup de dévotions et de cadeaux. Elle pesait dans les cent kilos. La délicatesse de sa santé la fit retenir à l'infirmerie, d'où elle regagna son entresol et ses petites affaires.

Nous la reverrons.

1. Entremetteuse et proxénète.

Donc pour nous résumer, en centrale il n'y avait point de catégories de détenues, un méli-mélo où les plus coupables pour le dehors devenaient les supérieures des autres. Les grandes peines sont généralement les mieux traitées et il faut bien, vu la grande facilité avec laquelle elles attentent à leur vie.

La nourriture est toujours inférieure à ce que le gouvernement exige, sauf les jours d'inspection où la direction, prévenue d'avance, fait le nécessaire.

Le pain est servi très dur pour qu'on en mange moins.

Si on supprime la religion, il faut la remplacer par autre chose. Pourquoi l'institutrice, puisqu'il y en a une, ne ferait-elle pas un cours de morale d'une heure tous les dimanches à tout le monde ? Comme elle ne fait rien le restant de la semaine, cela ne la ferait pas mourir.

Enfin, exiger un ton de politesse entre les détenues et leurs gardiens et surveiller les pattes crochues des entrepreneurs.

Pas besoin de tant de congrès pour réaliser des améliorations si simples. La plupart des détenues sont des inconscientes ne se rendant aucunement compte du mal qu'elles ont fait.

Quant aux autres, les fines, les roublardes, celles-là se tirent d'affaire partout et même quelquefois s'en vont avec leur directeur de prison, ce que je vous raconterai dans la troisième partie de ce récit.

Gabrielle Bompard, à cette époque, 1893, travaillait à la machine. Aimée des sœurs, elle était fort mal vue du directeur d'alors qui était un ours, aux allures de vieux loup de mer. C'était le bon temps pour les chères sœurs, car ce monsieur était bien-pensant et apportait sous son bras directorial des brioches à celles qui avaient bien chanté la messe aux grandes fêtes.

Il disait aussi :

— Vous avez bien chanté les femmes, v'là des brioches ! ce qui comblait tout le monde d'orgueil et de joie.

Vous supposez bien que j'ai mangé ma bonne part des brioches directoriales, car je fus toujours un modèle de douceur et j'ai la voix d'un rossignol !

Les centrales se meurent, les centrales sont mortes !

Qu'on entende ce cri d'alarme. On a fermé Cadillac, Doulens. Clermont battait de l'aile et j'ai eu l'ineffable satisfaction d'en sortir la dernière.

Pour les fonctionnaires de tout sexe qui vivaient à Clermont, c'était un Éden et la diminution des effectifs commençait à effrayer les budgétivores qui vivaient comme des rats dans un fromage à la centrale de Clermont.

Elle lutta, la centrale de Clermont, et vaillamment je vous le jure.

Le sénateur Béranger[1] n'était pas aimé par là.

Toutes les détenues s'avisaient de demander la loi conditionnelle qui vidait la maison. Pour y mettre une digue, on punissait tout le monde au moins une fois, afin de pouvoir retarder le départ de la prévenue.

---

1. René Béranger (1830-1915), sénateur inamovible à partir de 1875, surnommé « le Père la Pudeur » pour son rigorisme en matière de mœurs.

Il paraît que Rennes bat de l'aile déjà et que seule la relégation lui donne un peu de vie.

Elles sont là quelques centaines qui attendent, pauvres Manon, un mot libérateur qui, pour les femmes au moins, supprimerait cette dure loi d'expulsion en un climat meurtrier[1].

La Guyane a tant dévoré d'existences depuis vingt ans qu'elle commence à être discréditée. En 1892, une femme appelée Charlot fut reléguée à son quatrième jugement pour vol au Bon Marché.

Depuis lors, elle est à la Guyane, enfermée dans un couvent où elle fait du crochet pour les sœurs qui l'envoient vendre à Paris. Pensez-vous que cette peine perpétuelle est en rapport avec le délit ? Que ferez-vous alors aux condamnés à mort ?

Le plus souvent les détenues meurent dans les cinq premières années et c'est fini, mais celle-ci s'est obstinée à vivre.

1. La loi Waldeck-Rousseau de 1885 prévoyait de reléguer les récidivistes, envoyés au bagne, pour la plupart en Guyane.

XV

LA ROCHE TARPÉIENNE

Là-bas, lorsque j'appris la funeste nouvelle,
Tout mon cœur frissonna car je l'aimais pour Elle
Une mère, vois-tu, c'est le nœud tout-puissant
La chair de notre chair, le sang de notre sang.
La mort c'est une part de nous-même qui tombe
Débris inanimé dans le creux d'une tombe
C'est rester sans conseils, sans appuis, sans supports
C'est traîner l'existence un linceul sur le corps.

Morte ! Ma mère est morte ! Je ne la reverrai plus. Cette idée lancinante torture mon cœur, déjà brisé par tant de revers. Et je n'ai pu fermer les yeux, recevoir son ultime pardon. Oh ! Cruauté humaine, cachée sous de si beaux noms !

Ou l'égoïsme et l'hypocrisie s'appellent religion du Christ : qui a dit aimez-vous les uns les autres ?

Ou la plus éhontée exploitation par des entrepreneurs sans vergogne prend le nom de travail régénérateur.

Quand apprendrez-vous le bien par l'exemple ?

La voix âpre et sévère de la sœur me rappelle à l'ordre.

— On peut perdre sa mère, me dit-elle, mais le travail ne doit pas en souffrir. Si vous l'aimiez tant, il fallait rester dehors. Je n'aime pas les grimacières, conclut-elle d'un ton plein de menaces.

Les yeux pleins de larmes je baissais mon front humilié. L'heure du repas matinal a sonné.

Obéissante à un léger coup de sonnette de la sœur, les détenues vont prendre leur rang et les lourds sabots à la main, tels des automates, descendent en files indiennes l'escalier pour se rendre au réfectoire.

Chacune va prendre place aux tables étroites où la soupe est servie dans des gamelles de fer. Il règne un silence absolu, lugubre.

La chétive cantine est là à chaque place.

Devant moi se trouve un petit morceau de beurre gras, machinalement je le mets dans le pupitre où chaque détenue sert son gobelet et sa cuiller, seuls engins de table concédés par l'administration. Point de fourchette. Qu'il est long et difficile de perdre les habitudes de propreté et d'élégance qu'on vous a inculquées dès le jeune âge.

La place voisine est vide. Son occupante, la ménagère, est restée là-haut à balayer l'atelier. Elle vient, son travail terminé, prendre son repas.

— Où est mon beurre ?

Aussitôt vingt paires d'yeux indicateurs ont dit à la sœur quelle est la coupable.

D'une main violente et indignée, elle ouvre mon pupitre et en retire la pièce à conviction, qu'elle engloutit dans son immense poche puis elle donne à voix basse un ordre bref à une fille de service qui apporte à ma voisine un autre petit morceau de beurre semblable au premier que j'ai ramassé sans droit, paraît-il.

Toute à ma douleur, j'ai à peine fait attention à cette scène, aussi est-ce avec étonnement que j'entends la sœur me nommer de sa voix glaciale pour monter au prétoire, tandis qu'un frémissement court dans les rangs de mes compagnes d'infortune.

Voilà perdu le fruit de dix-huit mois de patience, un moment d'inattention cause ma perte. Ne sais-je pas que je n'ai jamais été punie, donc que je ne suis pas en règle avec l'administration ?

N'ai-je pas évité avec adresse tous les pièges qui m'étaient tendus, véritable toile d'araignée où je viens sottement de me laisser prendre ?

Je monte au prétoire.

D'un ton sévère, le directeur, flanqué à droite du contrôleur, à gauche de la « bonne mère », me reproche mon crime.

En vain, j'invoque l'erreur. J'ai cru le beurre à moi. Voyant que cela fléchit, la « bonne mère » se penche vers le directeur et enlève la condamnation par cet argument sans réplique :

— Il y en a qui ne peuvent pas s'empêcher de voler.

Devant cet encouragement à la sévérité, le directeur m'inflige trois jours de cellule. Aussitôt les filles de service me prennent par les bras et à la porte deux gardiens font escorte.

C'est le printemps… le ciel est bleu et dans la cour où se déroule la sabotante théorie des détenues en promenade, quelques arbres montrent de jeunes pousses vertes.

C'est le printemps…

On me lance avec violence et je trébuche dans un obscur cachot pavé, meublé uniquement d'une planche inclinée.

Dans le cachot voisin, une infortunée sanglote.

Une autre, plus loin, crie : « Mort aux vaches. »

Là-bas à la chapelle, les douces voix des sœurs célèbrent le Dieu de bonté en un chant d'archanges ailés.

Tout s'éveille dans la nature au souffle embaumé du printemps.

Un corps velu passe sur mon visage… ce n'est qu'un rat, hôte familier du vieux château de la Reine Blanche. Je pousse un cri ; et m'évanouis…

> Puis, comme [en] un chaos qui reprendrait un monde,
> Tout se perd [dans les plis d'une] brume profonde[1].

Fin de la deuxième partie

1. D'après Victor Hugo, « Que la musique date du seizième siècle », *in Les Rayons et les Ombres.*

TROISIÈME PARTIE

I

MES JUMEAUX

Le 5 septembre 1895, les portes de la maison centrale de Clermont (Oise) s'ouvrirent pour laisser l'omnibus public de la ville. J'étais assise dedans.

C'était le jour de ma libération. Il y avait quarante mois que j'étais emprisonnée.

J'avais fait un recours en grâce qui avait été rejeté. Je m'en allais pas contente, malgré les salamalecs des derniers mois, car il est d'usage à la centrale de cesser de tourmenter celles des détenues qui sont de « la classe ».

La plupart, avec la mobilité du cerveau féminin, oublient, et quand à la sortie on leur demande si elles ont quelque plainte à formuler, elles répondent « non ».

Depuis mon retour à la centrale, après le procès de Frantz, je ne m'étais pas vue dans une glace et je n'étais pas pressée de tenter l'aventure, bien consciente que le temps et les épreuves avaient totalement détruit ces charmes faits de fraîcheur surtout, qui m'avaient valu tant d'agréments, mais aussi tant de chagrins.

Dieu merci je suis laide, me disais-je en descendant d'omnibus au seuil de la gare, on ne me fera plus la cour.

Au même moment, j'aperçus monsieur le greffier de la centrale qui paraissait attendre quelqu'un. Ayant payé le cocher, je me disposais à prendre mon billet… Je n'en eus point la peine, car monsieur le greffier, le sourire aux lèvres, me tendit un ticket de seconde classe.

Je songeai aussitôt au comte de Monza me présentant le chèque des adieux à la villa romaine.

Pauvre comte de Monza !

Monsieur le greffier, la bouche en cœur, me confia que depuis des mois, il se desséchait d'amour pour moi, et que seuls les règlements lui avaient interdit mon approche et l'aveu de sa flamme.

Le croiriez-vous, ces paroles auxquelles je n'étais plus habituée depuis si longtemps me causèrent un sensible plaisir. Je répondis de bonne grâce à monsieur le greffier en l'assurant de tous mes regrets d'être obligée de partir de suite pour la Belgique puis, comme j'avais le respect des autorités, je donnai à ce fonctionnaire un rendez-vous que je manquai très malheureusement.

Installée dans mon compartiment solitaire, je regardai défiler la campagne. Étais-je heureuse ? Nullement. J'étais encore sous l'impression de colère qui est l'état propre aux détenus de centrale, quel que soit le voile d'hypocrisie sous lequel on le recouvre.

Dans ma poche, une centaine de francs constituait toute ma fortune, car il ne fallait pas compter de sitôt sur les débris de ma fortune d'antan, pour lors accablée de protêts et d'oppositions.

Frantz Coppin n'avait cessé de m'écrire sous le voile de la parenté. L'aimais-je encore ? Je n'aurais su le dire. Je crois que la fleur d'amour s'étiole et se fane dans les geôles.

Puis, lui-même libre depuis plus de vingt mois, rentré au sein de sa famille en Belgique, devait avoir d'autres affections, un autre cœur !

C'est avec toute cette amertume que je fis le voyage de Clermont à Paris.

J'avais tout un stock de commissions à faire pour mes compagnes d'infortune. Trop scrupuleuse pour manquer à mes promesses, j'allai partout. Je vis des amants, des familles, des avocats, car chose surprenante, on refusait aux détenues à la centrale de Clermont (Oise) l'autorisation de correspondre avec leur défenseur. Donc mes commissions me prirent deux jours.

Le second, je devais visiter la famille d'une détenue à Nogent-sur-Marne. Dans les vastes avenues du Perreux, j'éprouvais une satisfaction infinie à me sentir seule, libre.

Quand on a souffert du contact des hommes, quand on doute de leur justice, quand on ne veut plus croire à leur générosité ou se fier à leur compassion, on se retire à l'écart, et comme il faut que le cœur humain repousse de côté ou d'autre ses douleurs et ses joies, qu'il a besoin d'aimer, de recevoir en échange des marques de sympathie, il demande cette sympathie aux êtres inanimés : aux bois, aux ruisseaux qui semblent répondre à ses plaintes ; aux étoiles, qui paraissent le regarder avec pitié dans le silence de la nuit.

N'ayant trouvé personne là où je me rendais, sauf deux chiens qui paraissaient vouloir me dévorer, je revins bredouille par les rives de la Marne.

J'entrai dans un restaurant et me fis servir à dîner.

J'avais l'air si dur et si cassant que le patron, obséquieux, vint me demander si j'étais mécontente du service. Cette simple marque d'attention me toucha jusqu'à provoquer des larmes que je refoulai et je pris sur moi-même assez d'empire pour me donner l'air urbain et poli.

Après mon dîner, je repris ma route sur le bord de l'eau. Dans chaque villa riveraine de la Marne on voyait des familles attablées, autour des lampes voilées de dentelles ; on entendait des éclats de rire et des cris joyeux d'enfants.

Bonheur paisible, le seul, ce soir que je t'enviais !

Ne pourrais-je jamais renaître à une vie heureuse, retrouver cette gaieté qui avait été mon partage, garderais-je toujours cette amertume au cœur ?

Après quarante mois de détention, on n'a guère de force et je rentrai épuisée dans un hôtel de la gare du Nord, après avoir télégraphié à Frantz Coppin que je le rejoindrais à Maubeuge le lendemain.

Ma tante de Buenos Ayres qui m'avait d'abord témoigné le plus vif intérêt avait tourné casaque, je ne sais pourquoi. Elle me renvoya à l'hôtel, sans vouloir ma visite, mes robes de 1892, tristes oripeaux[1] démodés d'où il me fut bien difficile d'extraire une toilette présentable.

Enfin, partie pour le Nord, je m'endormis dans le train et laissai Maubeuge. On m'éveilla à la frontière. Il fallut revenir sur mes pas par un train remontant sur Paris. Naturellement, personne ne m'attendait à la gare. Frantz, ne me voyant pas au train convenu, était retourné en ville. Où ? Maudite fatigue, maudit sommeil ! Supposant qu'il reviendrait au train suivant, j'attendis deux mortelles heures à la gare de Maubeuge.

Il arriva enfin et les explications coupèrent court à l'effusion. Il ne pouvait comprendre que j'eusse laissé passer la station.

Il me regardait et évidemment ne me reconnaissait plus. Très amaigrie, revenue à la teinte brune de ma chevelure naturelle, il trouvait en moi une femme inconnue.

Lui-même me parut fort changé, épaissi, vieilli. Oh ! combien c'était un bon bourgeois de Charleroi, ce n'était plus un héros de roman.

Il n'y eut pas d'élan entre nous, tout fut forcé.

Je restai de marbre pour lui comme autrefois pour Demortier.

Je supposai avec chagrin que tout était mort en moi, que la prison avait tout détruit à jamais, le cœur et les sens.

Un ennui invincible nous prenait l'un et l'autre. Il ne s'anima que pour me parler de sa vie nouvelle

1. Dans son manuscrit, Marie-Justine Pesnel emploie un mot-valise significatif, « horripeaux ».

à Charleroi et d'une voisine dont, il me fut aisé de le deviner, il était épris.

Dès lors, ma résolution fut prise. Pourquoi river un boulet aux pieds de cet homme qui ne m'aimait plus ? Il était prêt à me suivre mais c'était la reconnaissance qui le faisait agir et non l'amour. Pourquoi ne pas lui rendre la liberté et reprendre la mienne ?

Il m'emmena à Bruxelles et resta cinq jours auprès de moi. Je l'observais et demeurais convaincue que désormais il serait malheureux avec moi.

Je le priai de retourner chez lui. Il insista.

— Non, disait-il, je te dois ma vie, et la tristesse de son regard me disait tout le poids de cette dette de reconnaissance.

Enfin il se laissa convaincre et on décida de se séparer.

Notre dernière journée fut lugubre. Il pleuvait. Les nuages bas, le ciel gris, tout contribuait à rendre cette scène d'adieu plus triste encore. Et cependant, nous nous étions aimés, et pour le sauver je venais de passer de longs mois en prison !

Je l'accompagnai un bout de chemin vers la gare du Midi. On passa par les boulevards extérieurs et on se sépara à la porte de Namur. Il s'éloigna. Je restais immobile, il se retourna plusieurs fois, s'arrêtant pour voir si je le rappellerais.

Je lui fis courageusement un signe d'adieu, sentant que là était le devoir pour moi, le bonheur pour lui, et la seule réparation que je pouvais offrir au cœur déchiré de sa mère, qui était bonne et m'avait aimée.

Quand il eut disparu, les larmes inondèrent mon visage. Je venais de clore un beau chapitre au livre de ma vie et je restais toute seule, bien abandonnée sur la Terre.

Depuis, je n'ai jamais eu le courage de le revoir. J'ai su qu'il vivait heureux et estimé dans sa ville natale, qu'il s'était marié et qu'il avait entouré sa mère du plus grand amour.

Je me trouvai bien désemparée après le départ de mon ami.

Il n'avait que peu d'argent et j'avais refusé ce que Frantz m'avait offert, lui assurant que je n'étais pas dans l'embarras, et j'arrivais à mes dernières ressources.

Que faire ? Vers qui me tourner ? Le hasard décida de mon sort. Un jour que je promenais au parc mon ennui et ma solitude, je me trouvai face à face avec le consul Liévin Coppin. Je voulus l'éviter mais il vint droit à moi.

— Je te savais à Bruxelles, me dit-il, mais c'est en vain que je t'ai recherchée, sans doute as-tu pris un faux nom ?

— Oui, lui dis-je brusquement. Que me voulez-vous ? Vous avez fait rompre notre mariage, et vous vous êtes remarié à une demoiselle de bonne qualité et riche, donc rien ne peut être désormais commun entre nous.

— Penses-tu qu'il m'est difficile de voir que tu es dans la gêne ? Dans ce cas, mon devoir est de te venir en aide, secrètement… car ma position dépend en effet de mon riche mariage. J'ai des remords, vois-tu, depuis que je te sais en prison. J'ai été si mauvais avec toi, mais aussi pense à l'offense mortelle que tu m'avais faite ! Si je t'avais tuée, tu m'aurais peut-être pardonné, avant de mourir, et tu ne veux pas excuser la colère folle où tu m'avais jeté, tu n'as jamais connu le fond de mon cœur et l'amour réel que j'avais pour toi.

J'étais tout étonnée du langage de Liévin, jamais je n'avais cru à son affection. Pour moi, c'était un ambitieux, capable de tout oser pour satisfaire sa soif de richesses et de grandeur, il m'étonnait et me troublait.

Il pleurait, j'étais émue.

— J'ai su, continua Liévin, que tu as renvoyé Frantz à la maison. Cependant, tu paraissais tant l'aimer…

— Le cœur change, murmurai-je presque bas.

— Alors c'est vrai, tu ne le reverras plus ?

— Non, jamais !

Nous étions seuls dans un coin du parc, assis sur des chaises.

Liévin avait caché son visage dans ses mains et je le regardais, quand je vis une larme couler sur ses joues.

Je fus très émue de ce que je voyais.

— Mon Dieu, m'écriai-je, suis-je donc si malheureuse que je fais du mal à tous ceux que j'aime ? Tout entre nous a été malentendus. Jamais je n'ai rien eu à vous reprocher, sauf l'animosité que vous avez déployée contre moi lors de mon procès. Jamais nous n'avons eu une explication franche comme en ce moment, entre nous il y a toujours eu le protocole ! Je vous ai pris pour un ambitieux, un coureur de dot et quand je vous ai mis le marché en main de partir avec moi pour l'Italie, vous m'avez refusée. Je n'avais pas de temps à perdre en discussions, Frantz a tenu votre place, voilà tout. Peu à peu, il m'a témoigné tant d'affection, de dévouement, qu'en retour je lui ai donné une place dans mon cœur. Dès lors, pouvais-je encore penser à vous ?

— Et maintenant ? dit Liévin en me prenant la main.

— Maintenant, moi, je suis libre. Et vous ?...

— Et moi, je suis enchaîné, s'écria Liévin en se levant avec agitation.

— Donc souffrez que nous cessions cet entretien qui m'est pénible et qui ne peut avoir aucune suite. Nous sommes, Liévin, étrangers l'un à l'autre.

Liévin m'avait prise par la main et me retenait.

— Je ne t'ai pas retrouvée pour te perdre, me dit-il, et si j'ai pour la loi une autre femme, la première, la seule, la vraie, c'est toi.

J'étais émue, bouleversée. Je m'attendais si peu à tant de fougue, de tendresse chez ce flegmatique diplomate.

— Je crois, lui dis-je sincèrement, que j'ai gâché ma vie le jour où, vous désobéissant, je suis retournée en Italie.

— Tout peut se réparer, consens seulement à me revoir et j'organiserai pour toi un nid de bonheur, tu verras.

— Vous êtes marié !

Il se mit en colère.

— Dis plutôt que tu continues à jouer ton infâme comédie et que c'est un démon qui habite ton cœur ! Tu me le reproches ce mariage qui m'a été imposé par les miens, quand je suis sorti d'une maladie de six mois !

Et Liévin parlait avec véhémence.

— J'ignorais ce que vous dites. Pardonnez-moi ! dis-je à Liévin.

— Pas si tu refuses de me revoir.

— Mon Dieu, murmurai-je avec tristesse, que résultera-t-il de tout cela ? Liévin, vous avez tant de vouloir.

— J'en accepte la responsabilité.

Liévin ne me quitta qu'à minuit ce soir-là, et j'étais la maîtresse de mon deuxième mari !...

Quelques jours après, Liévin m'avait installé un nid charmant où je vécus en recluse, où il venait presque chaque jour me voir.

Certes, ce que j'avais fait là était mal et j'en fus vite punie.

Je devins enceinte. C'était terrible, cette situation : enceinte de mon mari, qui était mon amant et ne pouvait reconnaître son enfant. Dès lors, je devins triste et Liévin me trouva pleurant à chacune de ses visites. Il était aussi ennuyé que moi, et nos lamentations n'empêchaient pas cette situation inextricable.

Bientôt cela deviendrait visible et il faudrait se cacher davantage.

Peu à peu, je remarquai un refroidissement dans les manières de Liévin.

Il paraissait sombre et soucieux.

Une fois, il manqua un rendez-vous et ne sut quelle explication me donner.

Je n'en avais pas besoin et je comprenais son ennui, et le mien était égal. Je devins malade, et alors il me revint, me témoignant le plus grand intérêt. Il m'avait mise en relation avec son avocat et celui-là qui désirait notre rupture par intérêt pour son client ne me ménageait pas les amertumes. Il me faisait le tableau de la belle existence que Liévin menait à Bruxelles aux côtés d'une femme jeune, charmante, riche, considérée et mère elle-même d'une ravissante petite fille, fruit de leur première année d'union.

— Croyez, me disait cet éloquent avocat, qu'à votre place je n'hésiterais pas à libérer entièrement Liévin qui croit encore vous aimer et certes se trompe. C'est sa femme légitime, la seule qui ait droit à ce titre, qui a et doit avoir sa tendresse. Vous avez déjà bien fait des dégâts dans cette famille, me disait ce monsieur, il ne manque plus que votre histoire d'à présent soit connue. Quel scandale !

Liévin ne me parlait pas ainsi, lorsqu'il était près de moi, mais évidemment on le travaillait. Il espaça ses visites et finalement me fit servir une rente par son avocat, Me Carmouche.

Qui demanda mon expulsion de Belgique ?

Un beau jour, le service de la Sûreté de Bruxelles me pria, au nom du roi, de faire choix d'une frontière.

Je choisis la frontière de France.

Les lettres que j'adressai à Liévin me revinrent non décachetées. Les rentes avaient cessé.

Je revins à Paris sans ressources, enceinte de quatre mois. Ma cousine Marie vint généreusement à mon aide.

Un jour, l'idée me vint d'aller revoir une de mes codétenues de Clermont. C'était madame André, riche propriétaire douairière d'une maison de rendez-vous rue de la Chaussée-d'Antin. Je lui confiai mes soucis d'argent.

— Pas deux sans trois, me dit-elle en riant. Que ne vous remariez-vous ? J'ai ce qu'il vous faut, un propriétaire d'humeur enjouée, puisqu'il est mon client, et fort riche, ce qui est votre affaire.

Elle me donna l'adresse de ce merle blanc.

Louis Paul Casse, rue du Moulin de la Pointe, au XIIIe arrondissement.

J'écrivis au monsieur indiqué de venir me joindre au bureau d'omnibus de la gare du Nord. Je vis arriver un monsieur de cinquante ans, bien conservé, les cheveux teints en noir, l'air cossu et important.

Au bout d'un quart d'heure d'entretien, il me demanda ma main dans le bureau d'omnibus et m'offrit un déjeuner.

J'acceptai l'une et l'autre.

Seuls tous deux dans un salon de restaurant, on causa.

Sa fortune, me disait-il, était de six cent mille francs en propriétés immobilières, libres d'hypothèques. Il était veuf avec trois enfants. Une fille mariée, un fils au service et une autre fille de dix-sept ans, encore en pension.

Il voulait surtout une femme très riche.

Ce matin-là, j'avais changé ma dernière pièce de cent sous[1], j'étais tout à fait son affaire.

Je me donnai comme la propre nièce de madame André, la marchande de chair humaine. Une si haute parenté l'éblouit, surtout si la tante laissait généreusement sa fortune si bien acquise en héritage à sa nièce.

Dare-dare, il alla aux renseignements. La chose lui fut confirmée. Dès la seconde entrevue, il m'apporta un projet de contrat de mariage à signer, en me priant d'y insérer toute ma fortune.

Avec une folle prodigalité, j'énumérai les prés, les bois, les champs, les maisons de rapport à Paris et les terrains à bâtir.

Il me disait :

— Est-ce tout ?

Non. Comme pour le marquis de Carabas, ce n'était jamais fini.

Pour une femme si riche, il fallait des bijoux et des toilettes en rapport ; or, je montrais la corde, car je suppose bien que mes lecteurs ne font pas l'injure à dame Justice de supposer que, par voie directe ou indirecte, elle eût pu me laisser un rouge liard de tout ce qui était passé par ses pattes crochues. Bijoux, mobilier, argent, tout s'était englouti en 1892. Je possédais alors pour tout apanage les deux jumeaux qui s'ébattaient dans mon sein.

Mais Louis Paul Casse m'ayant offert mille francs pour nos fiançailles, comme par miracle mon écrin sortit de dessous terre.

1. Cinq francs.

C'étaient de superbes bouchons de carafe dans les prix doux. Bah ! pour Louis Paul Casse, tout était or, diamants, rubis, vus au travers de ses convoitises.

C'était le coureur de dot dans toute sa beauté crasseuse. Somptueux dans ses habits, il était d'une rapacité sordide. Propriétaire de maisons ouvrières, il pressurait ses pauvres locataires. Quand ces malheureux imploraient un délai pour payer leur terme, invoquant la charge de leurs enfants :

— Fallait pas en faire, grognait Louis Paul Casse.

Remarquez que ce quinquagénaire ne m'eût jamais épousée pour ma vertu, si j'avais été Jeanne d'Arc, pour ma beauté si j'avais été Otero[1], ni pour ma bonté si j'avais été le Petit Manteau bleu[2].

Il voulait deux millions, estimant à se voir dans la glace qu'il valait cela sur le marché matrimonial. Je fis visite à des revendeuses à la toilette et j'éblouis mon futur des laissés-pour-compte des grands faiseurs. Madame André, ma tante d'occasion, était tenue au courant et se délectait du bon tour joué à son compère Louis Paul Casse.

La chose suivit son cours ; mis en train, Louis Paul finança dans les grands prix, et peu à peu les bouchons de carafe firent place à de vrais diamants.

Et les jumeaux poussaient toujours !

---

1. Agustina Carolina del Carmen Otero Iglesias, dite Caroline Otero et surnommée « la Belle Otero » (1868-1965), danseuse et courtisane réputée.

2. Surnom d'un philanthrope du XIXe siècle qui, sous cet habit, nourrissait les miséreux.

Louis Paul, toujours en quête d'argent, se fit ouvrir un crédit à la banque de mon oncle Pierquin.

Du jour où il n'eut plus qu'à signer, Louis Paul fit des folies. Il subventionna un petit théâtre. En trois mois, j'avais refait fortune et Louis Paul commençait à être fort tourmenté de dettes criardes.

Je ne sais ce qu'il pouvait avoir dans les yeux pour ne pas apercevoir ma rotondité majestueuse.

Vint un jour où je dus disparaître, les deux jumeaux devant faire leur entrée dans cette vallée de larmes.

Quand on est seule et qu'on n'a pas de famille, dans ce cas on a le choix entre l'hôpital et une sage-femme.

Madame Couchot, de Passy, reçut ma clientèle. Au jour fixé par le destin, Georges vint le premier, Albert le second, tous deux bien décidés à vivre[1]. Ils ressemblaient tous deux à Liévin Coppin. J'informai celui-ci de l'événement et ne reçus pas même un mot de réponse.

On mit d'abord les bébés à la couveuse du boulevard Poissonnière, en attendant mon rétablissement. Au bout d'un mois, je les transférai chez une nourrice à Nogent-sur-Marne, bien pourvue d'argent grâce à Louis Paul Casse. Les poupons furent recouverts de riches habits et, bien soignés, poussèrent comme des champignons. Je les aimais follement et passais des heures à les

1. Albert et Georges naissent le 21 mai 1896, sous le nom de Demortier, dans le XVIe arrondissement de Paris.

admirer, si blonds et si roses. C'étaient de merveilleux bébés.

Quand je dus expliquer à Louis Paul ma longue absence, j'invoquai une fièvre maligne qui m'avait fort amaigrie.

II

UN PASSAGE QU'ON NE DOIT PAS LIRE

Il est fâcheux que l'organe pour lequel j'écris soit un journal vertueux dont la clientèle pudibonde et timorée ne saurait lire sans rougir les détails du commerce de ma pseudo-tante madame André[1].

Il faudrait un talent que je ne possède pas pour donner de manière congrue une faible idée de ce que c'était.

Enfin, après avoir tourné sept fois ma plume dans l'encre et avoir toussé un même nombre de fois, pour avertir mes lecteurs je me risque !

La clientèle masculine était « du monde » et même du meilleur !

Bien entendu, ces messieurs ne faisaient pas connaître leur nom de famille, mais le moyen de cacher sa personnalité quand on a son portrait dans toutes les vitrines de Paris et dans tous les bureaux de tabac de province !

1. En effet, ce chapitre est intégralement coupé dans le récit paru en feuilleton dans *Le Journal.*

Ici, comme lorsque je parlais de mon agence matrimoniale, bon nombre de personnages apprêtent leur mouchoir !

Peine inutile ! La discrétion professionnelle me ferme la bouche.

Respirez !!!

Madame André, souvent en costume sommaire, aimait à ouvrir sa porte elle-même et la refermait fort brutalement au nez de tout intrus ; mais pour l'initié, la porte s'entrebâillait et l'on conduisait dans une confortable chambre à coucher celui qui désirait faire dodo, à partir de trois heures après midi.

Le plus souvent, sans lui donner le choix, on lui amenait quelques jeunes nymphes dans le costume de notre mère Ève, et là, auprès du père, la quantité remplaçait la qualité.

Madame André surveillait sérieusement ses élèves pour que l'ouvrage fût bien fait et sans lenteur. La foule attendait à la porte et il importait que, de trois heures après midi à trois heures du matin, cette active matrone, aidée de zélées auxiliaires, donnât satisfaction à tout le monde. Qui leur donnera la journée de huit heures[1] à celles-là ?

Il y avait aussi le casuel des jolies filles trop vertes, des actrices en panne et des bourgeoises en retard chez leur couturière. On y voyait de temps à autre de petits jeunes gens quasi imberbes.

1. Revendication syndicale majeure à cette époque.

Par les petits trous qui me rappelaient « mes prisons », comme dit Silvio Pellico[1], les initiés, moyennant finance, avaient le droit de se payer un spectacle éminemment suggestif où le déshabillé général était de rigueur.

Quelques originaux désirant converser avec de jeunes religieuses, un costume était là, tout prêt, pour satisfaire à ce goût badin.

Un haut personnage politique, encore en activité, avait le goût des souillons ; dès qu'on l'apercevait, une de ces demoiselles se mettait sur le ventre deux tabliers gluants, graisseux, et se frottait les mains dans la boîte au cirage.

— Que fais-tu ici ? demandait le personnage méfiant, qui voulait une maritorne authentique.

— Je lave la vaisselle, je récure les casseroles, je vide les pots de…

— Ah, viens ! je t'aime, s'écriait l'homme considérable, subjugué.

D'autres aimaient à jouer au toutou. Enserrant leur cou dans un collier de chien à grelots, ils se traînaient à quatre pattes, tenus en laisse par une de ces demoiselles, tandis que les autres fouettaient de bon cœur le quadrupède amateur qui faisait *ouâ ouâ* et… levait la patte !…

Je ne puis préciser toutes les choses de haute fantaisie inventées par ma chère tante pour satisfaire le goût blasé de sa riche clientèle, on serait capable de me mettre en prison pour immoralité !

---

1. Silvio Pellico (1789-1854), écrivain et conspirateur italien, dont le livre *Mes Prisons* connut un grand succès.

Partant de là très rouges, de graves messieurs se rendaient en un tribunal pour y siéger en qualité de juges et sévissaient cruellement contre les faiblesses de leurs contemporains : fais ce que je te dis et non pas ce que je fais !

Tous les âges étaient représentés dans les rangs de ces messieurs, quelquefois même, dans ces âmes bien nées, la valeur n'attendait pas le nombre des années.

Côté des dames, c'était le printemps perpétuel, brun, blond ou roux ; mais quel attrape-nigauds ! Un officier supérieur désirait flirter avec une bourgeoise en renom. Il fut mis en présence d'une bonne fraîchement arrivée de Bretagne qui ne savait pas dix mots de français.

Il fut interdit à la figurante de prononcer une seule parole et les rideaux hermétiquement clos protégèrent la pudeur de la dame.

L'imbécile qui fut son partenaire paya deux mille francs cette insigne faveur, sur lesquels la bonne toucha cent sous ! Et c'est ainsi qu'on fait les bonnes maisons !

Madame André ne songeait qu'à gagner, comme tout bon commerçant doit le faire. Elle s'étonnait de ma parfaite indifférence pour toutes ces piteuses fantaisies.

Tristes roués que ces bourgeois fin-de-siéclards !

Je lui confiai tout mon dédain pour les plaisirs frelatés de ces messieurs.

J'avais vu mieux que cela ! Madame André avait du génie mais elle n'avait point connaissance des fêtes orientales des Monza, des d'Oliviera et des lords de la prude Angleterre ! Point décidée à dévoiler mes secrets, je lui donnai une simple chanson[1], mais quelle chanson ! Oh…

Elle lui valut une fortune.

Oyez que madame André s'est fait bâtir un château dans son pays natal, Saint-Laurent-des Eaux en Touraine, et prend le pain béni le dimanche car elle eut toujours de la religion. Amen.

*

* *

Où on peut reprendre le fil de mon récit.

Madame André me servait de tante affectueuse pour Louis Paul Casse :

— Faites ce que vous voudrez de mes immeubles, me disait-elle, mais ne les vendez pas sans me le dire.

Je fis mieux !

Un jour de générosité folle, je fis présent à Louis Paul d'une maison à six étages, appartenant à madame André. Il me remercia le front dans la poussière.

Qui pourrait décrire la scène qui eut lieu entre le compère Casse et sa commère André le jour où, se targuant de mon cadeau, Louis Paul, l'eau à la bouche, vint pour toucher les loyers de la proxénète ?

D'un coup de balai énergique, madame André chassa l'intrus, qui ne s'en alla point sans déplacer un brin de la perruque blond-bébé qui ornait le crâne dénudé de madame André.

1. Un motif de chantage.

Cette infecte fumisterie me fut imputée à crime, mais j'avais bien ri !

Louis Paul me confia un jour que sa plus jeune fille se desséchait en pension et voulait se marier.

Avec la vélocité qui m'est propre en ces sortes de choses, je fis défiler devant la jolie une cargaison d'épouseurs où elle put choisir à son gré. L'élu fut un sieur Henri Bertaux, fils d'un riche grainetier de l'avenue Malakoff.

La jolie Léonie, bien dotée, se maria. Ce fut grande fête et pour la circonstance, Louis Paul m'investit du rôle de mère noble.

Voyez-vous la tête du marié à qui on sortit une belle-mère dont il n'avait jamais ouï parler, le jour de ses noces, comme on fait sortir un diable d'une boîte ?

Je constate avec regret que le marié manqua au quatrième commandement : « Tes père et mère honoreras. »

Cependant, les banquiers, gens au cœur dur, peu patients de leur état, désiraient voir se conclure la brillante union qui allait faire tomber dans les coffres la forte dot qu'ils me supposaient.

Menacé de plaintes en abus de confiance, ayant participé à un nombre considérable de faux billets à ordre, Casse se traîna à mes genoux.

Après tout, je lui redevais une fortune. Ma loyauté naturelle et la bonté de mon cœur m'entraînèrent dans une fatale impasse, bien inutile pour moi car je n'avais qu'à rompre avec lui et tout était fini.

J'eus un long entretien avec monsieur Casse où je lui avouai tout.

— Soit, lui dis-je, mais ce n'est qu'une comédie pour vous tirer d'affaires. Payez et tout sera dit pour la banque.

On commença par réviser le fantaisiste contrat de mariage, qui fut expurgé ; puis on se maria à Londres, le 13 janvier 1897, et aussitôt après la cérémonie, mon époux prit possession d'une somme de cent soixante-dix mille francs, devenue disponible après des mois de chicane, relief de ma fortune d'autrefois.

Casse me fit un reçu en règle, la somme étant hypothéquée sur ses biens ne pouvait être perdue, il paya tout ce qu'il avait emprunté pour moi et resta me redevoir cent cinq mille francs, dont il me paierait la rente. Pour m'assurer cette rente, il me donna une procuration m'autorisant à toucher une certaine somme chaque trimestre chez ses locataires. Tout était ainsi bien réglé. Nous allâmes chacun à nos affaires, bien contents l'un de l'autre.

Quinze jours après, j'étais à lire bien paisiblement dans une chambre d'hôtel près de la gare Saint-Lazare, quand monsieur Casse se présenta devant moi.

— Quel bon vent me vaut l'honneur de votre visite ? dis-je la main tendue vers mon époux n° 3.

— Vous ne voulez donc venir demeurer chez moi ?

— Pour quoi faire ? mon Dieu.

— Mais je vous aime, moi, je veux ma femme !

— Mais je veux rester libre, moi, suivant nos conventions !

— Eh bien, dit Louis Paul, puisque vous ne voulez pas venir chez moi, je vais venir chez vous ! j'ai loué la chambre au-dessus de la vôtre.

Je la trouvai bien bonne et m'en allai gaiement, pendue à son bras, déjeuner avec mon époux *in partibus* qui m'appelait « Mademoiselle ma femme ».

Je n'avais ni haine ni amour pour ce pauvre Casse, mais depuis mon emprisonnement en 1892, j'avais une sorte de dégoût physique pour le mariage. Mes jumeaux occupaient seuls mon cœur.

Bien en règle avec ma conscience sous le rapport de l'argent, je ne pouvais supposer que les grimaces sentimentales de Casse étaient sérieuses. Il voulait une dot, il l'avait eue, faible il est vrai. En plus, il avait joui d'un été charmant, rempli de fêtes et de parties de plaisir dont il était fort amateur, car il avait, je dois l'avouer, au physique et au moral, à peine quarante ans !

Certes il était aimable, mais c'était le coureur de dot ; puis il était dur envers ses locataires donc point bon ; fastueux en ma société, c'était Harpagon le dos tourné.

Enfin, il y avait le souvenir de Clermont ; Louis Paul payait mes rancœurs, le beurre de la ménagère ; quand je l'agaçais je croyais taper sur les rats de Clermont ! Peut-être cela se serait-il arrangé avec la patience et les bons procédés. Malheureusement, Casse prit conseil d'un homme d'affaires qui lui indiqua la voie de l'autoritarisme comme la meilleure.

— Vous êtes le maître, lui disait-il, si elle ne veut pas de bon gré, prenez-la de force !

C'était plus facile à dire qu'à faire.

Voilà pourquoi Louis Paul voulait aller me faire demeurer dans son hôtel isolé au milieu d'un jardin, dans le XIIIe. Je refusai. Louis Paul usa de coquetterie. Il s'habilla de neuf à La Belle Jardinière et, la fleur à la boutonnière, il m'éblouit d'un chic inusité.

Hélas, mon cœur demeura insensible.

Une nuit sur les deux heures du matin, Louis Paul coiffé d'un foulard aux couleurs tendres, dont les deux cornes menaçaient le ciel de fort galante façon, vêtu d'un pet-en-l'air du meilleur goût, son bougeoir à la main, s'élança dans l'escalier dans une expédition gaillarde et amoureuse. Il vint frapper à ma porte. Je crus qu'il y avait le feu !

— Qu'y a-t-il ? demandai-je avec effroi à travers la porte.

— Ma bonne amie, je suis souffrant.

Incapable de résister à une telle parole, je sautai du lit et, passant un peignoir, j'ouvris à Louis Paul.

En l'apercevant sous ce costume de conquérant, je partis d'un formidable éclat de rire.

Décontenancé, mon époux perdit le fil de son discours, et l'eût-il voulu, qu'il n'eût pu mettre en pratique les conseils de son homme d'affaires.

Je continuais à pouffer, me tordant sur mon lit dans une crise de rire fou. Ce que voyant, mon époux souffla la chandelle et de désespoir, donna un coup de poing sur son chef vénérable, ce qui abattit piteusement les deux cornes du foulard, naguère orgueilleusement dressées vers le ciel, puis prenant la porte, il remonta quatre à quatre chez lui où il s'enferma à clef.

Cela fait du mal de trop rire, je dus me bassiner les tempes !

La nuit suivante, se sentant en bonnes dispositions, monsieur Casse tenta de nouveau l'aventure. Il trouva le lit du garçon de garde en travers de ma porte et dans ce lit cet honnête serviteur qui se réveilla à l'approche de mon époux.

— Pas par ici, Monsieur, dit honnêtement le garçon, c'est l'étage au-dessus, il y a trois zéros sur la porte juste en face de l'escalier !

Au lieu de rire, monsieur Casse se fâcha, il alla conter ses malheurs à monsieur Cornette, commissaire de police, lequel me manda pour me tancer d'importance.

Ceci me fâcha. À minuit, je fis sortir mes malles et le lendemain soir je dînais à Londres dans un établissement fameux sous les regards empressés de Giulio Baldini.

Louis Paul Casse, en apprenant ma fugue, s'arracha une pincée de cheveux en s'écriant :

— Dire qu'il n'y a qu'une femme comme cela sur la Terre et que c'est moi qui l'ai eue !

[Pour corser son récit, Marie-Justine Pesnel le prolonge ici d'un long mélodrame, trop invraisemblable pour être autobiographique, dans lequel elle est l'enjeu d'une lutte violente entre l'anarchiste Giulio Baldini et un nouvel amant, le jeune et séduisant Georges Reynaud. Celui-ci, lorsqu'elle est rattrapée par la justice et retourne en prison, se réfugie en Équateur.]

En proie au désespoir, considérant ma vie comme terminée, je m'enterrai dans ma prison avec mes deux jumeaux, lien sacré qui me retenait à la vie. Puis, en janvier 1900, mes enfants, ma suprême consolation, furent arrachés de mes bras, ayant atteint la limite d'âge où la mère peut les garder, et je fus transférée de nouveau à la geôle de Clermont.

Pendant plus de trois ans, mon cœur battit au souvenir adoré de Georges Reynaud, puis le temps fit son œuvre. Peu à peu, la mère remplaça l'amante, et si j'ai inondé mon papier de mes larmes en écrivant cette partie de mon récit, c'est que j'ai l'âme sentimentale.

FIN

Marie Pesnel
Prison de Versailles, mai 1907

ÉPILOGUE

Par Bruno Fuligni

La publication de ses *Confessions*, fût-ce dans la version très édulcorée du *Journal*, n'a valu aucune mansuétude à Marie-Justine Pesnel, condamnée à huit années de prison pour l'affaire de Bois-le-Roi.

Qu'auraient d'ailleurs pensé ses juges, s'ils avaient eu accès au manuscrit ? Le plus grand mal d'elle sans doute, comme le personnel de l'Assistance publique qui, dès 1904, résumait ainsi sa vie de mère : « La femme Demortier était de mœurs légères et [l'époux de la nourrice de ses fils] dit qu'elle fait la noce à Paris. »

Madame Cent-Kilos, toujours originale, eut deux fois des jumeaux. Sa vie errante, puis ses cachots, l'ont vite éloignée de toute vie domestique et familiale.

Ses seconds jumeaux, Henri et Henriette, nés en 1905, sont bientôt séparés. On se souvient que leur mère a tenté de les récupérer à Versailles, ce qui a causé son arrestation. Peu d'informations sur le garçon, mort à vingt ans ; Henriette, quant à elle, échoua à l'orphelinat Crozatier de Villepreux : on la voit sur quelques cartes postales, enfant triste parmi d'autres enfants tristes, tous en blouse grise sous la garde de leurs aînés.

Ses premiers jumeaux, Georges et Albert, nés le 21 mai 1896 sous le nom de Demortier, sont comme elle l'a reconnu les enfants du deuxième mari, Liévin Coppin, dont Marie-Justine devient la maîtresse entretenue à sa sortie de prison… Ils seront placés par l'Assistance publique. Le 4 janvier 1914, alors que sa peine se termine, Marie-Justine Pesnel écrit au ministre de l'Intérieur : « Je sollicite de votre bonté des nouvelles de mes deux fils jumeaux Georges et Albert […] et s'il est possible, je demande qu'on leur fasse savoir que j'ai pris de leurs nouvelles et que je les réclamerai fin de cette année car je serai libérée le 21 novembre prochain. » Une lettre émouvante mais aussi précieuse, car on y retrouve cette graphie embrouillée du manuscrit, certifiant que les *Confessions* de Madame Cent-Kilos sont bien de sa main.

Fin 1914, les deux garçons revoient avec curiosité cette mère si longtemps absente, avec la désagréable impression qu'elle cherche à les utiliser, voire à croquer leurs maigres économies. Soldats puis aviateurs pendant la Grande Guerre, ils s'éloignent d'elle, d'autant que Madame Cent-Kilos, nullement rédimée, semble continuer à vivre des mêmes expédients : condamnée à trois mois puis six mois de prison pour vol en 1915, puis à dix mois de mieux en 1917 pour tentative d'escroquerie, elle est de nouveau arrêtée le 7 septembre 1919 : la veille, indique son dossier pénal, « à Pantin, la femme Demortier a fait usage de fausses qualités et en employant des manœuvres frauduleuses pour persuader de l'existence d'une fausse entreprise, d'un pouvoir ou d'un crédit imaginaire, tenta d'obtenir du sieur Herouel la remise de fonds ». Retour à Saint-Lazare, puis la maison centrale de Rennes, d'où elle ne sort que le 7 septembre 1921.

Albert, qui fait carrière dans les chemins de fer, fonde quant à lui une famille plus stable. Quand Marie-Justine se manifeste de nouveau, frappant à la porte de sa maison banlieusarde, le brave père de famille pense surtout à protéger sa fille d'une pareille influence.

L'enfant, consignée à l'étage, voit par la fenêtre s'éloigner cette drôle de grand-mère à la réputation sulfureuse, qui fut courtisane, espionne, entremetteuse, marquise par raccroc et taularde à répétition, et qui trottine encore pour prendre l'autobus, quoique septuagénaire.

C'est la dernière apparition, au milieu des années 30, de Marie-Justine Pesnel, qui ne donnera jamais plus de nouvelles : sa famille, aujourd'hui, ignore toujours quand et où elle a fini sa vie, et sous quel nom.

Peut-être un de ses lecteurs tardifs, découvrant au XXIe siècle ce texte qu'elle rédigea en 1907, aura-t-il dans sa propre famille le fin mot de l'histoire ? Car ce livre est aussi un avis de recherche, sur la piste de l'aventurière qui, le temps d'une détention, eut la bonne idée de prendre sa plume, pour confesser et peut-être revivre ses frasques.

Adieu, Madame Cent-Kilos, pétulant fantôme de la Belle Époque, disparu mystérieusement dans un nuage de poudre de riz. T'es-tu éteinte misérablement seule, dans un obscur galetas, comme le voudrait la morale commune ? As-tu connu la Seconde Guerre mondiale, si propice aux changements de nom et de destinée ? Fus-tu agente du SOE britannique, courrier d'un réseau de Résistance, doyenne des maquisardes ? Ou bien l'un de tes multiples alias t'ouvrit-il encore les portes d'un château, les frontières d'une lointaine république sud-américaine ou la fortune d'un bon bourgeois dont tu sus devenir la veuve éplorée ? Avec toi, tous les scénarios sont plausibles.

Repose en paix ; tes descendants t'ont pardonné tes folies, tes cocus, tes manquements aux convenances défuntes ; ils conservent de toi, outre quelques papiers, le souvenir d'une aïeule terrible et romanesque, d'une femme envoûtante à qui rien ne pouvait résister, et c'est non sans une certaine fierté paradoxale qu'ils attendent de te voir en librairie. Écrire aussi est une aventure qui transfigure le destin.

B. F.

REMERCIEMENTS

Bruno Fuligni tient à remercier Mme Patricia Legrenzi, arrière-arrière-petite-fille de Marie-Justine Pesnel, ainsi que son époux, qui lui ont ouvert les archives familiales : réunies avec l'aide d'un généalogiste, elles contiennent en particulier un précieux dossier pénal.

Sa gratitude va aussi à Daniel Azoulay, dont le tact et le professionnalisme ont rendu possible l'acquisition du manuscrit ainsi que le contact avec la famille.

Soient enfin remerciées Emmanuelle Fuligni pour la transcription de nombreux chapitres, ainsi que Clara Dupont-Monod, Oksanna Le Rallec et toute l'équipe des éditions JC Lattès pour l'édition de ce livre.

TABLE DES MATIÈRES

LIVRES DE BRUNO FULIGNI
(suite)

Présentation du *Dictionnaire de la racaille*, manuscrit inédit du commissaire Adolphe Gronfier, Éditions Horay (2010)

Dans les archives inédites des services secrets. Un siècle d'Histoire et d'espionnage français (1870-1989), L'Iconoclaste (2010)

La France rouge. Un siècle d'histoire dans les archives du PCF, Les Arènes (2011)

Petit Dictionnaire des injures politiques, L'Éditeur (2011)

Le Livre des espions, L'Iconoclaste (2012)

Les Frasques de la Belle Époque, Albin Michel (2012)

La Tortue d'Eschyle et autres morts stupides de l'Histoire, Les Arènes (2012)

Le Monde selon Jaurès, Tallandier (2014)

Tour du monde des terres françaises oubliées, Éditions du Trésor (2014)

Secrets d'État. Les Grands Dossiers du ministère de l'Intérieur, L'Iconoclaste (2014)

Les Gastronomes de l'extrême. Du potage de hannetons au rôti de baleineau, les repas des grands voyageurs racontés par eux-mêmes, Éditions du Trésor (2015)

Raccourcis. Dernières paroles stupéfiantes et véridiques devant la guillotine, Éditions Prisma (2015)

Dieu au Parlement. Quand Victor Hugo, Gambetta, Clemenceau, Malraux… parlaient de laïcité, Omnibus (2015)

Le Musée secret de la police, Gründ (2015)

Justiciers, Perrin/Sonatine (2015)

Royaumes d'aventure. Ils ont fondé leur propre État, Les Arènes (2016)

Paris 1880-1910, Les Arènes (2016)

L'Art de retourner sa veste. De l'inconstance en politique, La Librairie Vuibert (2016)

Souvenirs de police. La France des faits divers et du crime racontée par des policiers, collection « Bouquins », Éditions Robert Laffont (2016)

Histoire amusée des promesses électorales, Tallandier (2017)
L'Évêque Cauchon et autres noms ridicules de l'Histoire, Les Arènes (2017)
Mata Hari. Les vies insolentes de l'agent H 21, Gallimard (2017)
Atlas des zones extraterrestres, Arthaud (2017)
Les Guerres stupides de l'histoire, avec Bruno Léandri, Les Arènes (2019)
Mes dossiers secrets, Flammarion (2019)
Landru, l'élégance assassine, Éditions du Rocher (2020)
La Fille de Napoléon, Les Arènes (2021)
Les Lois folles de la République, JC Lattès (2021)
L'argot des manchots : Petit lexique en usage dans les Terres australes et antarctiques françaises, Hémisphères (2022)
Atlas secret du renseignement, Gründ (2022)
Coups de canon aux Kerguelen. La prise de possession de 1893, Hémisphères (2022)

CET OUVRAGE A ÉTÉ COMPOSÉ PAR PCA
ET ACHEVÉ D'IMPRIMER
PAR CPI BUSSIÈRE (SAINT-AMAND-MONTROND)
POUR LE COMPTE DES ÉDITIONS J.-C. LATTÈS
17, RUE JACOB – 75006 PARIS
EN JANVIER 2023

N° d'édition : 01 – N° d'impression : 2069624
Dépôt légal : février 2023
Imprimé en France